本书系浙江省社科规划课题成果，资助项目为浙江省哲学社会科学规划后期资助项目（16HQZZ06）。

浙江省哲学社会科学规划
后期资助课题成果文库

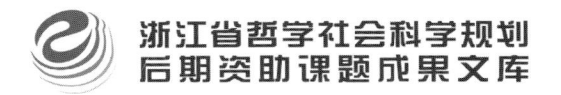

集体声誉下虚假认证的形成机理与治理机制

Jiti Shengyuxia Xujia Renzheng De
Xingcheng Jili Yu Zhili Jizhi

鲍宗客 著

中国社会科学出版社

图书在版编目（CIP）数据

集体声誉下虚假认证的形成机理与治理机制／鲍宗客著.—北京：中国社会科学出版社，2017.8

ISBN 978–7–5203–0876–2

Ⅰ.①集… Ⅱ.①鲍… Ⅲ.①认证机构–监管制度–研究–中国 Ⅳ.①F279.23

中国版本图书馆 CIP 数据核字（2017）第 210430 号

出 版 人	赵剑英
责任编辑	宫京蕾
责任校对	秦　婵
责任印制	李寡寡

出　　版		中国社会科学出版社
社　　址		北京鼓楼西大街甲 158 号
邮　　编		100720
网　　址		http：//www.csspw.cn
发 行 部		010–84083685
门 市 部		010–84029450
经　　销		新华书店及其他书店

印刷装订		北京市兴怀印刷厂
版　　次		2017 年 8 月第 1 版
印　　次		2017 年 8 月第 1 次印刷

开　　本		710×1000　1/16
印　　张		17.5
插　　页		2
字　　数		295 千字
定　　价		75.00 元

凡购买中国社会科学出版社图书，如有质量问题请与本社营销中心联系调换
电话：010–84083683
版权所有　侵权必究

序

　　认证是解决消费者和企业间因信息不对称导致的逆向选择问题的一种重要机制。经过一百多年的发展，认证制度逐渐成熟、完善，并成为全世界产品市场的检验标准。中国的第三方认证制度起步较晚，在改革开放初期，中国政府才开始引入国际标准化组织，开始探索认证试点工作，1981年，中国加入国际电子元器件认证组织，并同期成立了中国第一个产品认证机构——中国电子元器件认证委员会。20世纪90年代，中国开始慢慢建立并广泛推进各种产品的认证制度，在这一时期内，中国逐渐形成了产品质量认证管理体系。

　　然而，由于体制上的原因，中国的认证制度由不同部门分别引入：国家质量监督局、国家出入境检验检疫局、地方政府，甚至卫生、工商部门都开展认证业务。在多头管理的背景下，认证行业面临着一系列的突出问题，如重复收费、重复认证、多重标准、监管不力等。这些问题的存在不仅使得认证市场秩序混乱，认证机构的质量和声誉受到破坏，同时也阻碍了国家对认证机构、认证产品的直接监管，甚至影响了中国对外的经济交流，成为影响加入世贸组织的制约因素等。为解决多头监管的问题和加入世界贸易组织的需要，国务院对中国的认证产业进行了重大的市场化改革，成立国家认证认可监督管理委员会（简称"国家认监委"）对全国范围内（港澳台除外）的认证认可工作进行统一的管理、综合协调和监督，并逐步建立了23个部委局参加的认证部际联席会议制度和专家咨询委员会。

　　国家认监委成立之后，行业认证标准可以概况为以下两点：①统一的认可体系，国家认监委授权中国合格评定国家认可中心作为唯一的认可机构，独立开展认证机构能力资格、实验室能力资格、检查机构能力资格的认可活动；②统一的认证标准，国家公布统一的目录，确定统一适用的国家标准、技术规则和实施程序，制定统一的标志标识，规定统一的收费标准。

可以说，中国的认证体系是依靠政府的力量自上而下建立起来的。在这种政府主导的认证产业发展模式下，绝大部分认证标准都由政府制定，然后以授权的方式委托给具有资质的多家认证机构同时执行，这导致同一种认证证书有众多不同的认证机构在发放，或者说多家认证机构在共同生产某一认证信息，属于"单委托—多代理"的形式。这就使得中国的认证产业嵌入了集体声誉的特征。这种制度背景亦是我们开展认证产业研究的基础。

信息经济学理论表明，集体声誉是对个体声誉的一种替代。这意味着，市场无法识别个体声誉以及个体行为特征，那么，认证机构的认证行为也就无法被市场所观测，集体声誉所引发的"搭便车"动机很可能使中国的认证机构天然缺乏提高自身执业能力和进行诚实认证的激励，从而内生性地促使认证机构进行虚假认证。就现阶段而言，我们发现中国认证市场的虚假认证现象非常普遍。那么，认证市场的虚假认证问题是否与中国认证产业所存在的制度背景有关？本书以这一问题为切入点，一方面，剖析集体声誉下中国认证市场的虚假认证问题是如何形成的，探讨其形成机理；另一方面，尝试设计治理虚假认证问题的有效机制，以期提升中国认证产业的诚实认证水平。

具体来说，本书总共分为八个章节，第一章和第二章是导论和虚假认证的内涵及理论基础，研究包括虚假认证概念的界定、认证的运行机制以及虚假认证形成的相关基础理论；第三章和第四章是中国认证产业集体声誉的特征、成因和集体声誉下中国认证市场的现状，研究包括中国认证产业集体声誉的特征，中国认证产业集体声誉形成的策略性、制度性成因以及在集体声誉约束下中国认证机构的分布特征、认证市场所存在的问题等；第五章是集体声誉下虚假认证的形成机理，探讨集体声誉的存在，认证市场的虚假认证问题是如何形成的，研究包括技术型与合谋型虚假认证的形成机理；第六章和第七章是集体声誉下虚假认证治理的内部惩罚机制和政府监管机制，研究包括从行业内部和外部两个手段来治理虚假认证的问题；第八章是研究结论与政策建议。

最后，应该指出的是，由于笔者的水平有限，错误或不当之处在所难免，诚恳地欢迎同行专家和读者批评指正，提出宝贵的意见。

鲍宗客
2016 年 1 月

目　　录

第一章　导论 …………………………………………………………（1）
　第一节　选题背景与研究意义 ……………………………………（1）
　　一　选题背景 ……………………………………………………（1）
　　二　研究意义 ……………………………………………………（4）
　第二节　相关文献综述 ……………………………………………（6）
　　一　认证行为的相关研究 ………………………………………（6）
　　二　行业治理的相关研究 ………………………………………（13）
　　三　集体声誉的相关研究 ………………………………………（16）
　　四　相关文献的评述 ……………………………………………（21）
　第三节　本书的研究工作 …………………………………………（22）
　　一　研究内容 ……………………………………………………（22）
　　二　可能的创新点 ………………………………………………（28）
第二章　虚假认证的内涵及理论基础 ………………………………（29）
　第一节　认证的发展历程 …………………………………………（29）
　　一　认证的起源 …………………………………………………（29）
　　二　认证的发展 …………………………………………………（31）
　　三　认证的发展模式 ……………………………………………（37）
　　四　中国认证产业的引进和发展 ………………………………（40）
　第二节　认证的功能及运行机制 …………………………………（48）
　　一　认证体系的构成 ……………………………………………（48）
　　二　认证的功能 …………………………………………………（49）
　　三　认证的运行机制 ……………………………………………（53）
　第三节　虚假认证的概念界定 ……………………………………（59）
　　一　虚假认证的现有定义 ………………………………………（59）

二　信息质量视角下虚假认证的概念界定 …………………… (60)
　　三　信息质量视角下虚假认证的分类 …………………………… (61)
　第四节　虚假认证的形成及治理理论基础 ………………………… (62)
　　一　经济人自利性 ………………………………………………… (62)
　　二　信息不对称理论 ……………………………………………… (63)
　　三　委托—代理理论 ……………………………………………… (65)
　　四　行业监管理论 ………………………………………………… (66)
　本章小结 ………………………………………………………………… (70)
第三章　中国认证产业集体声誉的特征和成因 ……………………… (71)
　第一节　集体声誉的界定 ……………………………………………… (71)
　　一　声誉 …………………………………………………………… (71)
　　二　集体声誉 ……………………………………………………… (72)
　第二节　集体声誉的产生根源 ………………………………………… (73)
　　一　外部环境与集体声誉形成 …………………………………… (73)
　　二　产业集群与集体声誉形成 …………………………………… (74)
　　三　个体声誉受阻与集体声誉的形成 …………………………… (76)
　第三节　集体声誉的模式划分 ………………………………………… (78)
　　一　依据发展阶段划分 …………………………………………… (78)
　　二　依据主导主体划分 …………………………………………… (79)
　第四节　中国认证行业的集体声誉特征 ……………………………… (82)
　　一　外生性 ………………………………………………………… (82)
　　二　双边性 ………………………………………………………… (84)
　第五节　中国认证行业集体声誉的制度性成因 ……………………… (85)
　　一　行业认证标准 ………………………………………………… (86)
　　二　市场准入制度 ………………………………………………… (88)
　　三　违规惩罚制度 ………………………………………………… (91)
　第六节　中国认证行业集体声誉的策略性成因 ……………………… (92)
　　一　认证机构的市场竞争 ………………………………………… (93)
　　二　消费者搜寻认证机构的动机 ………………………………… (94)
　　三　企业选择认证机构的策略性动机 …………………………… (95)
　本章小结 ………………………………………………………………… (96)

第四章 集体声誉下中国认证市场的现状 (99)
第一节 中国认证行业概述 (99)
  一 中国认证产业种类 (99)
  二 中国认证证书的分布 (105)
  三 中国认证机构的分布 (107)
第二节 中国认证产业存在的问题 (108)
  一 认证制度 (108)
  二 认证行为 (110)
  三 行业竞争 (111)
  四 认证标准 (112)
  五 认证人员 (114)
第三节 中国认证市场的现状——一个调查案例 (115)
  一 认证分级制度实施概括 (115)
  二 重大事故核查 (115)
  三 专项监督检查和确认审核工作调研状况 (117)
本章小结 (123)

第五章 集体声誉下中国认证行业虚假认证的形成机理 (124)
第一节 集体声誉与技术型虚假认证的形成 (124)
  一 模型基本假设 (124)
  二 个体声誉和集体声誉并存时认证机构的均衡技术投入 (126)
  三 仅存在集体声誉时认证机构技术投入的扭曲 (130)
第二节 集体声誉与合谋型虚假认证的形成 (133)
  一 模型的基本假设 (133)
  二 合谋型虚假认证的生成条件 (136)
  三 认证行业的集体声誉特性对合谋型虚假认证的强化 (138)
第三节 共享集体声誉的成员数量与虚假认证的强度 (139)
  一 模型基本假设 (140)
  二 认证市场的两阶段模型 (142)
  三 共享集体声誉的成员数量对虚假认证强度的影响 (144)
本章小结 (145)

第六章 集体声誉下虚假认证治理的内部惩罚机制 (147)
第一节 集体内部惩罚机制的内涵及分类 (147)

  一 集体内部惩罚机制的内涵 ………………………………… (147)
  二 集体内部惩罚机制设计思路 …………………………… (149)
  三 内部惩罚的隐性契约机制 ……………………………… (151)
  四 内部惩罚的显性契约机制 ……………………………… (152)
 第二节 集体声誉下虚假认证治理的隐性契约惩罚机制………… (153)
  一 模型基本假设 …………………………………………… (153)
  二 均衡分析 ………………………………………………… (156)
  三 隐性契约治理虚假认证的条件 ………………………… (158)
 第三节 模型的扩展：显性契约惩罚机制 …………………… (170)
  一 显性契约惩罚机制设计 ………………………………… (171)
  二 均衡分析 ………………………………………………… (172)
  三 集体成员之间的重新谈判对惩罚机制有效性的影响 … (173)
 本章小结 ……………………………………………………………… (174)

第七章 集体声誉下虚假认证治理的政府监管机制 …………… (176)

 第一节 政府监管机制概述 …………………………………… (176)
  一 政府监管的内涵 ………………………………………… (176)
  二 罚款机制 ………………………………………………… (178)
  三 浮动监管机制 …………………………………………… (179)
 第二节 罚款机制对集体声誉下虚假认证治理的有效性分析 … (180)
  一 模型基本假设 …………………………………………… (180)
  二 演化博弈的均衡分析 …………………………………… (181)
  三 演化博弈结论 …………………………………………… (187)
 第三节 浮动监管对集体声誉下虚假认证治理的有效性分析 … (188)
  一 浮动监管的机制设计 …………………………………… (188)
  二 均衡分析 ………………………………………………… (190)
 第四节 行业准入制度对行业认证效率的改进 ……………… (191)
  一 模型基本假设 …………………………………………… (191)
  二 自由进入的博弈分析 …………………………………… (192)
  三 行业准入制度对认证行业的影响 ……………………… (194)
 第五节 集体声誉约束下认证产业政府监管最优水平分析 …… (196)
  一 模型基本假设 …………………………………………… (196)
  二 动态博弈分析 …………………………………………… (197)

三　最优监管水平的影响因素分析 …………………………（201）
　本章小结 ……………………………………………………………（202）
第八章　研究结论与政策建议 …………………………………………（204）
　第一节　研究结论 …………………………………………………（204）
　第二节　集体声誉下治理虚假认证的政策建议 …………………（206）
　　一　总体思路 ………………………………………………………（206）
　　二　把握行业发展方向，引导其合理发展 ………………………（207）
　　三　加大行业监管力度 ……………………………………………（209）
　　四　依托行业协会，建立第三方监管机制 ………………………（211）
　　五　通过确定连带责任，提高第三方认证的风险 ………………（214）
　　六　优化认证行业市场结构 ………………………………………（220）
　　七　建立认证行业的反馈机制 ……………………………………（222）
　第三节　研究不足与展望 …………………………………………（223）
附录1　认证管理办法 …………………………………………………（225）
附录2　认证证书和认证标志管理办法 ………………………………（237）
附录3　强制性产品认证目录分类 ……………………………………（242）
附录4　自愿性认证业务分类目录 ……………………………………（246）
附录5　中国认证机构目录 ……………………………………………（252）
参考文献 …………………………………………………………………（255）
后记 ………………………………………………………………………（269）

第一章

导 论

认证是解决消费者和企业间因信息不对称导致的逆向选择问题的一种重要机制。现阶段，中国认证市场所面临的突出问题是经过认证的产品频频被曝出与其真实质量不符，认证的产品达不到规定的认证标准，认证产业充斥着虚假认证现象。那么，如何识别虚假认证、如何剖析其内在机理以及如何通过有效措施治理认证市场的虚假认证现象将是本书需要探讨的议题。

第一节 选题背景与研究意义

一 选题背景

认证是指由认证机构证明产品、服务、管理体系符合相关技术规范或者标准的合格评定活动。作为解决消费者和企业之间因信息不对称导致的逆向选择问题的一种重要机制（Glazer et al., 2008; Miller et al., 2005），认证的重要性已经得到普遍认可，一方面，认证可以从源头上规范生产流程、提高产品质量、确保产品安全，从而有利于保护消费者的健康和安全；另一方面，认证可以规范市场秩序、加速商品流通、增强企业国际竞争力、促进国际贸易的发展，从而维护国家利益。认证的发展水平也相应成为衡量一国市场体系健全程度的重要标志，欧美等发达国家将认证视为国民经济运行所必需的"技术基础设施"和市场经济中的"高速公路"。需要指出的是，认证发挥作用的前提是认证机构对产品进行客观、公正、公平的评定，披露产品的真实质量信息。

中国的认证产业兴起于20世纪80年代中期，伴随着国际大环境和市场化改革的影响，中国的认证产业获得了飞速的发展，认证产业被视为一个朝阳产业。越来越多的企业意识到认证对于拓展开发国内外市场的重要性，它们把取得质量认证资格看作是赢得顾客青睐从而在激烈的市场竞争中生存和发展的一项重要手段，以达到增进企业管理水平、建设企业品牌、提高企业信用的目的。那么，企业必然会千方百计创造条件积极开展认证工作。

据初步估计，中国的认证产业至少有5000亿元的一次性市场和200亿元的年费市场。[①] 巨大的利益蛋糕使得很多国际认证机构都纷纷抢滩中国，国内各种规模的认证机构更是如雨后春笋般涌现。截至2014年12月31日，分布在全国各省、市、自治区的拥有自愿性产品认证业务资格的国内外认证机构已经达到175家，认可实验室8172个；认证产业规模也迅速扩大，获得认证机构颁发的现行有效认证证书达123万张，认证证书总量已经连续11年位居世界首位，直接从事认证工作的人数已达10万多人，各类获证企业及组织达45万多家。[②] 另外，还有数千家咨询和培训机构活跃在认证领域。可以说，认证已经深入到中国经济和社会发展的各个角落，在市场经济中发挥着重要作用。

然而，与这一现象形成鲜明对比的是，中国认证市场所面临的突出问题是经过认证的产品频频被曝出质量造假问题，认证产品与其真实质量不符，达不到规定的认证标准，如寿光白菜检测出违规使用农药化肥、重庆有机猪肉用普通猪肉代替，甚至连三鹿奶粉、双汇火腿、锦湖轮胎等中国驰名商标都先后出现严重的质量问题。认证市场充斥着虚假认证现象，据不完全统计，中国目前这种虚假认证问题的案例有上万个之多。具体来说，主要表现在以下两个方面。

一是认证机构降低认证质量。一方面，认证机构主动降低认证质量。在行业认证机构数量急剧增加的情形下，认证机构之间出现了激烈的市场竞争。为了追求经济利益、争夺客户资源，一些认证机构往往采取降低认证价格等不正当手段进行恶性竞争。然而，价格竞争必然导致认证机构节约成本、缩减开支，致使认证机构在现场检查时减少审核程度，降低审核标准，缩短检测工作量，甚至部分认证机构在审核过程、管理过程中虚构

[①] 刘宗德：《基于微观主体行为的认证有效性研究》，博士学位论文，华中农业大学，2007年。

[②] 中国国家认证认可监督管理委员会，www.cnca.gov.cn/#。

认证工作，伪造相关文件和档案。还有一些认证机构为达到争夺客户资源的目的，主动向生产企业保证可以拿到认证证书。另一方面，认证机构被动降低认证质量。部分生产企业并非通过提高产品质量而获得认证标志，而是千方百计通过认证咨询机构的出谋划策，寻找容易俘获的认证机构合作，从而达到购买认证证书的目的。根据慧聪食品工业网的报道，通过正常认证程序获得绿色认证大概需要2万元左右，而只要生产企业缴纳4万元的认证费用，产品的绿色食品认证就能确保拿下，绿色食品认证制度正在演变为一手交钱一手拿证的生意。

二是认证机构资质造假，没有资质的认证机构发布大量虚假认证信息。一部分社会组织及协会虽然具备了相应的技术条件和检测设备，但在没有得到国家认监委的许可和授权下获得认证资质，而私自从事相关认证活动，这属于彻头彻尾的认证资质造假。2006年，随着佳洁士牙膏、两面针牙膏、乐天口香糖等涉嫌利用"牙防组"虚假宣传的事件曝光之后，全国"牙防组"召开新闻发布会时承认"牙防组"认证和国家认证认可监督管理委员会批准的法定认证不是一回事，"牙防组"的认证也不是权威认证。很多组织机构打着国字号的名头进行认证活动，实际上提供的认证并不具备强制力和可靠性，也并非国家有关部门授权的官方认证。类似的虚假认证事件还包括"数字电视高清认证""绿色建材产品认证""绿色建材市场认证"等。[①]

事实上，在中国有钱就能买认证已经不再是黑幕，而是最普通的常识。种种隐秘的潜规则，使本该是诚信砝码的各种认证体系，成为新的利益蛋糕。生产企业依靠花钱买认证来提高产品的售价，认证机构通过出售认证证书获取利润，由认证产业链衍生出的认证咨询、认证中介、认证代理等各类身份不明的认证服务机构则为这一畸形的认证牵线搭桥。总的来说，认证在减轻信息不对称的同时，自身也存在着严重的信息不对称，如果认证机构不能提供独立、公允的认证，其和生产企业存在着经济上的利益关系，那么，这种认证就会提供错误的市场信号，其不仅是无效的，而且还是有害的。

如果经过认证的产品是一个虚假认证的产物，认证市场充斥着虚假认

---

① 李响：《中国认证机构信誉缺失的低效率均衡及改进》，硕士学位论文，大连理工大学，2011年。

证行为，那么造成的社会危害可想而知：几十万人组成的庞大的认证产业，为数众多的企业进行过或正在申请认证，这其中产生的社会成本有多大？而这样的成本支出获得的产出仅仅是一些不可靠的认证产品，这样的认证不仅没有任何价值，还会造成极大的资源浪费和社会危害。一方面，虚假认证会加大消费者甄别产品质量的难度，消费者的购买决策会被误导，甚至被不合格的认证产品所伤害，给消费者带来巨大的经济损失和严重的身心伤害，使得消费者不再信任认证产品；另一方面，一旦产品质量问题曝光，企业的品牌价值会大打折扣，甚至面临破产倒闭的风险，使得整个社会的认证制度、信用体系都会受到严重的扭曲，最终造成政府公信力的下降。那么，通过有效措施治理认证机构的虚假认证问题就变得十分紧迫和必要。

二 研究意义

目前，认证产业作为一种新兴服务业还没有引起国内理论界的足够关注，对于中国认证产业内认证机构的各种认证乱象，为数不多的现有研究将其归结为市场准入门槛不高（王丽丽，2010）和政府监管的缺位（陈艳莹等，2012），却忽略了很重要的一点，即中国的认证产业并不像发达国家那样以自下而上的方式在市场演进的过程中自发生成，而是在加入世贸组织的压力下，依靠政府的力量自上而下建立起来的。

在这种政府主导的认证产业发展模式下，绝大部分认证标准都由政府制定，然后以授权的方式委托给取得资质的多家认证机构同时执行，这导致同一种认证证书有众多不同的认证机构在发放，或者说多家认证机构在共同生产某一认证信息，属于"单委托—多代理"的形式。由于商品上只显示统一的认证标志而没有说明是由哪家认证机构具体进行的认证，认证机构在产品市场上变成了"隐形人"，消费者无法直接识别每个认证机构的认证质量，这使得中国的认证产业实际上成为与"海南豇豆""寿光白菜"等区域农产品类似的集体声誉行业。认证丑闻每一次曝光后，社会质疑的并不是出问题的具体认证机构而是相关认证标志的整体公信力，就是这种集体声誉效应的直接表现。

集体声誉所引发的"搭便车"动机很可能使中国的认证机构天然缺乏提高自身执业能力和进行诚实认证的激励，从而内生性地促使认证机构进行虚假认证，并使得认证市场呈现低效率均衡的特征。近年来，中国政府不断加大对认证产业的监管与规制，但虚假认证的问题一直没有得到较好的解决，应该与现阶段中国认证产业面临的集体声誉特征存在直接的关系。那么，要想切实治理认证机构的虚假认证行为，必须针对认证行业的集体声誉特点进行机制和政策上的创新。

因此，本书以中国认证产业存在的特殊制度背景为出发点，引入集体声誉这一新视角，研究集体声誉下认证产业虚假认证的形成机理，并尝试从行业内部和政府两个方面设计机制治理虚假认证行为，以期提升中国认证产业的诚实认证水平。由于目前有关虚假认证的研究普遍忽略了认证标准的制定权和执行权相分离所导致的集体声誉问题，本书能够填补这方面研究的不足，为治理虚假认证行为提供新的思路，并有望在行业集体声誉成因的分析框架、集体内部惩罚和行业监管方面取得创新性的成果，具有一定的理论价值。

在实际应用价值方面，一方面，有效率的认证可以增强中国经济的国际竞争力。在近些年的国际贸易中，以认证为主要形式的技术壁垒是西方发达国家贸易保护的重要手段，中国企业的产品进入欧美等国境内必须通过其所要求的各种质量认证，否则贸易无法实现。如果中国企业的产品是依靠国内认证机构提供虚假认证从而获得的各种认证证书，那么，中国企业的产品必然无法通过欧美等国的检验标准。据不完全统计，中国每年遭受技术性贸易壁垒造成的损失高达三百多亿美元（于永娟，2012）。因此，通过治理行业的虚假认证，提高认证的有效性，能够促使中国按照世贸组织规则和国际惯例规范市场秩序，培育和壮大中国经济的国际竞争力，突破国外的技术贸易壁垒，保护民族工业、维护国家利益。

另一方面，虚假认证的治理可以刺激国内消费需求。近些年，产品质量问题频现使得消费者和企业之间存在严重的信任危机，国内消费市场一直得不到有效的改善，严重制约着现阶段中国内需的扩大，提高认证行业的效率无疑是解决这一问题的一个重要途径。本书提出的在集体声誉下治理虚假认证的政策建议能够为政府管理部门规范认证行业的发展提供新的政策思路，对通过完善认证机制以促进内需扩大，加速中国经济的增长方式向内需驱动转变具有重要的现实意义。

第二节 相关文献综述

一 认证行为的相关研究

自维斯库西（Viscusi，1978）最先提出第三方认证可以有效解决消费者和企业之间因信息不对称导致的逆向选择问题后，认证就成为理论界研究的一个热点。从产业组织的角度来看，认证机构的市场行为直接影响着认证产业的市场绩效。虽然理论上认证机构是一个独立、公平、如实披露产品质量信息的第三方，但在现实当中，对利润的追求很可能会使认证机构的行为偏离上述原则，认证机构出具的产品质量报告很可能会与真实情况不符。目前，很多研究采用新产业组织理论的研究范式，通过构建以博弈论为基础的微观经济模型，来考察认证机构的各种认证策略，主要涉及以下几类：信息披露策略，虚假认证行为，虚假认证的形成以及虚假认证的治理等。

（一）信息披露策略

这类研究强调，认证机构虽然能够掌握申请认证的生产企业的质量信息，但其并不一定会把全部信息都披露给买方，在诚实认证的前提下，认证机构会策略性地对所披露信息量的多少进行选择。利兹里（Lizzeri，1999）在研究认证机构的信息披露行为时发现，在不存在认证合谋的条件下，市场中的认证机构的收益水平往往取决于其披露信息量的多少。如果认证机构进行诚实认证，那么对于完全垄断的认证机构，不披露任何有价值的信息能够使其获取最大的利润。随着机构数量的不断增加，披露较多的信息能够使得认证机构获取更多的利益。一旦认证市场达到完全竞争状态，认证机构将向市场披露产品质量的所有信息，此时社会的福利实现最大化。

佩拉凯和克萨达（Peyrache 和 Quesada，2003）扩展了利兹里（1999）关于认证机构策略性揭露的分析，他们的模型中包括生产企业的声誉和差异化效应。格拉（Guerra，2001）通过建立一个包括消费者、生产企业和认证机构的三方博弈模型对垄断认证机构进行研究时发现，如果消费者在采纳认证机构披露的信息之前能够对生产企业的产品质量进行一个初步的判断，那么垄断认证机构将会披露少量有价值的信息，比如产品质量的排名等，而不是如利兹里认为的不披露任何有价值的信息。佩拉凯和克萨达（2002）也认为，由于消费者自身就能从认证机构的行为、质量认证的结果甚至是认证机构提供给生产企业的合同菜单中获取大量的信息，因而垄断认证机构必然会有动机披露部分有价值的信息。本质上来说，认证机构披露信息量的多寡取决于其对披露信息的成本与生产企业愿意支付的费用之间的权衡。

阿尔巴诺和利兹里（Albano 和 Lizzeri，2001）研究了在静态道德风险和逆向选择模型中的最优揭露规则，如果认证收费被限制为固定的模式，那么认证机构最终都会选择使用模糊的披露规则。法希等（Farhi et al.，2008）认为信息厌恶的生产企业是造成认证市场模糊披露的主要原因。也有研究认为除了垄断市场之外，市场中存在多个认证机构并不能导致其披露全部信息，因为披露较为模糊的认证评级结果能够让认证机构从低质量卖方中攫取更多利润［法希等，2012；斯科塔和费尔德肯（Skreta and Veldkamp，2009）］，特别是当认证机构可以根据认证的质量采用非线性的定价方案时（阿尔巴诺和利兹里，2001）。

（二）虚假认证行为

已有文献并没有对虚假认证进行具体界定，而更多地考虑了以下三种认证行为，一是俘获行为，即认证机构被申请认证的卖方企业收买而进行的虚假认证。认证机构会期望获得生产企业未来稳定的业务而向认证机构妥协法拉等（Faure et al.，2009）；瓦格纳和柏林（Wagner and Berlin，2013）。施特劳斯（Strausz，2004，2005）最早探讨了认证机构被生产企业俘获的可能性，研究表明认证机构抵制获得的条件为：①市场制定更高的价格，甚至超过静态垄断价格；②认证市场呈现规模经济特征和自然垄断的格局；③认证市场的价格竞争程度很低。二是合谋行为，认证机构可能会主动和生产企业进行契约的安排发布虚高的评级从而进行合谋。已有文献对认证合谋的研究最为广泛，如斯维科瓦（Svítková，2007）、米斯历凯（Mysliveček，2008）以及佩拉凯和克萨达（2011）等。三是不完美认证，由于认证技术的不完全或者认证过程的不完全使得认证的结果与产品的真实质量存在差异（施特劳斯，2010）。古（Gu，2008）考察了认证机构的技术选择问题，其发现当认证机构拥有的检测技术不完全，即无法准确检验出厂商的产品质量时，认证机构对认证服务供给结果是不确定的。查尔斯（Charles，2012）假定由于技术的不完全，认证机构的检验服务是一种噪声检验，根据选择技术的不同，会出现把低质量认定为高质量和把高质量认定为低质量两种错误，通过考察市场均衡结果证实，认证机构的存在有可能提高社会福利，也有可能降低社会福利。维译范德（Hvide，2009）构建了一个包含差异化的认证市场价格竞争模型，其假定不同的认证机构提供的认证检验难度存在差异，认证机构分别决定认证收费的水平，并且通过价格来争夺客户。均衡结果表明，认证市场在均衡时会被分割成两个部分，低质量的厂商会自动选择认证难度低的认证机构，支付较低的认证费用；而高质量厂商则会选择认证难度高的认证机构，支付较高的认证费用。

（三）虚假认证的形成

大量的文献表明，逐利性是企业机会主义行为发生的根本原因威廉姆斯（Williamson，1991）；霍金斯等（Hawkins et al.，2009）；达斯和拉赫曼（Das and Rahman，2010）。认证机构虚假认证这一机会主义行为同样是逐利性的结果。认证机构进行虚假认证时需要面临一个传统的声誉困境，短期的虚假认证收益与长期的声誉溢价之间的权衡。一旦认证机构虚假认证的短期收益大于未来利润的损失时，认证机构就会进行虚假认证博尔顿等（Bolton et al.，2012）。

已有文献主要从以下两个路径来考察虚假认证形成的成因：

一是考察市场因素对虚假认证的影响。市场竞争对虚假认证的影响在理论上还存在较大的争议，并没有得出一致的结论。一方面，竞争可能激励认证机构提供准确的信息〔维译范德和海费茨（Hvide and Heifetz，2001）；米奥（Miao，2006）；美国证券交易委员会（SEC，2008）〕。金等（Jin，2010）运用现场实验的方式来考察体育认证市场中新进入者的认证质量，研究发现，新进入的认证机构能够提供更为准确的关于价格的信号，以及使用更为详细的评价标准达到差异化的目的以区分在位的认证机构。

阿尔巴诺和利兹里（2001）、唐纳森和皮亚琴蒂诺（Donaldson 和 Piacentino，2012）均认为在垄断的认证市场中，认证机构会对生产企业产生敲竹杠的现象，生产企业的任何潜在收入的增加将会被认证收费所抵消，认证会导致无效的产品质量投资和检测技术投资的投入不足，这只有在竞争的环境下才能得到一定程度的缓解。另一方面，竞争也可能导致策略性的认证购买和噪声认证〔施特劳斯，2005；唐和王（Tan and Wang，

2008）；法拉等，2009］。贝克尔和米利伯（Becker 和 Milbourn，2008）认为在认证市场中增加竞争者会导致认证机构在和生产企业的合作中处于不利的地位，从而给出对生产企业有利的产品质量信息，导致结果存在很多的噪声。

博尔顿等（2012）考察了消费者对认证机构声誉的感知及对虚假认证的影响，结果表明当大量的消费者信赖认证标识或者虚假认证的期望声誉成本较低时，认证机构更加倾向于进行虚假认证。佩拉凯和克萨达（2011）的动态模型分析了认证机构、生产商和消费者之间的相互作用，其假定消费者不知道认证价格，并且认证机构在获知了申请认证企业的真实质量之后才决定是否与其进行合谋，研究发现，当认证机构的折现因子足够低时，认证机构与低质量厂商进行合谋是一种均衡现象；不过，合谋从来不是一个肯定事件，即使一个非常没有耐性的认证机构能够在合谋之前维持一段很长时间的诚实认证，合谋的概率是一个内生的变量，部分由认证机构的价格策略来决定。当认证机构的折现因子非常高时，认证机构将降低认证收费，同时降低认证证书的质量，这会使得认证合谋的概率增加。斯托尔珀（Stolper，2011）发现如果第一次提供虚假认证的成本低于生产企业愿意支付的费用，认证机构会提供虚假认证，不过认证机构不能从提供虚假认证中获得更高的利润，因为在均衡中，消费者能够识别认证机构的行为。一旦消费者购买认证产品，认证机构会有提供虚假认证的激励。

二是考察认证制度对虚假认证形成的影响。这类研究考察了认证机构的所有权、认证过程、认证产品收费等认证制度对虚假认证的形成［范斯坦（Feinstein，1989）；马歇尔等（Macher et al.，2008）］。普伦德加斯特（Prendergast，2007）发现隶属政府的认证机构几乎没有直接的利益冲突来提供虚假认证，而私人发起的认证机构则存在很大的利益冲突。比佛等（Beaver，2006）表明 SEC 鉴定的认证机构比没有鉴定的认证机构在业务上更加稳健和保守。菲利佩（Felipe et al.，2010）研究了认证过程对虚假认证的影响，其结合制度经济学和演化经济学两种理论框架分析了食品市场上零售商、顾客和认证机构之间的互动，发现当认证过程不透明时，大型零售商很容易影响认证标准从而操作认证机构的认证行为。法希等（2012）指出信息厌恶的生产企业可能会千方百计地制造认证过程的不透明性。佩拉凯和克萨达（2011）比较强制性认证和自愿性认证制度对虚假认证形成的差异，认为由于强制性认证增加了认证机构面对低质量生产商的概率，而其合谋的利益是非常高的，因此，强制性认证的虚假认证概率明显比自愿性认证高。

瓦格纳和柏林（2013）认为不透明的披露制度可能降低认证机构的利润，但也同样限制了可能的合谋行为，认证机构通过披露更少的准确信息，降低了其被生产企业俘获的威胁。施特劳斯（2013）、斯塔尔（Stahl，2010）、施特劳斯（2010）分析了认证的收费对象对虚假认证形成的影响，消费者和生产企业对认证都存在不同程度的需求。生产商需要认证为了使得高质量的产品获得更高的价格，将高质量的生产企业从低质量中分离出来，是一种信号显示机制。消费者对认证的需求是由于其不愿意在低质量产品上支付较多的费用，目的是检查生产企业关于他们产品质量申明的准确性，是一种信号检查机制。结果表明，向生产商收费的认证制度更容易产生虚假认证。

此外，还有文献考察了外部环境对虚假认证形成的影响，以期得到什么样的外部环境更容易产生虚假认证［迪顿（Deaton，2004）；布什（Busch，2005）］。如斯塔罗宾和文斯查（Starobin 和 Weinthal，2011）以犹太认证为例，从社会资本的角度解释了不同认证机构在独立性和可信性上的差异，发现在社会资本较低的区域，认证机构的独立性就会较低，认证机构可能会被生产企业俘获甚至合谋进行虚假认证。查隐和里维斯坦（Cain 和 Loewenstein，2005）认为缺乏有效的外部监督是造成虚假认证的原因，通过对"认证机构"进行认证，建立起外部监督体系才能抑制虚假认证。

（四）虚假认证的治理

现有研究多集中于考察市场条件对认证机构的内生激励问题（施特劳斯，2005；菲利佩等，2010；斯塔罗宾和文斯查，2010）。首先，大量的文献考察了声誉机制对个体认证机构行为的激励，不过并没有得到一致的结论。早期的传统产业组织理论认为，认证机构的声誉机制能够促进认证机构进行诚实认证［克莱因和莱弗勒（Klein 和 Leffler，1981）；夏皮罗（Shapiro，1983）；美国证券交易委员会，2008；斯科塔和费尔德肯，2009；马西斯等（Mathis et al.，2009）；马里亚诺（Mariano，2011）］。在随后的研究中，多数的文献则支持声誉机制并不是总能起到治理虚假认证的作用。马西斯等（2009）表明只有认证机构的大部分收入来自简单的检测业务时，声誉机制才会起作用。比纳波和拉罗切（Benabou 和 Laroque，1992）认为即使消费者有能力评估披露的信息质量，这仍然需要很长的一段时间来区分策略性的购买还是不完美认证，这导致了一个均衡，即认证机构可能在初期提供一个准确的质量信息，然后在以后的时间中逐渐利用已经建立起来的声誉。在某些极端的情况下，声誉机制甚至是驱动认证机构报告有偏信息的根源，在生产企业一侧建立容易通过认证的声誉可以为认证机构带来未来业务的增加，如烟雾排放检测的机构可能会通过一个不合格的汽车生产商的产品来获得下次继续合作的可能［哈伯德（Hubbard，1998）］。

其次，部分文献考察了什么样的市场结构能有效规范认证机构的行为。在为数不多的研究中，艾蒙（Emons，1997）探讨了在专业性的认证市场中，市场机制能否约束认证机构的行为，促使认证机构进行诚实认证。斯维科瓦（2007）和米斯历凯（2008）均构建包括认证机构、消费者和生产企业的三方博弈模型分析了认证机构进行诚实认证的条件，研究发现减少认证机构数量、强化个体声誉机制和提高认证费用对认证机构诚实认证存在积极的影响。法拉等（2009）考虑一个静态的逆向选择模型，得出相似的结论，他认为垄断的市场结构比竞争的市场结构更有利于培育认证市场的诚实环境。罗（Lo，2010）、卡曼霍和迪巴（Camanho 和 Deb，2012）的动态模型均表明垄断的市场结构更有助于认证机构披露有利于消费者的评级报告。

最后，少量文献则强调认证机构在进行产品质量认证时直接绕开生产企业，认证机构直接评估产品的质量而不需要经过企业的同意，然后将检测报告直接出售给最终的消费者，这样可以缓解认证机构被生产企业俘获的可能性［乔约翰（John，2002）；斯塔尔和施特劳斯，2014］。不过，由于消费者的需求存在很大的不稳定性，认证机构要想直接从提供给消费者的信息中获得利润是非常困难的［杜宾（Durbin，2001）］。

（五）国内关于虚假认证的相关研究

国内理论界对虚假认证进行了探索性的研究。在为数不多的文献中，现有文献一致指出了中国认证产业的虚假认证现象十分严重，认证乱象层出不穷，如认证合谋、购买认证证书、认证机构资质造假以及简化认证流程等一系列问题（李响，2011；胡佳，2009；张佳军，2009；刘宗德，2007；孙春伟，2013）。姜君（2013）指出各种名目资质造假的认证机构在中国有上万家之多。刘宗德（2007）通过对行业专业人员的访谈发现，虚假认证已经成为行业的普遍现象，生产企业通过购买认证标识，认证机构出售认证证书，认证市场已形成一条完整的产业链。陈艳莹等（2012）认为中国认证机构信誉缺失的原因是认证机构的信息透明度差、生产企业普遍注重短期的利润以及政府的监管缺位。朱丽莉和王怀明（2013）基于信息发布博弈的视角分析了农产品质量认证中信息失真的原因，研究发现虚假认证行为与政府抽查概率、惩罚力度、消费者反应程度、农产品质量标准等因素有关。

此外，还有少部分文献探讨了认证市场合谋的防范。王新平等（2007）讨论了中国质量认证市场共谋的三种类型并分析了防范共谋的条件，认为提高认证机构共谋行为受到惩罚的期望值，减小认证机构共谋时的期望支付以及提高认证机构诚信地开展业务时的期望支付可以防范共谋均衡的形成。黄鑫等（2009）则研究了可交易节能证书认证中的合谋防范问题，研发发现合理的审核机制、有效的监督机制、严厉的惩罚机制以及市场导向的声誉激励机制可以有效地防范认证的合谋。王丽丽（2010）从认证行业市场结构的视角分析了认证合谋的成因和规制问题，研究发现，认证市场的集中程度越低，认证机构参与合谋的可能性越高。当市场上只有少数几家认证机构时，认证市场的信息透明度增加，政府对机构进行有效监管的难度降低，认证合谋的风险增加，认证机构参与合谋的可能性降低。

表 1-1　　　　　　　　　　认证行为的相关研究

文献分类	具体内容	代表文献
信息披露策略	在诚实认证的前提下，认证机构会策略性地对所披露的信息量多少进行选择	利兹里（1999）、佩拉凯和克萨达（2003）、阿尔巴诺和利兹里（2001）、法希等（2012）
虚假认证形成	市场因素：市场竞争、消费者感知、虚假认证成本等	金等（2008）、唐纳森和皮亚琴蒂诺（2012）、唐和王（2008）、博尔顿等（2012）
	认证制度：认证机构所有权、认证机构是否官方授权、认证过程透明度等	菲利佩等（2010）、法希等（2012）、佩拉凯和克萨达（2011）、瓦格纳和柏林（2013）、施特劳斯（2012，2013）
	外部环境：社会资本、外部监督	斯塔罗宾和文斯查（2011）、查隐和里维斯坦（2005）

续表

文献分类	具体内容	代表文献
虚假认证行为	俘获行为	法拉等（2009）、瓦格纳和柏林（2013）
	合谋行为	斯维科瓦（2007）、米斯历凯（2008）
	不完美认证	查尔斯（2012）、维译范德（2009）、施特劳斯（2010）
虚假认证的治理	声誉机制对个体认证机构行为的约束	斯科塔和费尔德肯（2009）、马西斯等（2009）、马里亚诺（2011）
	什么样的市场结构能有效规范认证机构的行为	卡曼霍和迪巴（2012）、罗（2010）、斯维科瓦（2007）、米斯历凯（2008）
	认证机构直接评估产品的质量并将检测报告直接出售给最终的消费者	乔约翰（2002）、施特劳斯（2012）、斯塔尔和施特劳斯（2013）
国内理论界对认证行为进行了探索性的研究	现有文献一致指出了中国认证产业的虚假认证现象	李响（2011）、胡佳（2009）、张佳军（2009）、刘宗德（2007）、春伟（2013）
	少部分文献探讨了虚假认证的原因	陈艳莹等（2012）、朱丽莉和王怀明（2013）
	还有少部分文献探讨了认证市场合谋的防范	王新平等（2007）、黄鑫等（2009）、王丽丽（2011）

二 行业治理的相关研究

行业治理是指为了维持某一行业的正常运转，调和相互冲突的自利个体间采取联合共同行动的持续性过程，可以视作为其所采取的方式或多种方式的总和。良好发展的行业需要一套完备的治理机制来抑制市场失灵、外部性等问题。总体来说，可以把行业治理分为正式治理和关系治理两大类。

（一）正式治理机制

正式治理理论源于交易成本理论，是一种基于正式制度安排的行业内伙伴关系治理规则，主要依靠显性式的法律力量、制度章程、规范标准等来实施。正式治理理论逐渐成为行业治理、联盟治理、团队治理等主要的依据［乔治等（George et al., 2002）；丁绒，2013］。常见的正式治理形式有行业协会阿什比等（Ashby et al., 2004；才国伟，2010）、战略联盟［米森等（Mysen et al., 2011）；达斯等，2006］、契约设计（威廉姆斯，1979）等。早期的交易成本理论认为，伙伴间的交易成本决定了行业治理结构的选择，并主张将监督和激励机制以正式的法律契约形式固定下来，因为其能够代表局中人自愿的协议，可以看作为局中人将感知到的彼此交换成本风险通过评估后，所采取的一种保护自身的治理措施（威廉姆斯，1985）。

戴尔（Dyer，1997）认为，正式契约机制作为约束成员行为的重要手段，一般以事先协议的形式，来详细规定各参与方的权利和义务，一旦对手采取机会主义行为时，用以保障自身权益的外部法律力量。正式契约对于大多数的交易行为都处于中心位置，它提供了一个法律的范围、制度框架，在这个框架中每一方的权利、义务和责任被法律成文化，同时将潜在的目标、政策和战略详细化。正式契约制定的重点是防止不适当的代理行为（如机会主义），这种正式的协议能促进有效的交易［卡森等（Carson et al.，2006）］。从整体福利来看，行业自治对于价格和产品质量的影响作用与法律规制这种手段相差不大。古拉蒂（Gulati，1998）偏重于企业联盟在股权型的并购或合资与非股权型的契约协议之间如何选择的问题，重点分析了企业为什么选择特定的治理结构而不是其他治理形式，并强调正式治理机制对于防范企业机会主义行为的重要作用。

（二）关系治理理论

关系治理是指运用不同于正式契约的关系性手段来保证不完全契约的顺利履行［格兰多里（Grandori，2006）］。关系治理理论是一种基于社会关系的伙伴关系治理机制，主要依靠隐性式的习俗、信任、声誉、意愿、承诺和能力等来发挥作用，源于关系契约理论和社会交换理论。按照社会交换理论的观点，防范机会主义必须依赖于社会关系的遵守以及制裁的力量，并且社会结构通常能够对经济行为作出比正式契约结构更全面的解释［阿克罗和冈拉克（Achrol and Gundlach，1998）］。普普等（Poppo，2008）认为，关系治理的关键在于分析和研究企业间合作关系中权力的来源、分配及其运行机理，使得成员伙伴自愿放弃控制而又不失去控制就能很好地达成集体目标。奥斯特罗姆（Ostrom，2000）、泰勒等（Taylor，2007）和王明琳等（2011）以专业化分工、社会资本、技术溢出效应、规模经济等概念为基础，深入思考了能够促进联盟合作的若干社会规范，并分析了其治理效率。

近年来，越来越多的研究已逐渐将重心转向了基于组织间的社会关系治理，这些研究均表明，关系治理机制如信任、承诺和集体合作有正向相关关系。普普和曾格（2002）认为关系治理会对长期的交易绩效产生正向影响，建立良好合作伙伴关系将会比企业单独行动产生更大的绩效效应。即使在短期的合作中，关系治理也能促进交易绩效的提高。弗格森（Ferguson，2005）对来自加拿大、德国和法国的 79 家新兴生物技术公司及其 36 个主要投资者的数据进行了分析。结果表明，在高科技新兴行业，尽管从时间上尚不足以形成一种团结和相互信任的合作关系，但在高度不确定的条件下，快速发展且维系时间相对较短的合作关系也会受益于关系治理，即关系治理水平越高，交易绩效就越高。持相同观点的研究还有霍金斯等（2009）、达斯和拉赫曼（2010）以及米森等（2011）等。

在产业组织领域，大量学者也对这两种治理理论进行了比较，并且得出了三种不同的观点：替代观、互补观以及两者既替代又互补的观点[1]。替代观认为，关系治理与契约治理是两个对立的概念，因此，它们的关系也是相互替代的：正式契约隐含不信任而关系治理必须基于信任，良好的关系治理会减少对契约的需求，而完善的契约则会削弱关系治理［巴赫曼（Bachmann，2001）］。互补观认为，关系治理和契约治理这两种治理机制具有各自的优势和劣势，因此，两者都不能完全替代对方（普普等和曾格，2002）。拉扎里尼（Lazzarini，2004）运用实验研究法对关系治理与契约治理之间的关系进行验证，将 102 名 MBA 学生扮演成买卖双方，按照设定的不同条件进行重复博弈，研究发现综合采用关系治理和契约治理会比单独采用一种治理机制产生更好的交易绩效。

最新的研究［蒂洼纳（Tiwana，2010）；胡贝尔等（Huber et al.，2011）］则从替代与互补两个对立的观点中找出了第三种可能的关系：关系治理与契约治理既相互替代又能互补。蒂洼纳（2010）将契约治理分为行为控制机制和结果控制机制两个方面，然后以 120 个外包的系统开发项目为样本，通过实证研究发现，关系治理与行为控制机制是互补关系，而与结果控制机制是替代关系。卡农等（Connon，2000）和弗格森等（2005）指出在服务业中关系治理比契约治理显得更加重要，并且研究发现，当没有很好地运用关系治理而仅利用详细的契约进行交易治理时交易绩效会下降。卡森等（2006）研究发现，关系治理适用于环境高度不确定的情境，而契约治理适用于行为高度不确定的情境。奥兰德等（Olan-

---

[1] 赵骅、石继东、周洪祥：《企业集群稳定合作的隐性契约与规范机制研究》，《中国管理科学》2010 年第 2 期。

der，2010）采用案例研究法探讨了关系治理和契约治理在研发合作中的不同作用，通过分析四家企业的案例研究发现，关系治理和契约治理在研发合作中虽然都发挥作用，但它们的相对重要性因不同的合作阶段而不同，在探索阶段关系治理甚至可能替代契约治理；在发展阶段两种机制相互补充；而在最终确定阶段，关系治理与契约治理都发挥作用，但是契约治理的作用更加显著。

表1-2　　　　　　　　　　行业治理的相关研究

文献分类	具体内容	代表文献
正式治理	基于正式制度安排的行业内伙伴关系治理规则，主要依靠显性式的法律力量、制度章程、规范标准等来实施	米森等（2011）、达斯等（2006）、卡森等（2006）、才国伟（2010）、丁绒（2013）
关系治理	基于社会关系的伙伴关系治理机制，主要依靠隐性式的习俗、信任、声誉、意愿、承诺和能力等来发挥作用	普普等（2008）、格兰多里（2006）、奥斯特罗姆（2000）、泰勒等（2007）、王明琳等（2011）、霍金斯等（2009）、达斯和拉赫曼（2010）
	替代观	巴赫曼（2001）
	互补观	普普和曾格（2002）、拉扎里尼等（2004）
	既替代又互补	蒂洼纳（2010）、胡贝尔等（2011）、奥兰德等（2010）

三　集体声誉的相关研究

自克雷佩斯和威尔逊（Krep 和 Wilson，1982）、富德伯格和莱文（Fudenberg 和 Levine，1992）等开创并完善标准的声誉理论以来，声誉作为一种隐性激励机制以保证短期承诺行动，可以视为显性合约的替代品，可以降低市场中的信息不对称程度，在一定程度上缓解道德风险和逆向选择问题［塔德利斯（Tadelis，1999）；李军林，2004；肯尼斯和希夫（Kennes and Schiff，2002）］。总体而言，声誉理论已经发展得较为完善和成熟。需要指出的是，标准的声誉理论大多涉及的是个体声誉问题，如个人声誉、企业的声誉等[①]。

当个体声誉信息无法在市场中传递时，个体声誉机制就不能发挥应有

[①] 张琥：《集体信誉的理论分析：组织内部逆向选择问题》，《经济研究》2008年第12期。

的作用。然而在现实中，集体声誉是普遍存在的，这促使理论界在研究视角上进行不断的延伸。泰勒（Tirole，1996）最早提出了集体声誉的概念，在随后的近 20 年的时间里，集体声誉的理论得到了一定程度的发展。总的来说，集体声誉是声誉理论的前沿内容，为数不多的现有文献主要集中在集体声誉的界定、集体声誉的形成机理、集体声誉的维护与演进以及集体声誉的治理与产业绩效等几个方面。

（一）集体声誉的界定

泰勒（1996）最早提出集体声誉的概念，其认为集体声誉存在以下四个特征：第一，集体声誉只有集体内成员所拥有，而且每个成员所分享的份额是一样的，外部个体则无法共享集体声誉。第二，相比于集体的特征，个体的过去行为无法被完美观测。如果个体行为被完美观测，那么集体声誉将不起作用。因此，个体行为的不完美观测成为集体声誉的基础，个体声誉机制失效是集体声誉产生的根源。第三，集体内成员过去的行为构成集体当前行为的条件，能够将其作为预测成员个体的行为。因此，每个成员的福利和动机受到集体声誉的影响。第四，如果进一步假定集体的存在年限或者集体内成员相互作用的频率，集体内新成员会受到在位成员过去行为的影响[1]。

王弗里和麦克拉斯基（Winfree 和 Mcluskey，2005）认为集体声誉是一种准公共物品，斯泰利奥斯和扎里多普勒（Stelios 和 Zyglidopulos，2006）认为集体声誉为集体内所有厂商共享，由其他组织机构所感知，体现为企业通过在自身领域长期专业表现的积累而赢得的信誉。张琥（2008）认为如果社会公众无法区分某个人的个体属性，将只能根据其拥有的某些共性标识来形成对该个体的判断，这些由多个个体共享的共同标识在经济理论中称为集体声誉。

总体而言，这些文献对于集体声誉的定义较为相近，而泰勒（1996）的定义最为详尽，在为数不多的随后研究中，伊万斯和吉南（Evans 和 Guinnane，2007）、里文（Levin，2009）、萨克（Saak，2011）、王弗里和麦克拉斯基（2005）以及陈艳莹和鲍宗客（2014）等都沿用泰勒（1996）对集体声誉的定义。

---

[1] Tirole, J. A., "Theory of Collective Reputations", *Review of Economic Studies*, Vol. 63, No. 1, 1996.

(二) 集体声誉的形成机理

关于集体声誉形成的根源，大部分文献认为集体声誉的形成是对个体声誉的替代，个体声誉机制的失效是集体声誉产生的必要条件［王弗里和麦克拉斯基，2005；萨克，2011；麦奎德等（Mcquade et al., 2011）］。如泰勒（1996）认为个体行为的不完美观测是集体声誉形成的基础，集体声誉作为每个个体成员声誉的集合。张琥（2008）认为社会公众无法区分个体属性时，基于对个体声誉的替代，通常会对其拥有共性标识的某一集体形成一个整体判断。伊万斯和吉南（2007）考察了由异质性生产商组成的集体中创建集体声誉的条件，在监管者不能承诺高质量的前提下，只有当集体间成员的异质性不强以及生产的边际成本逐渐下降时集体声誉才能够成功形成。也有少部分文献认为集体声誉与个体声誉是可以互补的，同一个个体可以兼具双重声誉［吉高德和里维他（Gergaud and Livat, 2004）］，如科斯塔高等（Costanigro et al., 2011）认为加利福尼亚的葡萄酒不仅存在个体品牌声誉的溢价，同时还存在地区集体声誉的溢价。

(三) 集体声誉的维护和演进

泰勒（1996）基于委托—代理模型，在假定个体当前行为受群体以往行为记录影响的前提下分析集体声誉的演进和重建集体声誉的必要条件，研究表明，当个体成员不良行为的惩罚主要依靠内部排除时，在一个集体声誉存量水平较低的群体中获得的低租金会降低个体留在该群体中的激励，从而会进一步诱发个体的不良行为，使群体的集体声誉一直无法得到改善。里文（2009）将泰勒（1996）的模型扩展为随机动态形式，均衡结果表明，由于群体的集体声誉和成员当前个体激励之间的互补性，群体的行为具有持续性，外界环境的改善并不会促使一个集体声誉差的群体改进其行为。

萨克（2012）则构建了一个具有不完全的公共监督机制和完全的区域性同行监督机制的集体声誉演进模型，研究发现，即使同行监督只是局部的，也能使企业维持集体声誉获得更高的利润；交易越频繁、公共信息传播得越快、投资收益相对于质量溢价越小、单个厂商的质量被群体内部成员了解得越充分，能够维持集体声誉的最优厂商数量越多。卡斯托和德玛斯托（Castriota 和 Delmastro, 2011）实证考察了意大利酿酒业集体声誉形成的影响因素，研究发现，质量标准的规制有助于集体声誉的维护。成员之间的数量与集体声誉呈现抛物线的关系，在集体声誉的初期，成员规模的增加可以扩大集体声誉在市场中的可见度，但是集体声誉达到一个峰值之后，成员之间存在很强的"搭便车"的激励，企业数量与集体声誉的关系开始由正逐渐转为负。

（四）集体声誉的治理与产业绩效

目前，这类研究普遍针对区域农产品产业。王弗里和麦克拉斯基（2005）以华盛顿苹果为例指出，区域农产品的生产者众多、生产分散、单个生产者没有独立的品牌，这种行业属性决定了消费者无法识别单个生产者的产品质量，能够获得的只是由所有生产者的产品质量共同决定的行业集体声誉，这会导致单个生产者选择的质量水平低于行业整体的最优水平，需要政府进行最低质量标准规制。富里克（Fleckinger，2007）同样针对农产品行业，考察了在具有集体声誉约束的产业中，建立在所有生产者产出平均质量基础上的集体声誉会如何影响厂商的产量和质量竞争。结果表明，均衡的社会福利水平是厂商数量的凸函数，厂商数量的上升在增加行业产出的同时会带来质量的下降，在提高这类产业的绩效方面，政府的进入和产量规制要优于价格规制。

伊洛蒂和拉斐尔（Elodie 和 Raphael，2008）发现，在具有集体声誉约束的产业中，政府进行最低质量标准规制会促进竞争，提高产业绩效和社会总体福利。麦奎德等（2011）将水果、蔬菜等农产品归类为无法识别生产者的经验品，假定生产高质量、安全的产品会增加企业自身成本并使与竞争对手共享的集体声誉水平提高，除了同样证实最低质量标准规制会改进产业绩效、提高社会福利之外，还发现，在农产品的国际贸易中，当其他国家不对本国出口的农产品进行最低质量标准规制时，实施规制国家的厂商利润会增加，而不实施规制国家的厂商利润会减少。科斯塔高等（2011）实证考察加利福尼亚地区葡萄酒的集体声誉和个体声誉对产品的溢价效应，研究发现，对于低档的葡萄酒来说，集体声誉对产品的溢价效应要高于个体声誉的溢价效应；而对于高端的葡萄酒来说，集体声誉的溢价效应则要下降很多。

（五）国内关于集体声誉的相关研究

国内理论界从 2000 年以后才开始接触集体声誉问题，到目前为止，已有文献对集体声誉进行了尝试性的研究。总体而言，这些研究大部分都是考察集体声誉的维护问题。张琥（2008）考虑了集体成员类型存在差异时的集体声誉维护问题，发现由于个体利益与集体利益的差异，集体声誉的激励作用要弱于传统的个体声誉的作用，从社会角度来看，如果公众对行业的评价趋于麻木，最终会导致行业选择放弃集体声誉的维持，这需要外在的干预才能维护社会总体福利的最大化。

李金波等（2010）认为当集体声誉租金足够大时，通过适当的内部分享规则或者产权安排，不同类型的团队组合均可能实现一定程度的合作，从而缓解"搭便车"问题。龚强等（2013）认为有效的认证机制对集体声誉的建立和维持起到极为重要的作用。不过，当集体声誉陷入危机时，仅靠认证机制对企业的约束往往不足以使消费者愿意为产品支付高溢价。在这样的情形下，行业的集体声誉无法得以重建。此时，政府必须采取适当的市场干预手段恢复市场集体声誉。廉永辉和张琳（2014）探讨了优质企业组成在质量联盟维护集体声誉的条件，结果发现，消费者对产品质量越重视、产品质量信息披露越及时、信息传播越迅速、产品的信任属性越弱，质量联盟越可能维护好集体声誉。此外，完善的质量规制制度有助于节约集体声誉的维护成本。

此外，陈艳莹和杨文璐（2012）针对集体声誉行业的特点建立了两阶段博弈模型，从竞争效应和质量效应两个方面系统考察了集体声誉下最低质量标准规制的福利效应，结果发现，适度并偏高的标准在提高质量水平的同时反而会增加行业当中的企业数量，从而改善社会福利。王二龙（2014）认为地理标志认证存在着集体声誉问题，成员之间的质量"搭便车"行为严重影响了地理标志产品质量的提升，通过建立相应的个体声誉品牌能够激励厂商提升产品质量。

表1-3　　　　　　　　　　集体声誉的相关研究

文献分类	具体内容	相关文献
集体声誉的界定	（1）每个成员均质的拥有；（2）个体的过去行为是无法被完美观测的；（3）每个成员的福利和动机受到集体声誉的影响；（4）集体内新成员会受到老成员过去行为的影响	泰勒（1996）、斯泰利奥斯和扎里多普勒（2006）、王弗里和麦克拉斯基（2005）、萨克（2011）
集体声誉的形成	大部分文献认为集体声誉的形成是对个体声誉的替代，个体声誉机制的失效是集体声誉产生的必要条件	王弗里和麦克拉斯基（2005）、麦奎德等（2011）、伊万斯和吉南（2007）
	也有少部分文献认为集体声誉与个体声誉是可以互补的，同一个个体可以兼具双重声誉	科斯塔高等（2011）、吉高德和里维他（2004）

续表

文献分类	具体内容	相关文献
集体声誉的维护与演进	多数文献考察企业数量、交易频率、信息传播等市场机制对集体声誉维护的影响	里文（2009）、萨克（2012）、卡斯托和德玛斯托（2011）
集体声誉的治理与产业绩效	多数文献认为质量标准规制是治理集体声誉问题的有效手段，质量标准规制可以提高产业绩效	富里克（2007）、伊洛蒂和拉斐尔（2008）、科斯塔高等（2011）
国内研究	大部分文献都是考察集体声誉的维护问题，如通过成员之间签订契约、认证制度、内部分享规制或产权安排、政府干预等	张琥（2008）、李金波等（2010）、龚强等（2013）、廉永辉和张琳（2014）

四　相关文献的评述

通过对现有文献的梳理，可以发现，已有研究存在以下几个方面的不足之处。

（1）既有关于认证行为的研究均假定认证机构存在个体声誉，而没有考虑到个体声誉不存在这一前提。虽然大量文献已经对认证机构的认证行为进行了广泛的研究，但是由于发达国家的认证产业主要是在市场演进过程中，由私人机构发起、自下而上生成的，因此，这些研究框架普遍假定认证机构就是认证标准的制定者和所有者，拥有个体声誉，然而在中国的认证产业中，绝大部分认证标准都由政府制定，然后以授权的方式委托给取得资质的多家认证机构同时执行，属于"单委托—多代理"的认证模式。在这种认证模式中，个体认证机构不存在个体声誉。那么，已有的文献在研究视角上存在较大的局限性。

（2）缺乏从宏观的制度性框架来分析中国认证产业虚假认证的形成。在中国认证产业的研究中，大多数文献仅仅指出了中国认证产业存在虚假认证的现象，这些研究普遍采用"现状描述＋政策建议"的分析范式。很少有文献分析中国认证产业虚假认证的形成机理，在仅有的一篇文献中，王丽丽（2011）分析了市场结构对认证合谋形成的影响。目前，还未有文献以中国的认证制度背景为出发点，探讨中国认证产业虚假认证的问题。中国的认证产业属于政府主导的发展模式，这种发展模式就更加凸显了制度背景对认证机构认证行为的影响。

（3）缺乏从集体内部的惩罚机制来治理中国认证产业的虚假认证问

题。现有文献普遍将正式监管制度作为中国认证产业虚假认证治理的唯一手段，如提高准入标准、加强惩罚力度等监管机制，还未有研究从行业内部的非正式制度安排入手，依靠集体内部自发形成的治理机制，如集体内部惩罚机制，来分析其治理的效果和效率。

（4）在集体声誉的研究中，忽略了宏观制度背景所导致的外生性的集体声誉问题。已有研究均考虑了内生性的集体声誉问题，这些集体声誉行业是由于产品的自然属性而产生，其通过市场机制的自演化形成，其普遍特征是成员密集地分布在某一特定的区域，如区域农产品、地理标志产品等。然而外生性的集体声誉是基于外部的推力而形成的，如政府的力量，其内部成员并不一定具备密集分布的特征。那么，外生性的集体声誉内成员的内部治理问题是目前理论界所忽略的。

第三节 本书的研究工作

一 研究内容

（一）中国认证行业集体声誉特征形成的成因

集体声誉问题的实质是企业个体的声誉信号传递在市场上受阻。与区域农产品不同，中国认证行业现阶段面临的集体声誉约束并非源于认证服务的自然属性，而是主要源于中国认证行业存在的特殊制度背景，再加上认证市场是一个双边市场，声誉信号的传递是双向的，这些因素都造成了中国认证行业集体声誉特征的特殊性。本部分将结合中国认证产业政府主导的特点，分别从消费者、认证机构和生产企业三方面入手，分析中国认证产业由外生的制度性因素所引发的集体声誉特征的具体成因，主要研究内容包括：

①中国认证行业集体声誉形成的制度性成因，分析"单委托—多代理"的认证制度、"低门槛"的行业准入制度以及"宽监管、轻处罚"的监管制度对认证机构个体声誉信号形成和传递的直接抑制作用；②中国认证行业集体声誉形成的策略性成因，认证市场中的消费者、企业和认证机构的策略性因素间接地促成了这种集体声誉特征的稳定性，这部分研究诱发认证机构自发减少对个体声誉进行投资的各种市场竞争因素，分别从认证机构的市场竞争、消费者搜寻的动机和生产企业的策略性行为三个方面着手分析。

（二）集体声誉下认证机构虚假认证形成机制

认证信息是认证机构的产出，虚假认证所代指的认证信息可靠性问题实质就是认证机构的产出质量问题。按照这一思路，本部分将构建包括认证机构、消费者、生产企业和监管部门在内的认证市场演化模型，由集体声誉引发的认证机构产出质量系统性下降入手，研究现阶段中国认证市场上认证机构虚假认证的形成机制，具体内容包括：

①集体声誉对中国认证行业产出质量的扭曲机制，通过使用连续时间框架的跨期动态最优化过程来比较认证产业在只有集体声誉特征、只有个体声誉特征以及兼具个体和集体声誉特征时产出质量的大小，这一产业层面的研究可以为解释集体声誉引发的认证机构虚假认证行为提供一个总体的分析框架；②集体声誉下认证机构虚假认证形成的微观机理，通过构建了认证机构、消费者和生产企业的三方序贯博弈模型，确定集体声誉下认证机构虚假认证形成的条件和影响路径；③集体声誉内成员数量规模对认证机构虚假认证的影响，通过对认证机构、生产企业和监管部门的三方博弈模型，研究集体声誉内的成员数量规模对认证市场虚假认证形成的影响。

（三）集体声誉下虚假认证的治理机制

集体声誉会内生性地诱发认证机构的虚假认证动机，降低认证市场的认证有效性。这部分尝试从行业内部约束机制和政府监管机制两个方面设计治理认证机构的虚假认证行为，具体包括：

①行业内部约束机制。集体声誉的恶化最终会降低每个认证机构的收益，这为认证机构通过自发合作解决"搭便车"问题提供了激励。为此，针对中国认证行业的特殊背景，我们分别考虑了社会规范监督机制和集体成员契约设计的监督机制，研究两种约束机制的声誉合作均衡，认证机构诚实认证行为的激励条件和认证产业的"质量卡特尔协议"得以维持的条件，一旦认证产业进入同行惩罚阶段时，每个认证机构是否有足够的动机进行重新谈判以恢复声誉合作均衡。②政府监管机制。由于中国认证行业的集体声誉特征只有在消费者和生产企业中存在，而监管当局可以直接识别和追溯个体认证机构，因此，可以通过设计政府监管机制来规制认证机构的虚假认证行为。针对中国认证行业的特点，我们设计了3种监管机制，惩罚强度、浮动监管与行业准入制度。在惩罚强度的设计中，通过构建带有惩罚强度约束的认证机构间维护行业集体声誉的演化博弈模型，分析不同的惩罚强度对认证机构虚假认证行为的影响。在浮动监管的机制中，设计监管部门依据每个认证机构的声誉进行差异化的监管，考察浮动监管对认证机构虚假认证行为的影响。在行业准入制度中，考察最低质量

标准的引入是否改善了认证行业的认证效率。

(四) 集体声誉下虚假认证治理机制的政策研究

这部分是上述研究成果的综合应用，在中国认证行业的制度背景短期无法改变的情况下，认证行业虚假认证治理机制设计的总体思路就变为集体声誉和治理机制的协调问题，如何调整抑制认证机构个体声誉形成和传递的认证市场准入、认证信息标识和质量披露等各项制度，增加认证机构在市场中的可追溯性将是政策设计的主要方向，将从三个方面展开：①加强认证行业外部监管的政策措施，完善相关的法律法规、加大行业的违约惩罚力度、提高认证机构的进入退出壁垒等方面的措施；②发挥认证行业自律机制的政策措施，包括建立认证机构间协调沟通的渠道、培育行业协会以及强化行业协会的自律功能等方面的措施；③建立认证行业的消费者反馈机制，包括完善认证机构信息公开制度、媒体监督机制以及认证行业的市场调查机制等方面的措施。

本书总体上按照"现状分析→理论研究→模型构建→政策研究"的逻辑顺序展开，研究内容主要分为以下八章：

第一章为导论。这部分介绍了本书研究的选题背景和研究意义，对现有国内外关于虚假认证以及集体声誉的相关文献进行回顾和评述，在此基础上寻找前期研究的不足，找出本书研究的空间，进一步提出研究的问题和创新点。

第二章为虚假认证的内涵及理论基础。认证之所以存在是其具有的信号甄别和信号显示功能可以降低消费者和生产企业的信息不对称程度。不过，一旦认证的运行机制出现某种障碍，认证市场就会产生虚假认证，生产企业申请认证的动机出现扭曲会使得认证市场出现合谋型的虚假认证，而认证行业的恶性市场竞争则会同时导致技术型虚假认证和合谋型虚假认证，消费者的反馈机制若不能有效发挥作用则会恶化行业的虚假认证问题。按照这样的思路，这部分结合认证的相关理论，从认证的功能和运行机制入手分析，从信息质量的视角对虚假认证进行了详细的界定。此外，依据中国认证市场的特点，将虚假认证细分为技术型虚假认证和合谋型虚假认证。

第三章为中国认证产业集体声誉的特征和成因。集体声誉问题的实质是企业个体的声誉信号形成、传递以及接收环节出现某种障碍。与天然具有集体声誉特征的区域农产品不同，中国认证行业现阶段面临的集体声誉约束并非源于认证产品的自然属性，而是主要源于中国认证行业存在的特殊制度背景，再加上认证市场是一个典型的双边市场，声誉信号的传递是双向的，这些因素都造成了中国认证行业集体声誉特征和成因的特殊性。按照这样的思路，这部分将结合中国认证产业政府主导的特点，分析中国认证产业集体声誉的特征以及为什么会形成集体声誉。

第四章为集体声誉下中国认证市场的现状。这一章所要探讨的问题是在认证行业存在集体声誉的特征下，中国的认证市场将是怎样的一种状况。这部分首先分析了中国认证产业的认证概括，中国认证产业的认证产品构成，认证机构颁发认证证书的分布情况，以及认证机构的数量与地区分布；并在此基础上，本书剖析了中国认证产业所存在的问题，包括认证制度、认证行为、行业竞争、认证标准以及从业人员之间的问题；最后，借助一个针对认证机构的调研数据来深入探讨个体认证机构所存在的具体问题。

在分析中国认证产业存在集体声誉的特征后，那么，第五章所要探讨的问题是在行业存在集体声誉的约束下，中国认证行业虚假认证是如何形成的。集体声誉的存在，一方面，意味着认证机构在市场上的可追溯性下降，这将直接诱发认证行业的技术投入水平不足，认证机构在认证过程中可能出现噪声认证、不完美认证等技术性虚假认证；另一方面，增加了认证机构和消费者之间的信息不对称程度，消费者不能有效识别认证机构的认证行为，这使得行业中出现合谋型虚假认证的激励。技术投资水平下降会导致认证机构"非有意"地产出错误的认证信息，而认证机构和企业的合谋则会引起"故意"的认证错误。

因此，这一思路可以作为解释集体声誉下虚假认证形成的一个总体框架。按照这样的思路，这部分的具体内容包括：第一，集体声誉与技术型虚假认证的形成。技术型虚假认证的实质是认证机构技术投入水平的不足，这里通过构建连续时间框架的跨期动态优化模型，在个体决策考虑其他成员策略和不考虑其他成员策略两种模式下，研究当认证行业只有集体声誉特征、只有个体声誉特征以及兼具个体和集体声誉时认证行业技术投入水平的大小，以期获得声誉特征与认证策略是否对行业的技术投入水平存在一定的扭曲。

第二，集体声誉与合谋型虚假认证的形成。合谋型虚假认证的本质是生产企业的一种证书购买行为，这种行为更多的是由于生产企业的产品质量不达标而向认证机构主动发起的邀约行为。那么，这里将这一行为通过一个序贯的博弈过程来刻画。在这样的博弈模型中，分析了生产企业申请虚假认证形成条件以及认证机构接受虚假认证申请的条件，然后探讨集体声誉特征如何对合谋型虚假认证产生影响。

第三，共享集体声誉的成员数量与虚假认证的强度。行业集体声誉约束的程度并非固定不变，随着行业进入退出的动态演变，认证行业集体声誉约束的程度也会发生变化。那么，这里分析集体声誉内成员的数量结构对认证机构认证策略的异质性影响。

在分析集体声誉会直接诱发认证行业的虚假认证行为之后，接下来，本书着重进行机制上的设计以治理这种宏观制度性背景所产生的虚假认证问题。由于集体声誉本质上是准公共物品，认证机构虚假认证的行为可以理解为公共物品博弈中的"搭便车"现象，那么，认证行业虚假认证的治理就可以演变为集体声誉下成员行动困境的治理。

按照这样的思路，第六章考虑了虚假认证治理的内部惩罚机制，这部分结合集体行动的视角，从认证产业的非正式制度安排入手，尝试依靠集体内部的惩罚机制来约束认证机构的行为，具体内容包括：第一，集体声誉下虚假认证治理的隐性契约惩罚机制。在博弈模型中，集体内部隐性契约实质上是无限次重复博弈中的冷酷策略，针对中国认证产业的实际，设计了双重不完全信息的集体成员认证行为重复博弈模型，双重不完全信息包括认证机构之间的不完全信息以及认证机构与消费者之间的不完全信息，分析惩罚机制治理虚假认证的条件以及治理的效率。第二，将隐性契约惩罚机制扩展为显性契约惩罚机制。隐性契约显性化的目的是改善集体内认证机构之间的信息结构，使内部惩罚机制能够更加快速地执行。在这一契约的设计下，捕获显性契约惩罚机制治理虚假认证的条件，以及比较两种惩罚机制治理效率和治理难度。

不过，集体内部惩罚机制只能将行业中好的声誉一直维持下去，一旦某个认证机构开始进行虚假认证破坏行业的集体声誉，集体内的成员都会进行报复策略，这会使得行业陷入集体行动的困境。那么，这种惩罚机制只能是一种保障机制，而起不到纠错机制的作用。因此，接下来，第七章引入行业外部的监管机制来约束认证机构的行为，以执行纠错机制的功能。由于集体声誉的特征在监管部门一侧并不存在，其可以直接追溯到个体认证机构，因此，可以考虑政府监管机制的设计来治理虚假认证问题。政府监管应遵循高效监管的原则，不仅要考虑到监管覆盖的比率，而且还要提高监管的效率。针对中国认证行业的实际，这部分考虑了两种监管机制，罚款机制和浮动监管机制，考察两种监管机制对虚假认证治理的有效性。

第八章为研究结论与政策建议。

技术路线如图1-1所示。

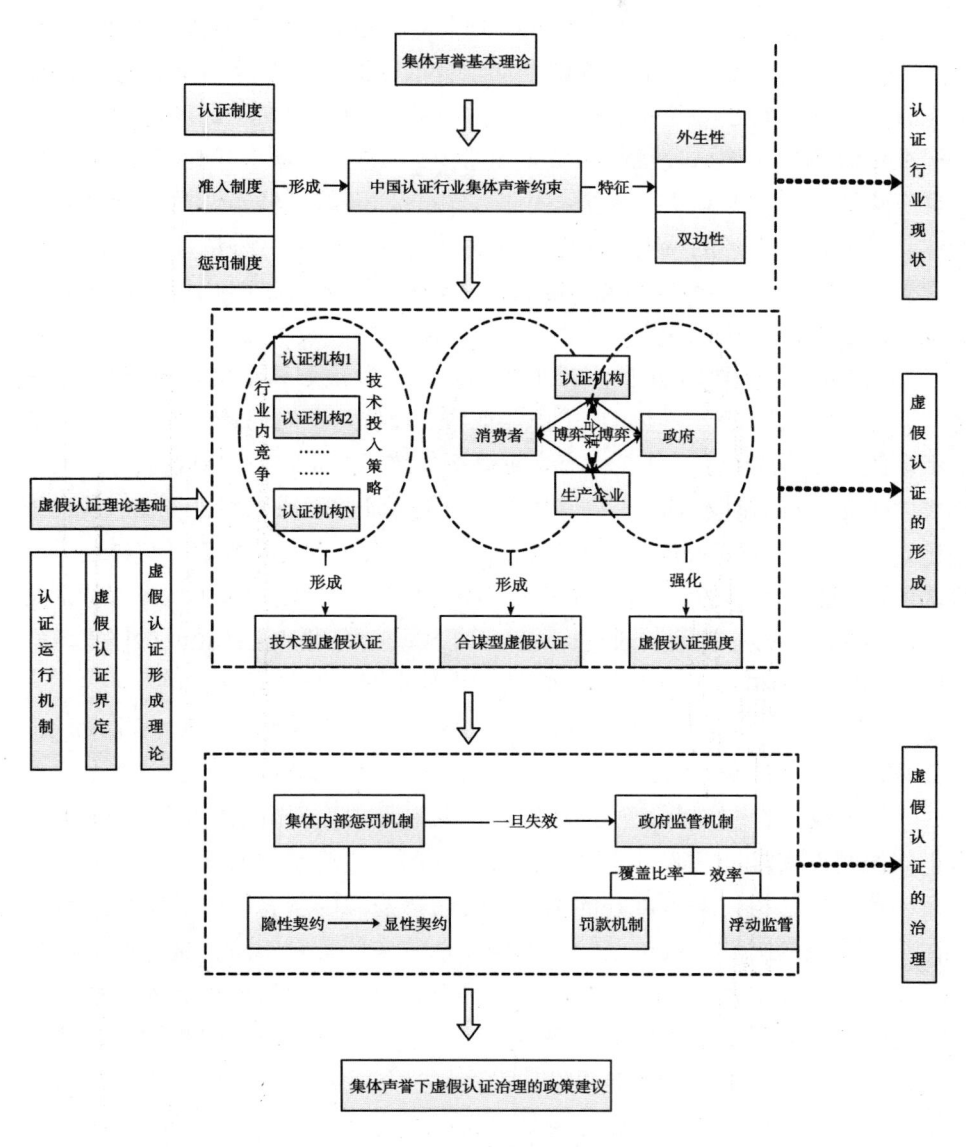

图1-1 技术路线图

二 可能的创新点

针对现有文献存在的不足,本书尝试在以下三个方面有所创新:

创新点1:在中国认证产业的研究中引入集体声誉这一新的视角。

现有研究均假定认证机构就是认证标准的制定者和所有者,拥有个体声誉,然而忽视了一个重要问题,即在政府主导的中国认证产业中,认证标准由政府制定而认证机构只负责执行所导致的集体声誉问题。此外,在现有集体声誉的文献中,主要集中探讨由于产品的自然属性而天然具有集体声誉特征的农产品行业,而忽略了如中国认证产业这种依托于宏观制度背景所产生的集体声誉问题。鉴于此,本书在集体声誉的视角下探讨中国认证产业的虚假认证问题。

创新点2:刻画了集体声誉下中国认证产业虚假认证的形成路径。

已有文献仅是泛泛地指出中国认证产业虚假认证的现象,很少有文献揭示虚假认证形成的本质,更没有文献分析集体声誉是如何导致虚假认证的形成。因此,本书深入剖析了集体声誉对虚假认证的形成机理,将虚假认证细化为技术型虚假认证和合谋型虚假认证,一方面,通过构建存在集体声誉下认证机构技术投入的动态优化模型,分析中国认证产业的技术型虚假认证是如何形成的;另一方面,通过构建认证机构、消费者和生产企业的序贯博弈模型,探讨集体声誉下中国认证产业合谋型虚假认证的形成机理。

创新点3:剖析了集体内部惩罚机制治理虚假认证的效率,并设计了特殊信息结构的契约机制。

一方面,在中国认证产业虚假认证的治理中,现有研究均集中于考虑正式的制度安排,还未有文献分析集体内部惩罚机制的治理效果;另一方面,现有文献探讨集体声誉的维护问题时普遍假定所有的成员密集地分布在某一特定的区域,成员之间可以畅通地传递信息,然而,这一假定在中国的认证产业中并不存在。因此,本书在虚假认证的治理中引入集体内部惩罚机制。第一,集体声誉下虚假认证治理的隐性契约惩罚机制,构建了双重不完全信息的重复博弈模型,设计了一种特殊的认证机构之间的信息结构,将认证机构之间的散点式分布特征视为一个闭合的圈子,每个认证机构存在着等距离的局部完全信息;第二,通过在认证机构之间签订契约的方式尽可能改善认证机构之间的信息结构,将隐性契约显性化,并剖析两种集体内部惩罚机制的治理效率。

第二章

虚假认证的内涵及理论基础

第一节 认证的发展历程

一 认证的起源

市场最早产生于交换。几个世纪以前，人与人之间的物物交换形成了最简单的市场。买卖双方通过面对面交流，通过对彼此提供的物品进行感官上的认知，比较容易检查出彼此所提供物品的质量。在买卖双方看来，对方提供的物品或者在交换过程中对方表现出的态度是自己对其物品质量评价的主要标准。工业革命之前，绝大多数产品是通过手工方式生产的，在生产过程中，工匠们所表现出的熟练程度、技巧和判断力是决定其生产的产品质量高低的主要因素。因此在当时，主要是依靠掌握的技巧和技术程度以及对市场有影响力的人来保障产品质量，他们能够对市场和顾客的意见做出反应，能够掌握和监督产品生产的各个步骤，这样可以保证产品的质量。[1]

工业革命产生了劳动分工，分工的程度要受交换能力大小的限制。随着工业革命的不断深入，交换的范围逐步扩大，交换能力也就随之活跃，市场的运作不仅仅局限于物与物的交换以及互通有无和互相交易的一般需求，人们的智慧所生产的各种不同的物品，使其形成专业化，进而形成不同的生产组织。这些生产组织，根据市场的需求状况进行批量生产。在不断的生产交换过程中，企业规模不断扩大，生产程序越来越复杂，由于每个工人只负责生产过程中的属于自己的一小部分，而不会掌握整个生产工

---

[1] 刘呈庆：《绿色品牌发展机制实证研究》，博士学位论文，山东大学，2010年。

艺流程，所以只单纯地依靠熟练的技术和技工已经不可能防止产品不合格。

此外，伴随着工业的快速发展，一些恶性质量灾难也相继发生，如锅炉大爆炸、电器失火等。这些质量事故的发生让人们意识到只进行第一方的自我评价和交易双方之间的验收不能很好地进行市场交易。这时就需要独立于第一方（生产者）和第二方（消费者）的另外第三方认证机构，用公正、科学的方法来进行监督、公示，这样可以正确有效地指导消费者进行购买。那么，在这样的背景下市场上就出现了最早的认证活动，1903年英国铁轨通过了英国工程标准委员会认证并被授予"风筝"标志，由此开展了认证的规范性活动。

第二次世界大战期间出现了控制产品质量的统计方法。这个方法的产生是受到战争、工业低迷、工业劳动力不足的影响，当时市场上已经建立了批量的生产方式，为了提高质量检验的效率而形成的统计方法。美国军方刚开始利用这种统计质量控制方法是为了提高军用物品的质量，对军用物品的供应商进行了统一的培训，并制定了三个战时质量控制标准，形成了"事先控制，预防废品"的新思路。这种方法后来逐渐被其他行业广泛发展应用。

随着经济的发展，产品日新月异、产品构成越发复杂、产品种类越来越多样化，人们在使用这些产品所带来便利的同时却又发现，产品的质量风险日益增加，产品的可靠性逐渐成为很大的问题。从20世纪50年代开始开发专门的方法来提高产品的可靠性，这些方法以SPC（Statistical Process Control）和可靠性工程为代表。

SPC，即统计过程控制，主要是指应用统计分析技术对生产过程进行实时监控，科学地区分出生产过程中产品质量的随机波动与异常波动，从而对生产过程的异常趋势提出预警，以便生产管理人员及时采取措施，消除异常，恢复过程的稳定，从而达到提高和控制质量的目的和可靠性。该方法最初是应用在军工制造、通信、飞机、电子等产品，后来逐渐发展成为应用于普通产品开发中的基本工具。

20世纪60年代，人们逐渐探索出了全面质量控制的概念。单纯地依靠产品开发和检验等个别部门是不能够让产品完全适应市场要求的，企业需要进入市场，了解客户需求，进行有效的市场调研和市场分析，从而提高产品质量和产品服务，逐渐建成一个有效的产品体系，使产品达到"零缺陷"的水准。为实现这一过程，需要覆盖所有的职能部门，公司范围内的全面质量控制需要涉及多个部门的质量控制活动。到了20世纪60年代末，为了保证获得期望的质量，质量保证体系应运而生。在质量保证和质量控制的情况下，我们不断发现质量工作中存在的问题和质量的薄弱环节，推动质量不断向前发展。

二 认证的发展

（一）质量认证的发展

自1903年BSI（英国标准化协会）首次推出"风筝"标志认证以来，国际第三方认证工作的发展已经历了一个多世纪[①]。认证工作起初由民间自发形成。由于认证市场的宽广和包容，民间从事认证工作的机构纷至沓来，当中不乏有一些确实能够以正规、合理、公正的态度和方法服务于客户，并为其提供有效的第三方认证、从而获得了一些较好声誉的企业。但是认证市场里也充斥着相当一部分以营利为目的，缺乏应有的专业素质的认证机构，他们视客户的需求和利益于不顾，只一味地追求利益和金钱，不仅损坏了认证的声誉，还让客户对第三方认证机构缺失了信任，同时也给客户造成了相当的损失。例如，美国就存在着四百多家认证机构，而在欧洲，一千多个产品检验资质的检验机构就有近万个。在这样一个认证机构纷繁复杂的环境当中，使客户无从选择，这就非常急切地需要监管部门进行干预和管理。所以在这样的情况下，英国政府在1982年发表了《质量白皮书》，此书主要是针对英国的认证产品在国际市场上的声誉和市场份额逐年下降的问题，指出了具体的解决措施，其中之一就是对认证机构建立国家规范认可制度，在英国的认证机构要通过以ISO/IEC指南和英国的补充要求为准则的国家认可标准。

1985年，英国政府从政府部门、工业联合会等组织调出了16个单位来组成国家认可组织，这些单位通过了英国贸工部的授权，如英国标准化协议组织，而且相应地将NATLAS（检测实验室认可组织）和BCS（校准实验室认可组织）合并为NAMAS（英国测试实验室国家认可组织），并由此形成了国家认可机构和认可体制。1995年5月，英国认证机构国家

[①] 刘宗德：《基于微观主体行为的认证有效性研究》，博士学位论文，华中农业大学，2007年。

认可组织和英国测试实验室国家认可组织合并一起并成立了英国认可组织,这样可以更好地适应国际经济的发展要求。现今已经有 38 个第三方认证机构在英国从事第三方认证工作,根据其第三方认证的范围大约可以分为 4 大类:①体系认证注册;②产品认证;③形式批准;④认证人员注册。所有的第三方认证机构都有不同的第三方认证范围,有一些只有一项第三方认证业务,有一些有两项业务,也有的认证机构四项认证业务都进行。以实验室对体系的第三方认证为例,目前,英国大约有 300 家经过标准认可的实验室在从事着计量校准工作。

在欧共一体化和英国相关的第三方认证制度要求之下,欧洲贸易 6 国和欧共体 12 国为了能够自由地进行国家之间贸易,让产品畅通无阻,建立了各国的第三方认证机构进行第三方认证机制。此后,许多发达国家也跟着效仿。在 20 世纪 90 年代,PAC(太平洋认可合作组织)、EA(欧洲认可组织)以及 IAF(国际认可论坛)等区域和国际认可组织相继成立。世界上各国纷纷出台相关的法律法规来成立国家许可的认证机构,目前,已经有四十多个国家建立起国家第三方认证机构。

在国家建立第三方认证制度之前,只需要第三方认证检验机构之间可以互相认可检验结果即可。因为没有建立相应的国家制度,企业的产品质量检验、检查、认证制度非常多,所以检验起来特别困难,特别是有些产品要想达到最终国家的认可是非常不容易的。这时就需要国家第三方认证制度来发挥其作用,各国有各国的唯一认可机构,大家都按照 ISO/IEC 标准来进行认证,对于同一行业的产品来说,同一行业有相同的基础,有谈判的共同语言,这样容易解决问题。在 20 世纪 90 年代,第三方认证制度逐渐完善,第三方认证逐渐建立了区域和国际上组织之间相互第三方认证,这样实现了实验室检测、环境管理体系检测、质量管理体系检测认证等各领域的第三方认证。在不足 20 年的时间里,国际认可活动实现了从国家认可制向区域和国际认可制的飞跃,通过开展国家认可活动,使得"一次认证活动,在世界范围内普遍接受"成为可能。

(二)实验室的发展

实验室在各国的第三方认证活动中占据重要地位,因为在做第三方认证检测工作时,我们都需要大量具备第三方公正地位的实验室来进行检测。而且不只是在第三方认证检测活动时需要,在市场经济中,同样需要大量的具有第三方公正地位的实验室来检测买方和卖方所签订合同中的产品质量是否符合要求。所以，具有第三方公正地位的、能进行公正认证检测、具有检测资格和能力的实验室评定被普遍重视起来。1947年，澳大利亚开了实验室认证的先河，它是世界上第一个实验室认可活动的国家，澳大利亚建立的第一个第三方认证实验室是澳大利亚国家测试协会（NATA）。

1966年，英国成立了国家校准服务局，1982年英国又成立了全国测试实验室认可体系。1985年英国国家校准服务局和全国测试实验室认可体系合并为英国国家实验室第三方认证委员会。在20世纪70年代，一些国家建立了综合性的实验室认可体系，随后，实验室综合性的实验室认可体系得到了认可，并迅速发展起来。各国都建立了相应的实验室第三方认证体系。国际上的实验室都会由正式的国际组织来担任，世界各国的实验室第三方认证组织基本都是由政府部门、学术部门、专家等成员组成，这些机构基本都是国家立法机构或者经过政府授权的独立组织。有一些机构是官方组织，属于国家政府部门，如日本的实验室国家认可体系，大多数的实验室都是独立的民间机构。有些认证机构只从事特定的产品或技术认可，有的试验机构是从事行业认可，很多国家都存在多个认可组织，他们都进行着不同行业不同领域的认可。

经过不断的探索发展，实验室认可活动如同认证工作一样，在深度与广度上有了快速的进步，为国与国之间消除贸易壁垒、促进贸易发展打下了坚实基础。到目前为止，全球已经有50个国家建立了实验室第三方认证制度①。

（三）管理体系认证的发展

第三方认证体系是由西方质量保证活动发展起来的，美国国防部在1959年首先根据质量保证体系规定了两种统一模式，即军标MIL-Q-9858A《质量大纲要求》和军标MIL-I-45208《检验系统要求》，这两种模式都是针对承包商的质量认证体系。承包商需要根据这两种模式编写并实施质量保障体系，美国国防部根据模式判断实施情况。这样可以让承包商管理质量体系，让承包商自觉遵守规定，极大提高了承包商的积极性。后来，这个方法逐渐被其他的发达国家相关部门引用借鉴，之后迅速推广到民用产业，而且非常成功，从而使认证体系在发达国家迅速发展起来。随着认证

---

① 刘呈庆：《绿色品牌发展机制实证研究》，博士学位论文，山东大学，2010年。

体系的迅速发展，产品质量检测审核的内容也逐渐多起来。

在20世纪70年代后期，英国标准协会首先单独开展了质量体系的认证业务，英国以其本国固有的质量深化标准和质量管理标准来建立质量认证体系，让产品质量管理业务由第二方审核过渡到第三方进行认证，从而减少信息不对称造成的影响。在此之前，对质量体系进行的一系列检查，是质量体系认证的初级阶段。当时，由于以下3种情况的出现，才使质量认证体系得到快速发展：第一，企业生产的新产品需要有认证的依据，而这个依据也要符合国家标准的产品质量认证，而这时国家标准并没有出台。第二，一个企业所生产的产品要去适应各种社会需求，这样就决定了企业所生产的产品是多种类、多型号的，而如果针对这些多种类、多型号的产品，逐一去检查企业所执行的质量体系，这非常烦琐也没有必要，因为企业质量体系的规律变化是非常常见的，这时，只需要对企业的质量体系进行检查，然后按照规格型号进行抽样检查即可完成产品质量认证。这样，企业可以先做自己的认证，再完成检验产品的认证，便利性大为增加。第三，对于那些只有无形产品的企业，只能对他们进行质量体系检查。

随后这种认证活动得到了各方面的好评和支持，产品认证在各国迅速推广开来。1979年，ISO（国际标准化组织）成立了质量保证委员会。1980年ISO又批准成立了质量保障技术管理委员会来进行认证工作。

20世纪70年代末到80年代前半期，许多企业高管对质量管理产生浓厚的兴趣，这是因为随着市场产品的不断拓展，产品质量对一个公司的发展前景以及企业发展的重要性日益明显，提高消费者的满意度得到越来越高的重视。这种思想最初是出现在日本企业，日本企业在实践中慢慢地懂得产品质量对企业的创造力和经济效益带来的巨大影响，是提高企业经济效益和综合竞争力最有力的保证，所以他们在产品质量方面遵循最严格的标准。

20世纪80年代以前，政府行政部门、银行、咨询、通信、教育和旅游业等在内的服务性行业中，都不如制造业对质量系统的认识深刻。不过随后整个服务性行业对产品质量研究产生了很大兴趣。

在20世纪90年代，人们对产品和服务质量的意识迅速提高，产品服务管理逐渐形成一个体系，产品质量活动涉及的是整个企业，而不仅仅是和顾客面对面交流的产品销售人员。现在焦点已经由过去单纯的生产或者提供产品和服务转为更广泛的全面质量体系认知。到目前为止，世界各地都已经掀起了对质量、安全、卫生和环境管理体系标准的认证热潮。

然而，体系认证的发展存在着一定的局限性和制约性，因为每个质量检查体系的认证机构所使用的检查大纲和标准均不一样，这就给产品之间的对比造成了问题，也给用户带来了很多疑惑。1980 年，ISO 为了彻底解决上述问题，成立了第 176 个技术委员会，即质量保证技术委员会，1987 年，为了更好地执行质量管理，又改名为质量管理和质量保证技术委员会。该技术委员会在英国 BS5750 标准的基础上组织了 15 个国家质量管理和质量保证专家，历时 5 年，吸取了美国军标 ANSI/ASQZL15 和加拿大 CSAZ299 等一些国家标准的精华，于 1987 年正式颁布了国际质量管理和质量保证标准 ISO9000 系列标准。

该系列标准体系不仅解决了如何评定企业的质量体系问题，而且还取得了客户信任，同时也解决了在合同环境下，企业如何建立质量体系国际通用语言的问题。并且这也方便了评审、审核、注册和认证质量体系，因为企业的质量方针、组织、过程和程序都是用质量手册、质量文件等程序化、标准化的材料来描述的，这就带来了极大的可操作性。因此，这一国际标准一诞生便受到了各国各界人士的欢迎，并形成了 ISO9000 的认证热潮和以 ISO9000 为依据的质量体系认证与注册热潮。目前在全世界范围内，将 ISO9000 作为本国国家标准的已有八十多个国家，并均已开展了质量体系认证。自从出台了 ISO9000 标准之后，相关组织分别于 1994 年和 2000 年进行了两次修订，目前各国广泛使用的是 2000 年版的 ISO9000 质量管理体系标准。

进入 90 年代后，质量认证体系在各国飞速发展并且内容不断丰富。在此基础上，ISO 又相继发展了 ISO9001、ISO14001 和 ISO28000 等管理体系标准。国际标准化组织在 1996 年正式颁布了 ISO14001 环境管理体系认证标准，在 ISO9000 质量管理体系标准成功普及的基础上，又随之掀起了全球范围的 ISO14000 环境管理体系认证热潮。截至目前，管理体系认证根据所依据的标准不同分为质量管理体系认证（QMS）、环境管理体系认证（EMS）、职业健康和安全管理体系认证（OHSAS）及危害分析和关键控制点认证（HACCP）。表 2.1 介绍了四种管理体系认证的具体定义以及实施所参考的具体标准①。

表2-1　　　　　　　管理体系认证的分类及参考标准

分类	定义	标准
质量管理体系认证（QMS）	确定质量方针、目标和职责，并通过质量体系中的质量策划、控制、保证和改进来使其实现的全部活动	ISO9000
环境管理体系认证（EMS）	包括为制定、实施、实现、评审和保持环境方针所需的组织机构、规划活动、机构职责、惯例、程序、过程和资源	ISO14001
职业健康和安全管理体系认证（OHSAS）	企业必须采用现代化的管理模式，使包括安全生产管理在内的所有生产经营活动科学化、规范化和法制化	BS8800、OHSAS1800
危害分析和关键控制点认证（HACCP）	分析和防范食品（包括饲料）在整个生产过程中可能发生的生物性、化学性、物理性因素的危害	暂无统一标准

（四）注册人员的发展

由于认证体系的发展，随之产生了注册认证人员，而且也对认证人员的发展带来越来越多的要求。虽然国际通用标准转化为各国标准后可以进行不同解释，但是由于企业的产品种类和数量多有不同，掌握的标准也不尽相同，所以会不利于统一认证。于是对认证人员进行统一培训就变得非常重要。

在4大系列的认证工作中，对认证人员和培训机构的注册工作是最晚出现的一个分支，这一工作是由认证质量体系注册的发展而建立起来的。在标准用于认证之后，由于ISO9000和ISO4000这一国际标准，经各国转化为本国的标准之后，各国对标准的解释不尽相同，同时，审核人员所掌握的审核标准尺度也不完全一致，这样就给认证标准的统一和各国之间对认证结果的相互承认带来了很大的阻碍，就使得各国开始加强对认证人员和培训机构注册的关注。后来在20世纪80年代末，各国为了完善本国的第三方认证系统，很多国家都成立了本国的第三方认证组织。

1985年，IQA（英国质量保证研究所）带头组建了RBA（英国审核员注册委员会），其目的主要是为了扩大英国在审核人员管理和培训上的影响力。为了加强对审核员的管理，IQA在1993年将其改为IRCA（认证审核员

---

① 刘宗德：《基于微观主体行为的认证有效性研究》，博士学位论文，华中农业大学，2007年。

国际注册机构）。英国关于认证人员的注册宗旨是确认质量体系审核员的审核能力，使其人员注册受控于独立的注册委员会，根据审核员的从业资历和经历，将审核员分为三级：主任审核员、审核员、见习审核员。审核员也包括从事第二方和第三方的审核相关人员。另外，英国还开展了对培训机构、培训课程以及培训教师的审核和批准工作，使得这一体系逐渐得到完善。

此后，美国、大部分欧洲国家、日本、中国、新西兰和澳大利亚等国家也都陆续成立了审核员注册和培训的相关管理机构，并且在各国的基础上，成立了IATCA（国际审核员注册与培训协会），并提出了对认证培训机构、培训课程和审核员的统一要求。ISO（国际标准化组织）在2003年颁布了适用于质量管理体系审核员和环境管理体系审核员的ISO19011《质量和环境管理体系审核指南》，用以指导认证机构对审核员的批准认证工作。2005年，随着国际第三方认证工作的不断发展和国际审核员注册及培训工作的改革，IATCA已经转变为IPC（国际人员认证协会）。在对培训机构培训课程进行批准认可的同时，ISO相应制订了有关认证咨询师注册的指导性文件，许多国家还开展了对从事认证咨询的机构进行注册登记和备案工作，以方便和正确指导企业的相关工作。表2.2汇总了注册人员认证的发展历程。

表2-2　　　　　　　认证注册人员的发展历程

时间	机构	工作内容
1985	英国审核员注册委员会（RBA）	确认质量体系审核员的审核能力
1993	认证审核员国际注册机构（IRCA）	确认质量体系审核员的审核能力
2003	国际标准化组织（ISO）	指导认证机构对审核员的批准认证工作
2005	国际人员认证协会（IPC）	国际审核员注册及培训工作

三　认证的发展模式

根据市场特征和政府介入程度以及管理主体统一程度的差异，第三方认证在国际上的发展大体分为三种模式。表2-3报告了认证体系的三种发展模式：市场推动发展模式，政府主导推动模式以及协同推进发展模式[①]。

[①] 王丽丽：《认证合谋的成因及规制——基于认证市场结构的研究》，硕士学位论文，大连理工大学，2010年。

（一）市场推动发展模式

市场推动发展模式主要是根据市场需求来引导认证发展，以市场需求为导向。根据目前的理论分析和实践情况来看，市场推动发展模式比较适合自由民主的国家，比如美国、澳大利亚等国家。美国所拥有的认证体系是复杂多变的，美国的政府部门和私人机构等基本都参与认证体系。目前，市场推动发展的认证活动都侧重于产品和服务，在保护生产商走向市场的同时也保护了消费者的利益，属于自愿性认证。

为了保护公众利益，政府的许多质量认证制度都是强制性认证，以国家的立法形式颁布实施，多侧重于对社会影响大的产品和服务。美国目前操作执行了50多项强制性认证计划，其中就有和人们健康生活息息相关的食品和药品FDA认证、交通部的DOT认证等，美国还强制性规定了一些产品只有通过了特殊认证机构认证后才能在市场上销售。美国认证三大体系是联邦政府、地方政府和民间的认证体系，美国承办的认证组织机构大都是非营利性的。联邦政府的认证体系是由相关的政府机关进行运作实施，联邦政府设有专门的监督、管理第三方认证机构，这些认证机构接受联邦政府的认证委托来对产品进行认证，合格后颁发证书。

除了进行认证的联邦机构，各州政府还有其他一些不同类型的方案，这些方案可以对许多不同的产品实施，各州出于安全考虑会管制产品的自主权，由各州根据不同产品对本地居民的健康和安全影响来决定管制方法。进入各州的产品可以由各州政府进行相应的实验室检测或者要求某一产品必须由某一认证机构进行检查认证。各州政府还对其采购的原材料、产品、服务进行测试认证，如各州的公路建筑材料。但是各级政府有时候只负责制定标准，让下级地方政府具体实施。

（二）政府主导推动模式

政府主导推动模式是以政府遵循市场经济规律为前提，努力构建一个工作发展的平台和枢纽，这个平台有能力吸引多种主体参与进来。政府主导推动模式的特点首先表现在完善标准体系来合格评定第三方认证工作；其次是进行合理统一的规划，统一领导，合理设置机构和分工协作，统一协调、统一服务以便促进第三方认证标准化的沟通合作和促进第三方认证的标准化服务和科技成果的转化。在现实当中，日本和印度是政府主导推动模式的代表性国家。

日本政府的管理认证工作是其国家政府自主进行管理，政府各部门各自管辖某些产品的质量和服务认证管理，并使用自主研发设计的认证标志，通商产业省是日本进行认证工作的主要部门，目前，在通商产业省进行认证的产品占了日本国家产品认证的90%左右。通商产业省的工业制品和矿产品的认证是由其工业技术院标准部进行的。1949年，日本发布了经过六次修订的法律文件《工业标准化法》。和多数国家的产品认证制度一样，日本的产品认证制度也分为强制性认证和自愿性认证，强制性认证主要是和人们健康生活相关的日用品、煤气用具、液化石油气、电器产品等四种认证。只有经过通商产业省的认证检查评测，通商产业省确定其产品质量和管理体系合格后，才会颁发其认证证书，让企业使用认证标志，企业还需要在使用中接受监督检查。此类需要强制性认证的产品没有通过认证检查或没有认证产品标志的，法律不允许其进口和销售。日本的自愿性认证适用于产品或者加工技术。

1955年，印度开始进行政府主导推动模式的产品认证。印度统一了产品认证体系来确保产品的质量安全，和日本相似，强制性认证的产品都需要获得产品认证证书才可以在市场上进行销售，并且产品上面必须贴有认证标志。与大众消费有关的公共服务类都是强制性认证范围。除此之外，印度的产品认证多数属于自愿性认证。

（三）协同推进发展模式

由市场推动发展模式和政府主导发展模式同时进行的混合模式即为协同推进发展模式。一般来说，协同推进发展模式是由市场推动发展模式转变过来，随着政府主导作用的加强，逐渐形成的发展模式，英国和欧盟是协同推进发展模式的主要代表。最初建立国际认证标准的就是英国，与其他国家相比，英国的发展体系是比较完善的，许多发展中国家甚至发达国家都会借鉴他们的认证制度。在早期，英国的第三方认证产生于市场经济活动中，由市场推动发展起来的。随着市场经济的发展，出现了很多问题，如标准体系不健全、人们的产品质量和服务得不到保障等。随后1955年成立了英国国家第三方认证机构，通过这种模式可以对英国市场上的产品进行统一规划、统一协调和服务。现在英国政府的第三方认证活动都有相关的法律来规范，这些法律包括企业法、商业法、工业法等。英国监管部门主要通过集中管理第三方认证机构来对第三方认证进行监督检测。

欧盟最初建立认证体系是为了统一各成员国的标准规定，让产品能在欧盟各成员国之间畅通无阻地销售。而现在已经形成了一套相对完善的认证标准体系。符合欧盟认证规定的产品要想在欧盟市场上销售都必须贴加欧盟标志，即 CE 标志，欧盟的质量认证 CE 标识最初实施是在 1985 年，现在已经有 25 个欧盟指令。在欧盟市场上销售的产品需要经过第三方认证机构的认证，在原则上可以自行设计贴加标签，但是必须要提供认证证书等。认证体系发展模式的分类如表 2-3 所示。

表 2-3　　　　　　　　　　认证体系发展模式的分类

模式分类	具体定义	代表性国家
市场推动发展模式	根据市场需求来引导认证发展，以市场需求为导向	美国、澳大利亚
政府主导推动模式	政府进行合理统一规划，统一领导，合理设置机构和分工协作	日本、印度
协同推进发展模式	市场推动发展模式和政府主导发展模式同时进行的混合模式	英国、欧盟

四　中国认证产业的引进和发展

（一）认证产业在中国的发展

改革开放以前，我国实行计划经济体制，一切向苏联社会主义老大哥看齐，对产品质量的评定也是借鉴苏联经验，对产品实施严格的合格证制度和抽查制度。如今，我国的第三方认证体系经过了一个漫长的从无到有、从不完善到逐渐完善的发展过程，从刚开始实行第三方认证体系，第三方认证工作就开始发挥了作用，不仅确保了产品的质量，指导了消费的方向，而且还保护了环境质量、促进了外贸交易等。20 世纪 70 年代，伴随着改革开发的深入发展，我国的第三方认证体系在不断地走向完善，对国民经济和社会发展的影响力也在不断增强。我国的第三方认证制度虽然起步比较晚，但是发展却非常迅速，我国第三方认证的发展可以分为三个阶段。

第一阶段，即我国第三方认证工作最初的起步阶段。1978 年 9 月，我国加入国际标准化组织，人们逐渐意识到第三方认证可以对产品和服务进行有效的监督管理，让人们对产品更加放心。随后 1981 年，我国加入国际电子元器件认证组织，并同期成立了中国第一个产品认证机构——中国电子元器件认证委员会，开始了认证试点工作，这意味着我国正式开始借鉴西方先进的第三方认证体系。在 20 世纪 80 年代中期，我国开始慢慢建立并广泛推进对各种产品的认证制度，这些认证制度包括和人们生活息息相关的食品、医疗保健、家用电器、娱乐等产品的认证制度。这些认证制度的实行需要国家商品检验、技术安全等部门的监督管理。在这一时期内，我国逐渐形成了产品质量认证管理体系，并进行了产品质量有效监督，也同时促进了国际贸易的发展。

由于我国的第三方认证制度的起步具有特殊的时代背景，起步于计划经济年代，发展于计划经济向市场经济转变时期，是在改革开放初期由不同部门分别引入的，所以在各行业中的发展也不均衡，其发展很大一部分是受到了计划经济体制的制约和影响。随后，在国际市场经济大背景下，我国的第三方认证产业才逐渐得到社会各界、各部门的重视，第三方认证产业才能发挥其作用。

然而，认证产业的不断发展也随之产生了较多突出的问题。我们国家政府机关部门和相关的组织机构的办事流程方法和思想观念在很多方面都不符合市场经济，也不符合相关的国际标准，许多认证问题突出表现在：政企不分、监督不力、重复认证等，这些问题对我国的市场经济和认证体系造成了很大危害，它不仅混乱了市场秩序，还让认证工作由于缺乏信用而在人们心中的信誉越来越低，这也使得认证监督机构管理认证市场的难度加大。由于认证体系不完善，认证工作没有落实好，这让很多国家对我国的外贸企业的产品质量产生担忧，对我国的出口产品有抵制情绪，严重影响了我国外贸企业的出口，也损害了我国出口企业在国际上的声誉，阻碍了我国企业参与经济交流的进程。后来随着国际经济的不断发展，我国和其他国家的合作越来越密切，为了适应全球一体化，我们亟须完善我国的第三方认证体系制度来提高产品在国际上的竞争力，需要调整经济结构，这也是我国更快地适应国际背景大环境，更快完善社会主义市场体制的需要。

第二阶段，我国第三方认证产业全面发展的阶段。随着我国经济的发展，市场第三方认证所起的作用越来越重要，党中央和国务院越来越重视第三方认证工作，国家意识到第三方认证需要统一管理。由此，1991 年国家颁布了《中华人民共和国产品质量认证管理条例》，这标志着我国的质量认证工作由试点转向全面推行的新阶段。在这一阶段，除了对国内市场进行全面的认证工作，在管理体系认证领域也取得重要进展。

1992年10月,原国家技术监督局按照同等原则发布了GB/T19000质量管理体系系列标准,并在全国范围内进行宣传实施。1996年,ISO14000环境管理体系系列标准发布后,我国将其同等转化为GB/2400系列国家标准,并于1997年成立了中国环境管理体系认证指导委员会,负责统一指导和管理我国的环境管理体系认证的宣传、实施和推广工作。1999年,原国家经济贸易委员会参照OHSAS18001《职业健康安全管理体系规范》的要求,于1999年10月发布了《职业安全卫生管理体系试行标准》,并在安全生产领域实施职业健康安全管理体系认证活动。在这一时期,随着第三方认证事业在我国广泛开展,第三方认证制度得到了快速发展。

第三阶段,我国统一建立了第三方认证制度。在这一阶段,我国成功建立了第三方认证制度和管理体系,其标志就是国家成立了中国国家认证认可监督管理委员会(简称"认监委")。在这一阶段,我国建立了强制性和自愿性第三方认证制度,逐渐完善了第三方认证体系,成立了第三方认证机构和组织。而且,随着第三方认证体系的完善以及国家对第三方认证机构的有效管理,第三方认证全面发展,它的功能在很多方面都有所彰显。

2001年4月,为履行我国加入世界贸易组织的承诺,我国成立了国家第三方认证监督管理委员会并建立了第三方认证部际联席会议制度,第三方认证制度由管理委员会进行统一管理监督认可工作。2002年5月,我国正式实施了强制性产品认证制度,该制度统一标识,统一收费,统一适用于国家标准、技术规则和实施程序,实现了产品认证的一致性原则。2003年11月,国务院颁布实施了《中华人民共和国第三方认证条例》,该条例充分总结了我国的第三方认证工作,建立同时适应国际规则和我国实际国情的第三方认证制度。2005年9月,我国的认证协会成立,这标志着具有中国特色的第三方认证体制进一步完善。2006年3月,为了适应国际经济快速发展以及国际认可组织的要求,我国建立了统一的认可机构国际准则。

截至2010年4月12日,我国有20部法律涉及第三方认证,这20部法律分别是《中华人民共和国食品安全法》《中华人民共和国消费者权益保护法》《中华人民共和国消防法》《中华人民共和国安全生产法》《中华人民共和国产品质量法》《中华人民共和国节约能源法》《中华人民共和国农业法》《中华人民共和国建筑法》《中华人民共和国垄断法》《中华人民共和国农业机械化促进法》《中华人民共和国职业病防治法》《中华人民共和国农民专业合作社法》《中华人民共和国电子签名法》《中华人民共和国进出口产品检验法》《中华人民共和国对外贸易法》《中华人民共和国清洁生产促进法》《中华人民共和国农产品质量安全法》《中华人民共和国药品管理法》《中华人民共和国反不正当竞争法》《中华人民共和国政府采购法》，由此可见，第三方认证应用之广和社会影响之大。但是，各部法律之间都有各自的规定，这就要求专门一部权威的法律出台以针对第三方认证在各个领域的应用做出权威性法律规定。

表 2-4　　　　　　　　中国认证体系引入的三个阶段

阶段分类	标志事件
开始引入阶段 （1978—1990）	（1）1981 年，我国加入国际电子元器件认证组织，并同期成立了中国第一个产品认证机构——中国电子元器件认证委员会； （2）20 世纪 80 年代中期，我国开始慢慢建立并广泛推进对各种产品的认证制度
全面引入阶段 （1991—2000）	（1）1991 年国家颁布了《中华人民共和国产品质量认证管理条例》； （2）1992 年 10 月，原国家技术监督局按照同等原则发布了 GB/T19000 质量管理体系列标准，并在全国范围内进行宣传实施； （3）1996 年，ISO14000 环境管理体系系列标准发布后，我国将其同等转化为 GB/2400 系列国家标准，并于 1997 年成立了中国环境管理体系认证指导委员会，负责统一指导和管理我国的环境管理体系认证的宣传、实施和推广工作； （4）1999 年 10 月发布了《职业安全卫生管理体系试行标准》，并在安全生产领域实施职业健康安全管理体系认证活动
成熟阶段 （2001 至今）	（1）2001 年 4 月，成立了国家第三方认证监督管理委员会并建立了第三方认证部际联席会议制度，第三方认证制度由管理委员会进行统一管理监督认可工作； （2）2002 年 5 月，我国正式实施了强制性产品认证制度，该制度统一标识，统一收费，统一适用于国家标准、技术规则和实施程序，实现了产品认证的一致性原则； （3）2003 年 11 月，国务院颁布实施了《中华人民共和国第三方认证条例》，该条例充分总结了我国的第三方认证工作，建立同时适应国际规则和我国实际国情的第三方认证制度； （4）2005 年 9 月，我国的认证协会成立，这标志着具有中国特色的第三方认证体制进一步完善起来

（二）国际认证机构抢滩登陆

改革开放以来，我国经济迅速发展，国际贸易也快速增长，我国与世界各地的经济联系日益密切。许多企业不再满足于国内市场的竞争，非常盼望能够在国际市场的大舞台上也拥有一席之地。特别是在 2001

年中国加入 WTO 以后，国外对我国的关税壁垒逐个打破，这就为我国的产品出口获得更大商机。然而，"绿色壁垒""技术壁垒"等出口限制成为中国产品出口最隐蔽以及最难对付的障碍。从相关外经贸部门得知，中国企业近几年每年约有 400 亿美元的出口产品受到国外各种各样的贸易壁垒的技术性限制。以食品为例，在每年被美国海关扣押的食品中，并不是所有的产品都是质量不良，有约 25% 的产品仅仅因为标签不符合《美国食品标签法》的规定而遭到退货或销毁。那么，企业如何获得进入国际市场的通行证，成为越来越多的企业所共同面临的问题。进入我国市场将产生的巨大的利润空间，引起了众多国际权威认证机构的关注并且有越来越多的国际权威认证机构进驻我国。与此同时，为鼓励我国企业开展标准的技术和质量认证，我国政府和外经贸部门也推出了一系列办法。

很多的国际认证机构看到了我国第三方认证行业可观的利润空间，逐渐进入我国市场且目前都处于较好的发展阶段。这些国际第三方认证机构凭借其强大的品牌影响力，占据了目前我国第三方认证市场的大部分市场份额，而且每个机构的业务侧重点不同。这些国际权威认证机构的分支机构最先登陆的是我国东部沿海城市，以京津唐地区、长三角、珠三角为中心延伸。如英国的 INTERTEK、瑞士的 SGS、德国的 TUV、法国的 BVQI、美国的 UL 等世界上最负盛名的第三方产品安全检测认证、质量管理体系认证的权威认证机构已在我国大连、天津、青岛、上海、宁波、温州、厦门、深圳、广州等城市设立分支机构。这些分支机构也构成了我国第三方认证机构体系，在国际上也有较好的声誉。

英国的 INTERTEK 是国际上比较著名的第三方认证检验机构之一。1989 年在深圳成立合资公司，主要做纺织品检测，是进入我国市场的第一家外资检测机构。随着业务的增长，其检测的范围也日益扩大，目前 INTERTEK 在我国的 5 个主要事业部为：政府服务、风险管理、商用电子电气、消费品服务、石油化工农产品服务。德国的 TUV 莱茵于 1989 年进驻中国市场，它包括 TUV 莱茵、北德 TUV、南德 TUV 这三家子公司，南德 TUV 在 1993 年进入中国，北德 TUV 于 1999 年进入中国。2007 年经过并购和重组，目前主要是 TUV 莱茵和南德 TUV 在中国的业务比较明显，主要有汽车认证领域和医疗器械认证领域。美国 UL 安全检测实验室在 2003 年 1 月与中国进出口产品检验总公司共同建设合资认证公司——UL

美华认证有限公司，实验室可以安全测试视听、家电、照明、信息技术设备、电动工具、马达等产品。瑞士的 SGS 主要包括消费品、汽车、矿产、石油、农业、政府及公共机构服务部服务业务。法国 BVQI 主要以体系认证为主。

表 2-5　　　　进驻中国的国际知名认证机构名录

名称	进驻时间	业务范围
INTERTEK	1989 年	政府服务、风险管理、商用电子电气、消费品服务、石油化工农产品服务
TUV 莱茵	1989 年	汽车认证领域和医疗器械认证领域
UL 安全检测实验室	2003 年	视听、家电、照明、信息技术设备、电动工具、马达等产品
SGS	2004 年	消费品、汽车、矿产、石油、农业、政府及公共机构服务部
BVQI	2004 年	管理体系认证

第三方认证机构在我国的迅速发展，除了我国在认证市场领域的潜力巨大这一因素外，环境问题和我国国际贸易的增长也是重要原因。如今环境问题成为全球关注的焦点，欧盟、美国、日本等纷纷制定保护环境的法律法规，法律法规设计范围广而且得以严格执行，这会对我国的出口企业带来更高的要求。例如在 2006 年 7 月，关于在电子电器设备中限制危害物品使用的 ROHS&WEEE 指令已经在欧洲实施，在 2006 年 7 月以后进入欧洲市场的所有电子产品都需要遵循 ROHS&WEEE 的要求，目的是在电子产品中禁止使用危害环境的材料。我国的第三方认证检测机构推行了有关 ROHS 的检测，为我国的电子生产企业提供了专业的检测和相关测试报告，这可以让我国产品顺利出口到欧洲市场。国外的购买者会考虑第三方机构对我国出口产品的检测结果，权威的第三方认证会帮助购买者增强信心。

此外，我国的国际贸易迅速发展，中国产品获得了更多的出口机会，同时承担了更多质量许可、体系认证、产品认证咨询等方面的压力。企业在面对这些挑战和压力时，第三方认证机构会帮助企业解决这些问题，寻找必不可少的可靠伙伴和有力支持。随着经济的发展，入世后，随着我国企业认证需求的迅速增长，第三方认证机构在我国发展中的布局会有所变化，将来认证机构会由沿海一些经济发达的地区逐步发展到全国。因此国际上的认证机构发现了我国巨大的市场空间，加快了进入我国市场的行动。当然，国际认证机构需要解决的问题有很多，例如怎么提升品牌的形象、整合业务、调整业务方向。国际上的认证机构在全球都有良好的声誉和悠久的历史，他们可以帮助提高全球客户的市场地位。我国认证行业在激烈竞争中取胜的关键是强化公司的核心竞争力。

第三方检测机构在我国业务的发展方式将会是推行一站式服务，因为如果认证机构能够提供多种检测和全面的认证，那么企业就不需要为了一个产品的认证跑很多认证机构进行认证，这会节省很多人力、物力、财力。另外，国际上第三方认证机构需要加强和我国认证机构的合作，凭借着国际认证机构的国际经验和人才优势，建立合资公司进行合作经营，与我国的政府机构合作进行新标准体系的研究。这些新的标准体系不仅需要结合我国的基本国情而且要符合国际标准。随着我国的经济社会迅速发展，建立了许多新的标准体系，这些认证都不是终身制，需要进行定期的测试评估认证。因此认证的市场是广大、潜力无限的，国际和国内的认证机构都要发挥出自己的优势，合理开发市场。合资公司为跨国企业进入中国市场建立了联系，又为中国企业走向国际提供了服务。我国的认证市场潜力巨大，国际认证机构在我国的认证市场上会有很大的发展空间，要让国际权威机构在中国的市场更具有竞争力，就需要树立起品牌战略和本地化策略，要把国际上的先进管理理念和方法传递给中国的企业，为中国产品扩大出口提升竞争力作出贡献。

（三）认证制度的发展和完善

随着经济的发展和国际经济大环境的影响，我国的第三方认证制度飞速发展，经历了一个从无到有的过程。但是由于认证工作是由多个部门分别管理而进行自己的管理认证工作，这样的做法虽然推进了第三方认证的发展，也造成了监管不到位、多重标准不统一、政企不分等问题。

在20世纪90年代，由于原国家进出口产品检验检疫局和原国家质量监管局对进出口的产品分别按照质量许可制度和安全认证体系这两个不相同的体系进行检测，这造成了对同一产品由两个不同的认证体系进行认证并分别张贴两个不同的标签，对同一产品执行了两种不同的标准，进行了两次认证和两次收费。这不仅引起了国内企业的不满，还在国际上造成了不良影响。

2001年2月，世界贸易组织接纳中国加入WTO，根据WTO的协议规定，为了让各成员国之间更好地交流，产品能更顺利地进出口到不同国家,各成员国需要以"正当目标"制定正当有效的法律法规来减少贸易障碍。所谓的"正当目标"就是要各成员国能够保护人们的健康,对动植物进行保护和防止欺诈行为,这是为了国家安全着想。但是在加入世贸组织的第 3 年,即 2004 年,我国对现有的国家标准做了调查研究,调查显示,在 2952 项强制性国家标准中,有占总数 54.61% 的 1612 条指标超出了 WTO 规定的正常指标,即有超过一半的强制性标准违规。同时,因为标准制度体系还不完善,我国的第三方认证制度还存在着很多问题,有些标准内容已经非常陈旧、有些标准水平较低等,很多标准已经不适应现在经济的发展需要改进,这样造成我国的认证标准和国际上先进的认证标准差距很大,对我国和国际经济接轨造成了很大影响,不利于我国企业参与国际贸易和国际经济合作。

我国第三方认证不仅在标准体系上不完善,在法律法规职责规定上也很落后,这些问题造成了第三方认证体制的不健全甚至造成了第三方认证的混乱。在我国法律体系中,对于第三方认证法律法规责任方面做出规定的法律有《认证违法行为处罚暂行规定》《产品质量法》《第三方认证条例》等,这些法律法规对违法行为的处罚力度不足,对违规法律责任做出的规定不严厉。认证机构的工作不到位,没有对产品的质量管理和服务进行相对客观公正的评测,对认证市场造成了非常不好的影响,损害了认证工作的声誉,造成了认证市场的混乱。如果我国的法律不能对认证市场责任做出有效规定,必然会导致认证市场混乱,影响我国认证行业的全面发展。

我国的认证行业监管体制也很不健全,存在很多不足之处。在克服认证监管机构"九龙治水"和机构重新改革的大背景下产生了国家第三方认证监督管理委员会,后来成立了认监委,除了几个少数部门(如药监局)以外,多数第三方认证的权限都归由认监委。虽然认监委这一部门成立了,但是还是没有政企分开,政府还是在从事着具体的认证工作,相关行政部门也在第三方认证中承担着很大工作,对于行政机关来说,他们主要进行有关审核认证机构是否具备资质的行政监管并干预国家的相关法律法规的执行情况等。一般来说,行政机关采取的行政措施有要求认证组织机构报告认证业务情况、对非法的认证机构进行检查规范、对认证机构的认证结果进行检查监督等。要想设立一个国家级别的认证机构,不仅需要得到相关行政管理部门和民政部门领导的批准,还需要经过监管行政部门的监管。所以，行政监管在我国认证行业非常重要，但是需要社会监督和信用评价的社会监管却没有发挥它应有的作用。

由于我国开展第三方认证工作的时间并不长，企业和产品的认证种类、数量以及认证的标准、组织机构等和世界发达国家存在着一定的差距。第三方认证机构在我国的发展经历了从无到有、从残缺到健全、从单一业务到多元化业务的阶段，今后将进入由多到好、由多到强的发展阶段。

第二节 认证的功能及运行机制

一 认证体系的构成

图 2-1 描绘了认证的总体运行体系。由图 2-1 可知，认证的运行体系可以简单描述为，经过认可的认证机构，依据既定的认证标准，对生产企业的产品或者服务进行质量评定，并将质量评定的信号传递给销售商和最终的消费者，在这一过程中，认证机构需要接受标准制定机构和监管机构的监督。

在这一体系中，主要包括以下几个构成：首先是认证标准，认证标准指导认证业务的执行，是认证机构业务执行的规范和有效开展认证活动的前提。依据认证的形成模式不同，同一种认证类型可能存在统一的认证标准或者多套认证标准，如市场化高度发达的美国、日本等国家，其认证机构可以制定认证标准用以规范认证活动，而像英国和中国等，认证标准由政府统一制定，认证机构并没有制定标准的权力。其次是认证机构，认证机构的职责是对企业的产品、服务或者管理体系进行认证，包括文件审查、样品检测、工厂审查、结果评价等，以及获证后的监督工作，从而向市场传递质量信号；接着是实验室，实验室接受认证机构的委托对产品进行专业检测，通过认可的实验室也可以直接对企业开展认证活动。再次是认可机构，认可机构是对认证机构、专业人员等资质和能力进行检查以及合格评定，从广义上来说，认可机构是对认证机构的认证。一般的，国家的宏观监管部门都会委任和授权一家或多家认可机构来执行对认证机构的认可工作，如英国的认可机构有多家组成，包括英国标准协议（BSI）、英国国家认可机构（UKAS）和英国质量保证学会（IQA），中国的认可机构则只有一家,即中国合格评定国家认可中心(CNAS);接着是认证产品的接收方,包括销售商和消费者,销售商和消费者能够通过质量认证降低产品的搜寻成本和与企业之间关于产品的信息不对称程度。最后是监管部门,监管部门对认证市场的主体(认证机构、生产企业和认可机构)进行全面的监督和管理。

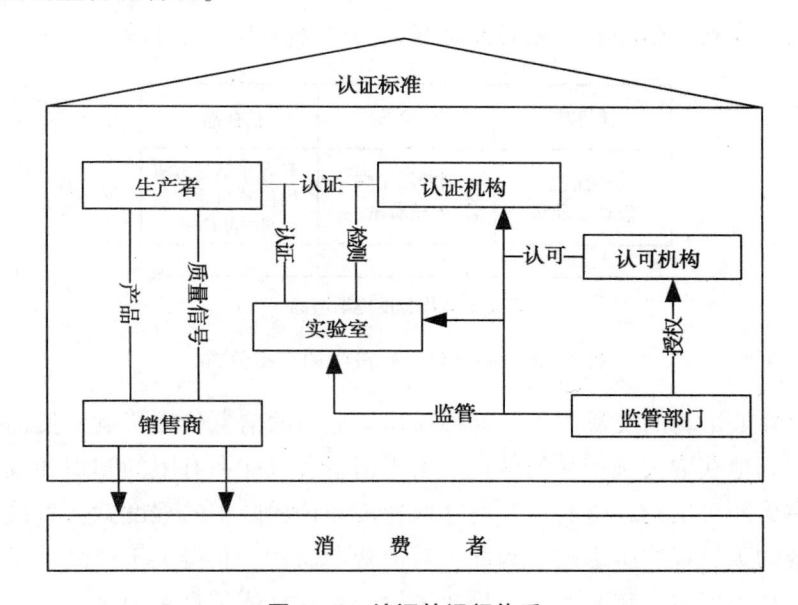

图 2-1 认证的运行体系

二 认证的功能

(一)信号甄别功能

一般而言,按照信息经济学的划分,产品的质量信息可以划分为搜寻、经验和信任属性,如图 2-2 所示。在市场交易中,产品的搜寻属性和经验属性比较容易传递,而产品信任属性方面的质量信号,会因为消费者处于信息劣势的一方而无法有效地传递,如在有机农产品中,其是否按照特定标准种植、农药残留是否达标等,由于远离生产过程,消费者难以亲临现场观测这些属性,其中一些属性即使在消费者购买产品后也不能完全识别。如果在市场上缺乏值得信赖的信号,消费者对这些信任属性就一无所知,当然,他们也就不能清楚地判断购买的产品是否属于有机产品。在信息不对称的市场上,消费者在决定购买产品前,必然伴随着一系列的选择和搜寻过程。那么，由此发生的选择成本和搜寻成本就是消费者支付产品本身价格之外无法回避的交易费用。产品信息越难以传递，交易成本就越高，消费者购买产品的期望效用就越低，购买行为的效率就越低。除此之外，由于消费者可能会在购买之后质疑自己的购买行为，消费者可能还需要支付较大的精神成本（孙曰瑶和刘华军，2008）。那么，这就意味着消费者在选择信任的产品时面临高额的选择成本和搜寻成本。

搜寻品	经验品	信任品
购买前就了解产品质量	消费后了解产品质量	只有在第三方机构检验后才能鉴别产品质量

信息不对称程度逐渐增加 →

图 2-2 基于信息经济学的产品分类

要降低市场的交易费用，就必须建立适当的信息传递机制，使消费者能够便利地获取关于产品的信息。由于消费者只能在有限的知识和成本条件下完成购买决定，这时信息的获取速度和传递效率的程度就会直接对消费者的购买过程产生影响。因此，对消费者而言，获得关于产品质量是否达标、是否值得信赖的购买信号比了解产品的具体信息更为重要。来自第三方的认证，正好满足了消费者在甄别产品过程中对质量信号的要求，认证机构介入市场交易，其作用在于提供了一种信号传递机制，能够对企业是否遵守环境标准或法律要求提供专业评估和验证，从而能够解决市场上有关产品质量信号不明的问题，弥补了原有交易中信息传递方面的缺陷。

总而言之，质量认证为消费者提供了完善的质量购买信号，能够将产品的信任属性转化为搜寻属性，使消费者以较低的成本获取关于产品的质量信息，较大程度上降低了消费者的选择成本和搜寻成本。那么，作为传递产品质量信息的重要手段，认证可以视为一种行之有效的信号甄别机制，是一种节约交易费用的制度安排。

（二）信号显示功能

在消费者和生产企业之间，虽然消费者拥有较少关于产品的信息而处于相对劣势的地位，但是在竞争性的市场中，特别是完全竞争的市场中，消费者的选择往往是多样性的。此时，商品是否具备较低的选择成本和搜寻成本将变成消费者选择购买产品的重要因素。那么，在竞争的环境下，这就意味着生产企业会主动解决企业和消费者之间的信息不对称问题，使自己的产品主动与竞争对手的产品区别开来，将产品的真实质量主动向消费者告知，以表明自己生产的产品质量是属于高质量的类型。产品的形象、声誉以及品牌等自我宣传手段都具有这种信号显示的功能，但是产品的质量认证所形成的质量信息一般都是由国家监管部门认可的、权威的、独立性的认证机构所出具，其对市场的影响力远远超过了产品的自我宣传手段。

生产企业选择第三方认证的另一个原因是生产成本的竞争，虽然不同规模的生产企业所支付的认证费用相差无几，但是这会使得认证费用分摊到产品上的平均成本相差很大，规模大的企业能够以较低的平均成本获得认证，而规模小的企业则需要支付高额的平均成本。那么，通过第三方认证可以将不同生产企业的生产规模区分开来。总的来说，这就意味着认证起到一种信号显示机制的作用，在市场中将不同类型的生产企业分离开来，从而降低消费者选择产品的选择成本和搜寻成本。

沿用于永娟（2012）的模型来识别认证的这一信号显示机制。假定在市场上存在两种类型的企业：低质量的生产企业和高质量的生产企业。低质量生产企业能够生产符合认证要求的产品价值为 a_1，高质量生产企业能够生产符合认证要求的产品价值为 a_2，其中 $a_1 < a_2$。假定市场中生产企业的总量为 L，高质量的生产企业所占的比率为 b，$0 \leq b \leq 1$，那么，市场中高质量的生产企业的数量为 bL，低质量生产企业的数量为 $(1-b)L$。为简化模型，假定企业的生产函数是线性的，那么，消费者可以得到的产品期望价值为：

$$y = a_1(1-b)L + a_2 bL \tag{2.1}$$

如果信息是完全充分的且市场是完全竞争市场，那么消费者就会依据效用最大化原则向不同质量的生产企业支付不同水平的价格，即 $\omega_1 = a_1$，$\omega_2 = a_2$。此时，消费者的期望效用为零。不过，当生产企业和消费者的信息不对称时，消费者并不了解生产企业的质量类型，其只能向所有的生产者支付一个平均的价格：

$$\omega = a_1(1-b) + a_2 b \tag{2.2}$$

对于高质量的生产企业而言，其产品价格大于消费者所愿意支付的价格，即 $\omega_1 < \omega_2$，显然这种情形会导致市场中高质量的生产企业逐渐退出

市场，从而形成"柠檬市场"。

如果市场上存在第三方认证，假设低质量生产企业和高质量生产企业获得认证的单位成本分别为 c_1 和 c_2，不同信用程度的认证机构收费不同，信用程度高的认证机构收费高，不同质量的生产企业获得认证的信用程度也不同，低质量的生产企业只能获得信用一般的认证机构的认证，高质量的生产企业可以获得信用程度较高的认证机构的认证。假设 e_1 和 e_2 分别表示低质量生产企业和高质量生产企业获得认证机构认证的信用程度，假设认证机构更倾向于为高质量的生产企业提供认证，其认证成本相对也较低，即 $c_1 > c_2$，那么，低质量生产企业获得认证的总成本为 $c_1 e_1$，高质量生产企业获得认证的总成本为 $c_2 e_2$。

假设消费者对质量认证信号信用的基本要求为 $e*$，所有获得认证信用大于或等于 $e*$ 的生产企业都视为高质量类型的生产企业，消费者为其支付相对较高的价格 a_2，所有获得认证信用小于 $e*$ 的生产企业都视为低质量类型生产企业，消费者为其支付相对较低的价格 a_1。那么，$e*$ 就是消费者对生产企业判断的一个临界值，从上面的分析中可知 $(a_2 - a_1)/c_1 < (a_2 - a_1)/c_2$ 一定成立。那么，生产企业选择的 $e*$ 一定是满足以下不等式的任意值：

$$(a_2 - a_1)/c_1 < e* < (a_2 - a_1)/c_2 \qquad (2.3)$$

在 $a_1 < a_2$ 和 $c_1 > c_2$ 的条件下，一定存在一个 $e*$，并且只要 $e*$ 在满足方程（2.3）不等式的范围内取值，则每个高质量的生产企业都会选择 $e*$ 的认证水平，每个低质量的生产企业都将会选择 e_1 的认证水平，从而达到均衡水平。这种类型的信号均衡也被称为"分离均衡"，可以将不同类型的产品和企业有效区分开来。认证通过提供一种区别不同企业和产品的信号机制，让消费者可以根据这种信号机制来对不同的产品实行不同的价格支付，从而有效化解"逆向选择"和"柠檬市场"的问题。

由此可见，质量认证起到一种信号显示机制的作用，其实质是提供了重要的质量信号，使消费者根据这一信号对不同产品作出选择。高质量的生产企业愿意对市场信号进行投资，选择权威的第三方认证机构可以方便地将它们和低质量的生产企业区分开，让消费者能更好地看清它们的优势所在。

三 认证的运行机制

认证运行体系中的各个主体通过有机的交互作用从而形成了认证的运行机制。总体而言，认证体系的运行机制包括申请认证的动力机制、认证机构的运行机制、政府干预机制和消费者反馈机制4个部分。

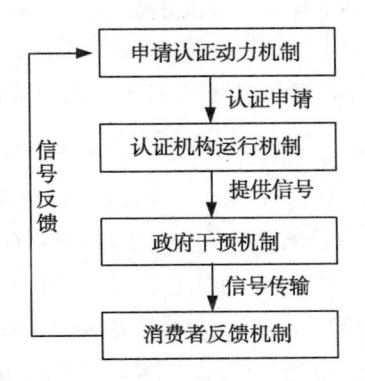

图 2 - 3 认证体系的运行机制

第一，申请认证的动力机制。依据企业的行为学理论和动力模型（德尔玛斯和托菲尔，2003；德尔玛斯，2002），图 2 - 4 描绘了企业申请产品认证的动力机制。可以发现，企业申请质量认证的行为可以视为一个战略决策过程，其在组织驱动力和企业组织特征的影响下根据企业的认证能力和认证意愿做出的战略决策。认证能力是企业是否达到申请认证的某些条件，如财务方面、企业规模、产品、卫生质量等方面的条件［里昂和麦斯威尔（Lyon and Maxwell，1999）］。认证意愿包括企业申请认证主观倾向性的程度，受到组织内外部制度因素的影响。企业申请产品认证与否由企业的认证能力和认证意愿决定，认证能力越大以及认证意愿越强，生产企业申请认证的动机就越大。

依据驱动力的来源不同，可以将组织驱动力分为内部驱动力和外部驱动力，内部驱动力反映了在同等外部条件下企业申请认证行为的差异程度，而外部驱动力则解释了企业申请认证行为的趋同程度。企业申请认证行为的差异一方面是由于企业受到外部制度压力水平的差异，另一方面是由于将外部制度压力转化组织能力的不同所导致（德尔玛斯和托菲尔，2003）。内部驱动力和外部驱动力共同影响着企业的认证意愿。一般而言，企业的组织特征包括企业的所有权性质、生产产品的类别、

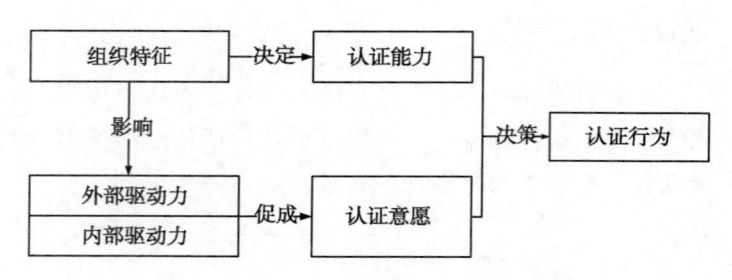

图 2-4 企业申请产品认证的动力机制

产品的国际化程度、企业成立的年限等。延森和麦克林（Jensen 和 Meckling，1976）认为企业的规模水平和所有权性质对企业申请认证行为的影响最为关键。组织特征对企业的认证行为存在两个方面的影响，一方面，组织特征直接决定企业的认证能力，如企业的规模水平是企业认证能力的直接体现；另一方面，组织特征对企业的内部驱动力产生影响，从而影响企业的认证决策。这意味着组织特征在同一的外部制度条件下导致了企业认证行为的差异。

樊红平（2007）对生产企业申请农产品认证的驱动力进行了考察，结果显示，政府管制和市场需求这两个强制性驱动力是企业申请认证的主要原因，企业生产认证的内部驱动因素明显不足，其中社会责任的内部驱动力只占 3.17%。生产企业申请认证的首要因素是经济效益，将认证视为一种简单的成本投入，通过认证获得产品的溢价、提升企业的品牌以及扩展市场份额。相反，生产企业并没有将产品通过质量认证视为一种社会责任，并不直接关注信号传递效率、产品质量的改善、环保以及员工健康方面的动机。刘宗德（2007）、姜君（2013）、刘呈庆（2010）等都得出相似的结论。

第二，认证机构的运行机制。认证机构是产品认证执行的主体机构，那么，认证机构的运行机制是整个认证体系有效、畅通运行的关键。无论是体制内的认证机构，或者已经剥离体制的认证机构，还是以营利为目的的民营认证机构，其个体有效运行的实质是在认证质量和认证成本之间寻求一个相对的平衡，一方面，认证机构通过专业的检测设备、专业的执业人员以及借助相关的实验室尽可能地提高产品的认证质量从而提高其在监管部门、市场中的声誉；另一方面，在可能的情况下，认证机构又在寻求其认证成本的最小化，不断地通过简化认证流程、缩短工作时间来达到产品认证利润的最大化。这两个因素相互制约、相互作用就形成了认证机构的运行机制。

图 2-5 描绘了认证质量的构成要素。由图 2-5 可知，认证机构的行为质量和技术质量是认证质量的核心内容，行为质量包括认证机构员工的工作态度、服务意识，认证机构和企业合作过程中的工作效率等，技术质量包括认证机构的专业知识、工作能力、认证规范等。行为质量和技术质量能够被生产企业所直接感知，从而形成认证机构在生产企业中的总体印象，如认证机构的信誉、口碑等，也即形象质量。在生产企业感知认证机构的形象质量之后，生产企业在和认证机构合作过程中的每一次接触如签订合同、现场审核等所表现出的服务态度、情绪等都会形成真实瞬间质量。认证机构的认证收费、对生产企业的承诺以及认证机构的形象则形成了生产企业期望质量的大小，其中，认证机构对生产企业的承诺对期望质量的影响最为关键，承诺越高，那么，生产企业的期望质量也会越高。

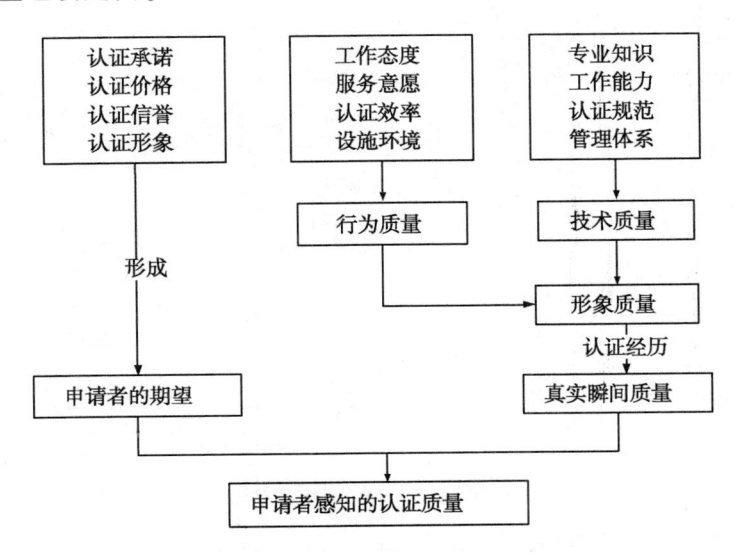

图 2-5 认证质量的构成要素

图 2-6 描绘了在认证过程中认证机构的认证成本构成。由图 2-6 可知，认证成本包括两大部分，认证风险成本和认证边际成本。在认证过程中，认证机构没有能力也没有必要对生产企业的全部产品进行检测、每时每刻审核生产企业的生产情况、监督企业的生产过程，产品检测、检查、现场审核甚至发证后的监督都是一个随机抽样的过程，虽然

随机抽样具备很高的可信度和代表性,但也的确存在某些产品、服务存在不达标、不符合质量要求而未被检测到的风险,这就意味着认证机构对生产企业的申请认证存在"拒真"和"纳违"的风险,这种风险如果被市场或者监管部门所识别,则需要承担相应的经济赔偿责任以及认证机构声誉的损失。

认证边际成本则包括两类,即认证审核边际费用和客户流失机会成本。认证审核边际费用是认证机构在认证作业过程中所付出的直接费用,产品的复杂程度、产品的携带方便程度、需要检测的次数和产地的环境都会直接影响审核边际费用,如发动机、涡轮等技术含量高的产品比大米、茶叶等农产品复杂程度高,其审核的边际费用也高。客户流失机会成本是指企业更换合作的认证机构而遭受的损失。由于认证参与方都以利润最大化为目标,部分企业对质量认证存在理解上的偏差,其并非通过提高产品质量而获得认证标志,而是通过关系走认证,通过寻租手段买认证。这就意味着生产企业会选择标准较低的认证机构合作,认证机构执行严格的认证标准则会导致流失很多企业资源 [皮尔斯和斯威尼(Pierce and Sweeney, 2004)]。

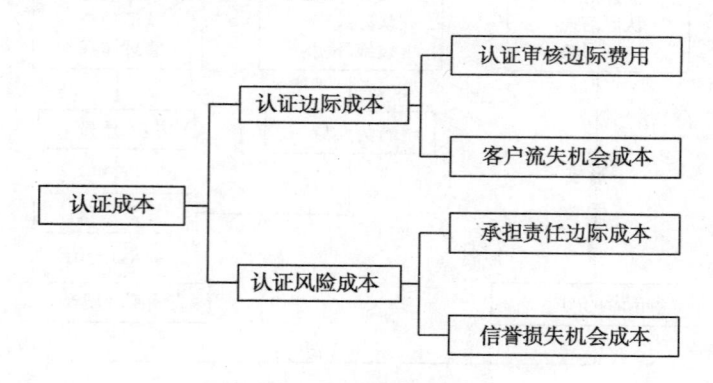

图 2-6 认证成本的构成

第三,政府干预机制。政府对质量认证进行干预主要基于两个原因,一是认证市场存在市场失灵的问题;二是履行政府公共管理职能的需要。市场失灵是指由于垄断、外部性、信息不完全性和在公共物品领域,仅依靠市场机制的运行不能有效实现最优的资源配置。认证市场正是具备了以下某些特征才导致了认证市场的市场失灵。首先,质量认证具有外部性,新制度经济学理论认为,由于正向的外部性会导致过度需求,而负向的外部性则会导致过度的供给，那么，这必然会引起市场的供求失衡状态，导致社会资源配置偏离帕累托最优状态。在认证市场中，质量认证提高了产品的质量安全水平，一方面，可以让消费者购买的产品更加放心、安全，直接获得效用；另一方面，还可以使得全社会获得额外的效用，如促进了贸易的公平，提高了安全水平，改善了环境质量等。这意味着质量认证具有正向的外部性，政府可以实施干预机制以鼓励其发展。

此外，质量认证具有信息不对称属性，由于在认证市场中，认证机构之间的权威性、公正性甚至独立性都存在较大的差异，认证机构提供的认证服务质量肯定千差万别。而在这种服务质量上，如同消费者和企业之间存在信息不对称一样，认证机构显然比生产企业拥有更多关于其自身服务质量方面的信息。理性的生产者会预期到认证市场所存在的信息不对称问题，他们会尽可能地寻找价格相对低廉的认证机构合作，这种选择又会反过来引起认证机构之间的恶性竞争，导致每一个认证机构都提供低质量的服务，在认证行业中形成一种"劣币驱逐良币"的恶性循环。施普尔伯（Spulber，1999）将这种由信息不对称所引起的交易双方之间的问题称为内部性，指交易一方使另一方得到未在交易合同中列示的收益和成本。这就意味着认证市场具有负向的内部属性，需要政府的干预机制来解决这一信息不对称问题。

政府干预质量认证同样也是履行公共管理职能的体现。产品质量安全是保证人类生命安全、提高居民生活质量以及促进公平贸易甚至是保护环境的基础，对一个国家的宏观政策具有重大影响。卡斯威尔和杰片（Caswell 和 Mojduszka，1996）指出质量认证不仅能保证产品的质量安全，而且还能减轻政府的财政负担。因此，各个国家采取多种方式干预质量认证，把保证产品质量安全作为政府公共管理的重要职能，以提高产品的质量安全水平。

第四，消费者反馈机制。产品的产业链条无论有多长，消费者最终都是产业链条的终端。同样的，质量认证的最终目的是解决消费者的信息不完全性问题，落脚到消费者的需求改善上。消费者对认证产品的需求受到消费者的支付意愿、认可度、认知度和实际购买行为的影响。虽然消费者并不参与产品的认证过程，但是可以通过购买与否来影响质量认证的过程，一旦消费者对质量认证持谨慎和怀疑的态度而拒绝购买经过认证的产品，那么企业申请产品认证的动机就会不足。图2-7描绘了消费者购买认证产品的反馈机制。由图 2-7 可知，消费者自身内部和外部因素共同形成了消费者对认证产品的认知和支付意愿，然后消费者在经过全面的评估之后形成相应的购买决定。如果消费者在形成购买决定之后选择立即购买认证产品，那么，这是一种有效需求，将会增加认证产品的供给；如果消费者选择不购买认证产品，其是一种无效需求，将会减少认证产品的供给；如果消费者选择在将来的某一时间再行购买认证产品，那么，它在当期不存在有效需求，在后期可能转化为有效需求。消费者的有效需求可以形成认证市场的正向反馈，促使生产企业参与申请认证。

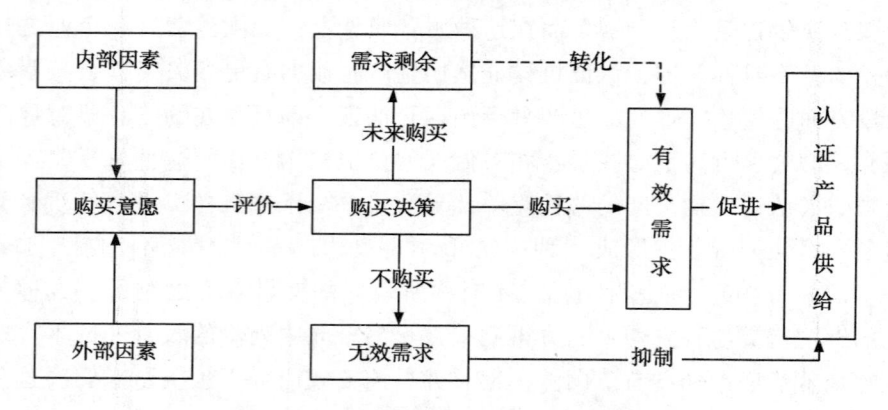

图 2-7 消费者购买认证产品的反馈机制

总的来说，认证体系的有效运行是认证执行信息甄别和信号显示功能的基础。一旦认证的运行机制出现某种障碍，认证市场就会出现一系列的认证乱象，导致不同程度的虚假认证。一是如果生产企业申请认证的动机仅仅停留在经济利益的层面，那么，生产企业不会寻求产品质量的提高来通过认证，而是千方百计地通过寻租来购买证书。二是一旦认证机构之间出现恶性的市场竞争，认证机构不再进行质量投资，直接进行低价竞争，通过低价策略而揽得客户资源，那么，一方面，企业申请认证的选择范围就会变得很大，一旦企业与认证机构在认证过程、认证结果上发生分歧，企业不用支付太多的成本便可更换到新的认证机构。另一方面，认证机构会被生产企业俘获，难以拒绝生产企业的认证要求，甚至会向企业做出顺利通过认证的承诺，主动帮助企业伪造相关的申请资料。三是如果消费者没有意愿对认证产品的质量进行搜索，不能对认证产品形成有效的反馈，那么，这会反过来激励生产企业来实施证书购买。因此，认证运行机制出现问题是认证市场产生虚假认证的前提。

第三节　虚假认证的概念界定

一　虚假认证的现有定义

Merriam-Webster 字典对于"虚假"的定义是假的、不真实存在的，其意在对真实存在事物的模仿。虚假交易是指不存在、不真实的购买行为。买卖双方为了达到某种目的，通过伪造相关文件、虚构相关手续，对真实的交易进行模仿，达到以假乱真的效果。虚假认证，国外理论界也称为"Inflated Certification""Dishonest Certification"以及"Certification Capture"。对于虚假认证的定义，由于"虚假认证"这一概念较容易理解，现有文献并没有对其进行特别关注。在仅有的几篇文献中，我们将其梳理为两种不同层面的定义。一种定义是施特劳斯在研究诚实认证时提出，施特劳斯（2005）将虚假认证定义为认证机构接受生产企业的贿赂而被俘获，从而进行不诚实的认证，对产品披露虚高的质量信息。持有同样观点的还有法拉等（2009）、瓦格纳和柏林（2013）等。另一种定义是将虚假认证认为是认证机构和生产企业的一种合谋行为，认证机构和生产企业双方为了自身利益的最大化，通过特别的协议或契约安排，采取私下结盟的行为（斯维科瓦，2007；米斯历凯，2008；佩拉凯和克萨达，2011）。独立性是认证机构作为第三方的中介机构所具备的基本要求，合谋是独立性的对立面，认证合谋意味着认证机构丧失其职业独立性的最低要求，主动迎合生产企业的要求，提供虚假的检测信息，对认证产品做出虚假证明或出具虚假证书。与虚假交易特点不同的是，虚假认证的交易双方是真实存在的，其是在认证过程和认证结果上进行造假，与真实的认证结果存在差距，从而达到欺骗消费者的目的。

事实上，这两种定义意味着认证机构在市场上充当着不一样的角色，以施特劳斯（2005）为代表的这种定义将认证机构视为一个质量"警察"的角色，认证机构和生产企业属于监督与被监督的关系，其通过对生产企业的产品发放一定质量的证书从而达到规范市场秩序的目的。以佩拉凯和克萨达（2011）为代表的定义将认证机构视为一个以盈利为目的的企业，认证机构和生产企业属于合作伙伴的关系，其通过相互的契约安排从而达到自身利益的最大化。

二 信息质量视角下虚假认证的概念界定

总的来说，国外文献对于"虚假认证"的定义范围还过于狭窄，其不仅没有考虑到认证机构可能由于主观原因引起的认证结果和真实结果的差距，也没有考虑到未取得认证资质的认证机构擅自给生产企业进行认证，从而达到欺骗消费者的目的。特别是在中国认证行业的特殊背景下，这些问题在认证市场中屡见不鲜，甚至有日益严重的趋势（刘宗德，2007）。然而，国内学者并没有对中国认证机构的虚假认证进行明确的界定，已有文献仅限于罗列出这种虚假认证的现象，如胡佳（2009）、张佳军（2009）、孙春伟（2013）等。鉴于此，本书有必要对虚假认证的概念进行重新界定。

事实上，从认证结果上来说，可以将上述认证市场中的问题归结为一点，即认证机构的产出质量出现问题，产品的真实质量与产品标注的鉴定结果不相符合，认证产品不能准确地传递产品的真实质量信息，真实质量信息在市场传递中存在失真。因此，依据认证传递的信息质量，本书将虚假认证定义为认证机构为了最大化自身利益，披露与产品真实质量不相符合的认证信息的行为。本书所定义的虚假认证是基于信息质量的视角，虚假认证的实质是认证机构出具的产品信息质量低下。由于认证机构中存在的各种原因，认证机构有意或无意地错误披露产品的信息，降低产品信息的质量，这使得虚假认证无法有效地起到甄别产品和质量显示的功能，这非但不会降低产品市场的信息不对称程度，反而会混淆消费者对产品质量信号的识别，进一步加剧市场的扭曲，误导消费者的购买决策。

与施特劳斯（2005）、佩拉凯和克萨达（2011）的定义相比，本书所定义的虚假认证存在两点优势：一方面，这种定义的虚假认证是一种广义的虚假认证，特别适合中国的认证市场，它不仅将现有关于虚假认证的定义涵盖在内，如认证俘获、认证合谋等，而且还包括了中国认证市场上所特有的各种认证乱象，如简化认证流程、技术投入不足等。另一方面，这种定义的虚假认证可以将消费者联结在一起，体现最终信息接收方对市场行为的预期。由于信息质量最终被消费者所感知，影响消费者的购买决策，这种定义不仅考虑认证机构和生产企业两个主体的行为，而且能够将虚假认证和消费者联系起来。

表 2-6　　　　　　　　　　虚假认证的定义及分类

概念	具体定义	代表文献
虚假认证的已有定义	（1）认证机构接受生产企业的贿赂而被俘获，从而进行不诚实的认证，对产品披露虚高的质量信息	施特劳斯（2005）、法拉等（2009）、瓦格纳和柏林（2013）
	（2）认证机构和生产企业的一种合谋行为，认证机构和生产企业双方为了自身利益的最大化，通过特别的协议或契约安排，采取私下结盟的行为	斯维科瓦（2007）、米斯历凯（2008）、佩拉凯和克萨达（2011）
本书对虚假认证的界定	认证机构为了最大化自身利益，披露与产品真实质量不相符合的认证信息的行为	

三　信息质量视角下虚假认证的分类

依据认证机构披露信息质量的主观意愿，可以将虚假认证细分为技术型虚假认证和合谋型虚假认证。技术型虚假认证是指认证机构的技术投入水平不够，无法检测出产品的真实质量，导致没有达到认证标准的企业通过认证。合谋型虚假认证是指认证机构能够检测出企业的产品没有达到认证标准，但故意隐瞒而使其通过认证。

技术型虚假认证的实质是认证机构的认证质量达不到行业的标准，导致"非有意"地产出错误的认证信息，是认证市场的"被动纳伪"现象。事实上，技术型虚假认证在中国的认证行业中屡见不鲜（张佳军，2009；孙春伟，2013）。技术型虚假认证的表现形式更是呈现多样性，一方面，认证机构努力程度不足，主动简化认证流程，如认证机构在现场检查时减少审核程度，降低审核标准，缩短检测工作量，主观上使得认证机构检测错误率增加；另一方面，认证机构技术投入不足，如检验设备达不到行业标准，执业人员专业水平较低，客观上使得认证机构检测的错误率增加。

合谋型虚假认证的实质是认证机构"故意"产出错误的认证信息，是认证市场的"主动纳伪"现象。由于合谋的存在会使得生产企业忽视对产品质量的关注，而将重心转移至寻找合谋的途径和方法上，一旦合谋达成，部分质量完全不达标的产品都可能通过认证，这意味着合谋型虚假认证导致的产品信息质量要比技术型虚假认证低很多，合谋型虚假认证对认证市场的危害要远远高于技术型虚假认证的危害程度。总体而言，合谋型虚假认证在中国的认证行业也是广泛存在（胡佳，2009；王丽丽，2011）。一方面，基于拓展业务的需求，部分认证机构主动给生产企业承诺，只要生产企业花费一定数额的费用，证书一定能保证拿到，而不管产品的质量如何。另一方面，为了达到进入市场的目的，一些产品质量完全达不到标准的生产企业可以很容易地找到愿意合谋的认证机构，从而获得认证证书。合谋型虚假认证使得行业演变为一手交钱一手买证的游戏。

表2-7　　　　　　　　　虚假认证的定义及分类

分类	具体定义	实质
技术型虚假认证	认证机构的技术投入水平不够，无法检测出产品的真实质量，导致没有达到认证标准的企业通过认证	认证机构的认证质量达不到行业的标准，导致"非有意"地产出错误的认证信息，是认证市场的"被动纳伪"现象
合谋型虚假认证	认证机构能够检测出企业的产品没有达到认证标准，但故意隐瞒而使其通过认证	认证机构"故意"产出错误的认证信息，是认证市场的"主动纳伪"现象

第四节　虚假认证的形成及治理理论基础

一　经济人自利性

经济人假说（Economic Man）由亚当·斯密在18世纪末提出，是西方经济理论的基础和逻辑起点，也是西方经济学的核心概念之一。根据经济人假说，经济人是自利的，即追求自身利益的最大化是其行为的根本动机；同时，经济人又是理性的，其能够根据一定的原则对面临的机会和实现目标的手段进行理性的选择以实现尽可能大的利益；更重要的是，只要有良好的法律和制度作为保证，其追求自身利益的行为会无意识地、有效地增加社会的公共利益。

作为认证市场上的两个重要主体，认证机构和企业都是经济人。并且，正是由于认证机构和企业的经济人本性，才导致了虚假认证的产生。首先，认证机构是一个商业性质的中介组织，其经营的目的就是通过提供认证服务来获取利益。而且，认证机构的行为是理性的，其会根据自身所处的市场环境以及以往的经验形成合理的预期，并根据预期作出决策以获得尽可能多的收益。对于市场中的企业，其逐利性和理性特征则表现得更为明显。企业生产产品或提供服务满足市场需求的根本目的就是为了实现自身利益的最大化。

认证机构和企业的逐利性特征促使它们为了获取更高的利润进行合谋，而认证机构与企业的理性则使得它们能够权衡利弊，作出最有利于自身的选择。在市场机制与法律规范健全的情况下，认证机构和企业的行为会受到一定的约束，它们必须遵守基本的职业道德和行业规范，否则就会受到严厉的惩罚。如果既得的利益已经足够高，或者是预期的合谋风险非常大，理性的认证机构和企业就不会进行合谋，而是选择其他有利于提高自身利益的行为。例如，认证机构提高认证的效率，降低认证成本；企业提高产品的质量，降低生产成本等。如果认证市场中的合谋等不规范行为能够得到有效的控制，认证机构与企业的自利行为最终也可以促进社会福利的增加。

另外，认证市场的政府监管部门也是一个经济人。由于监管需要付出成本，监管部门会在"监管"与"不监管"之间进行权衡。因此，出于自身利益的考虑，监管部门可能放松对认证机构的监管，甚至是与认证机构或企业进行勾结获取不正当的利益，即进行"权力寻租"。

二 信息不对称理论

古典经济学假定交易双方之间所拥有的质量信息是对等的，双方都掌握着关于产品质量的充分信息。20 世纪 60 年代，西蒙（Simon）、阿罗（Arrow）等人首先提出了对古典经济学中"充分信息假定"的质疑，指出信息的不确定性是经济行为的基本特征之一。Stiglit 认为应该以不完全信息假设来替代原有的完全信息假设，用来修正传统的市场理论和一般均衡理论。阿尔可夫（Akerlof，1970）通过二手车市场的交易行为对信息不对称如何影响质量均衡进行了分析，发现信息的不对称会产生逆向选择现象，从而导致市场失灵的问题，这标志着信息不对称理论的形成。

所谓质量信息不对称是指经济交易的各方所拥有的质量信息是不对等的，其中有一方掌握了其他交易者所没有掌握的关于产品的质量信息，交易的一方相对于另一方来说具有质量信息优势。市场中质量信息不对称现象主要有两种情况，一是因隐藏质量信息的行为而使得劣质产品把优质产品逐出市场，这种现象称为"逆向选择"；另一种是因隐藏质量信息的行为而造成的市场效率低下甚至失效，即"道德风险"。信息不对称理论是在信息不完全和信息不对称的条件下研究市场交易关系和契约安排，从不对称信息这一特殊视角对相关经济问题和社会问题展开分析研究。

大量文献在信息不对称理论领域进行了广泛的研究。比如斯宾塞（Spence，1973）研究了在劳动力市场存在信息不对称的条件下，处于信息优势的一方会采取什么样的行动来解决信息不对称造成的问题，教育程度可以作为求职者向雇主展示自己能力高低的信号，雇主可以通过求职者传递的示意信号将不同能力的人区分开来。经过几十年的发展，信息不对称理论逐渐形成了包括信息形式及效用、激励机制设计、逆向选择与道德风险、市场信号模型、团队理论、搜寻与价格离散、拍卖与投标、最优税制理论以及信息资源配置等内容。其中，委托—代理理论与激励机制设计、逆向选择与道德风险、市场信号理论构成信息不对称理论的主流核心领域，而信息形式及效用、团队理论、搜寻与价格离散、拍卖与投标、最优税制理论以及信息资源配置理论等构成信息不对称理论的非主流核心领域（高红阳，2005）。

虽然认证形成的主要目的是解决企业和消费者之间的信息不对称问题，但是在认证市场中同样存在信息不对称的问题。在认证市场中，认证机构之间的权威性、公正性甚至独立性都存在较大的差异，认证机构提供的认证服务质量肯定千差万别。而在这种服务质量上，如同消费者和企业之间存在信息不对称一样，认证机构显然比生产企业和消费者拥有更多关于其自身服务质量方面的信息。

对于消费者而言，一方面，认证机构对产品出具的认证报告大多数是"通过性"的报告，消费者只能得知某一产品是否达到标准，而不能识别两个达到标准的产品之间的优劣状况，更不能识别某一产品的具体评分。另一方面，由于认证产品的需求方是个体消费者，个体消费者的特点是需求量小，单个个体分离，消费者无法形成合力，基于成本收益的考虑，个体消费者往往没有意愿对认证机构的规模、资质、诚信等个体声誉信号进行搜索。对生产企业而言，虽然生产企业和认证机构之间是一对一的服务，但是它们并不会关注认证机构服务质量以及认证机构的市场声誉，生产企业和认证机构之间的合作不同于企业之间的合作，其不存在协同效应。相反，由于了解自身的产品质量属性，部分生产企业还会排斥服务质量高、市场声誉好的认证机构。它们会尽可能地寻找价格相对低廉或者能保证通过认证的认证机构合作。而这种信息不对称又使得消费者难以识别认证市场的虚假认证现象。那么，认证市场的信息不对称就成为认证市场形成虚假认证的基础。

三 委托—代理理论

委托—代理理论是过去三十多年里契约理论最重要的发展之一。它是20世纪60年代末70年代初，一些经济学家不满阿罗-德布勒（Aroow-Debreu）体系中的企业"黑箱"理论，而深入研究企业内部信息不对称和激励问题发展起来的，威尔逊（1969）、罗斯（Ross，1973）等学者开创了委托—代理理论。委托—代理理论核心内容是研究在利益相冲突及信息不对称的条件下，委托人如何设计出一个最优的契约或机制以激励代理人[萨平顿（Sappington，1991）]。委托—代理理论遵循的是以"经济人"假设为核心的新古典经济学研究范式，并以两个基本假设为前提：一是委托人和代理人之间利益相互冲突，委托人最关心的是结果，代理人却不感兴趣；代理人最关心付出的努力，委托人却没有直接的兴趣。委托人的收益直接取决于代理人付出的努力，而代理人的收益就是委托人支付的报酬。二是委托人和代理人之间信息不对称，委托人并不能直接观察到代理人的努力工作程度，即使能够观察到，也不可能被第三方证实；而代理人自己却很清楚付出的努力水平，代理人存在信息优势。

传统的委托—代理理论主要围绕单一委托人、单一代理人以及单一事务的委托代理，如米雷斯（Mirrless，1975）在信息不对称的条件下，如何使信息优势方有效运用其掌握的信息获取利益，并使得资源得到优化配置的问题，建立并完善了研究委托人与代理人之间关系的激励机制设计理论。格罗斯曼和哈特（Grossman and Hart，1983）提出了"成本—利益法"，把委托人问题分解成代理人采取不同行为时的成本和利益两部分，对于代理人的任何行为，委托人相应都可以制定一个最优报酬机制。经过四十余年的发展，委托—代理理论已经发展到多代理人理论，如莱维特（Levitt，1995）、贝斯特（Bester）、施特劳斯（2000），共同代理理论，如马特和帕里吉（Martimort 和 Parigi，2003）、伯格曼和瓦里马替（Bergemann 和 Valimakit，2003），多任务代理理论，如皮特（Peter，2003）等。

虽然欧美等国家的认证行业并没有存在明显的委托—代理问题，但是中国认证产业却存在较为明显的委托—代理问题。中国的认证制度、认证标准以及认证标识等都是政府统一制定的，认证机构只是认监委检验产品质量的代理机构，因此，政府是委托人，以获得真实有效的认证结果为目标，但难以对认证的过程进行监督；认证机构是代理人，以自身收益的最大化为目标，对认证的执行有一定的自主权，中国的认证产业具备典型的"单委托—多代理"的属性。由于双方的目标不一致，认证机构就有可能利用自身的信息优势以及政府授予的自主决策权为自己牟取不正当的利益，从而导致代理问题的产生。其中，在认证市场中，最典型的代理问题便是认证机构的虚假认证行为。

四 行业监管理论

监管（Regulation），也称规制或管制，是指某主体基于某种规则，对某事物进行控制或调节，以期达到使其正常运转的目的。从词源上看，Regulation 主要有两层含义：一是官方的规则或命令；二是基于规则对某事的控制，包括对某一活动或某一程序的控制，还有为使物体按特定的速度、温度等正常运转而进行的调节和控制。

一般认为，市场失灵是行业监管理论研究的前提。行业监管是政府对行业的干预，其主要研究政府干预问题，包括政府干预的原因、政府干预的措施和手段、政府干预的措施和手段是否能达到干预效果，以及如果干预没有成效，怎样找到次优选择。植益草（1992）将行业监管称为"公的规则"，认为行业监管是社会公共机构，如司法机关、行政机关以及立法机关，依据一定的规则对行业内经济主体行为进行限制的行为。史普博（1999）认为，行业监管是行政机构制定并执行的直接干预市场配置机制或间接改变企业和消费者供需决策的一般规则或特殊行为。可以有三种类型的监管：第一，直接干预市场配置机制的规制，如价格管制、产权管制和合同规定的管制；第二，通过影响消费者决策而影响市场均衡的规制，如汽车尾气排放量的限制等；第三，通过干扰厂商决策从而影响市场均衡的规制，如施加于产品特征（质量、耐用性和安全等）的规定。

施蒂格勒（1971）在《经济规制论》中最早提出行业监管的问题。此后，短短 30 年时间里，行业监管理论迅速发展，成为现代产业组织理论中的研究热点领域。依据发展的先后顺序，可以将行业监管理论划分为四种类型：公共利益监管理论、利益集团监管理论、制度主义监管理论和不完备法律监管理论。

(一) 公共利益监管理论

福利经济学对市场失灵和政府矫正措施的研究逐渐衍生出了公共利益理论,这一理论也被认为是监管理论的主流起源。公共利益规制理论是一种建立在规范分析框架基础上的理论。该理论把政府看作是公共利益的代表,将市场失灵作为政府规制的动因,认为市场经济一般会由自然垄断、公共品、外部性、信息不对称等引起资源配置无效率或不公平,因此,政府通常在市场失灵的领域进行规制,目的是保护社会公众的利益,并提高整个社会的福利水平。在自然垄断情况下,政府一方面通过对厂商实行进入规制来限制过度竞争,以取得生产效率,另一方面通过对厂商实行价格规制来限制垄断定价,以取得配置效率;而且当存在外部性时,政府通过增加对负外部性活动的征税或对正外部性活动给予补贴,以产生符合社会效率的资源配置状态。

公共利益规制理论既是一种规范理论,又是一种实证理论。从规范角度来看,它关注对市场失灵的认定和对市场失灵的克服,前者说明政府什么时间应该引入规制,后者说明政府应该采取何种"最优"措施来克服市场失灵。从实证角度来看,公共利益规制理论关注规制为何出现和如何运用,所以公共利益规制理论又被称为"作为实证理论的规范分析"。

虽然公共利益理论在传统行业监管中一直处于正统地位,但在20世纪70年代前后出现了范式危机,部分学者对公共利益理论提出了强烈的质疑。如施蒂格勒和弗里德兰(Stigler 和 Friedland,1962)通过对美国电力事业1912—1937年间价格规制效果的实证检验发现,政府规制仅有微小的导致价格下降的效应,并没有实现公共利益理论所预期的较低的电力价格。波斯纳(1974)也指出,经济学家经过15年的理论和经验研究,已经证明规制与外部性以及垄断的市场失灵不存在正相关的关系。克雷和凯恩道夫(Crew 和 Kleindorfer,1986)进一步提出,公共利益理论中"公共利益"术语本身就是模糊的,通过规制来消除垄断,以实现竞争的功能,只是一个虚无缥缈的幻想。尤顿(Utton,1986)认为公共利益规制理论仅以市场失灵和福利经济学为基础太过狭窄,除了纠正市场失灵之外,政府还有许多其他微观经济目标。尽管公共利益理论具有很大的缺陷,但该理论对于监管的兴起还是具有一定的解释力度,特别是对于一些社会性监管领域的改革具有很大的启发。

(二) 利益集团监管理论

20世纪70年代,随着公共利益监管理论出现了范式危机,利益集团监管理论得以迅速发展。该理论最早可以追溯到监管俘获理论，1955 年伯恩斯坦指出，随着时间的推移，监管机构往往非常容易被受监管的产业所控制，一旦监管者被俘获，那么监管计划最初的服务于公共利益的目的就必然会形同虚设。1972 年乔丹对施蒂格勒和弗里德兰关于电力行业价格管制的研究进行了总结，认为之所以没有达到预期效果主要是因为管制当局最终被电力行业所俘获。当然这种俘获理论仅仅是一种经验归纳而缺乏相应的理论基础。

在监管俘获理论的基础上，1971 年施蒂格勒开创了利益集团监管理论。施蒂格勒指出"经济监管理论的核心使命是发现监管过程的受害者或受益者，政府监管的具体形式以及对社会资源分配的影响""运用公共权力或资源能够提升某些利益集团的经济地位，这正是政府监管的需求来源，而政府也能够通过政治过程赋予利益集团相关的监管政策，即政府监管的供给过程"。这一观点奠定了利益集团监管理论的基本框架和基调。芝加哥学派代表人物佩尔兹曼 1976 年则对利益集团监管理论进一步作了扩展，运用博弈模型提出了一个"最优监管政策"模型，即监管者的最优定价将介于垄断价格（完全生产者保护下的价格，可使产业利润最大化）和竞争价格（完全消费者保护下的价格，可使消费者剩余最大化）之间。此时，监管部门所选择的监管政策不仅满足了其利益的最大化，还使政治支持的边际替代率等于企业利润和消费者盈余之间互相转移的边际替代率，从而达到一种博弈均衡。

然而，利益集团监管理论却由于数据获得的困难而缺乏实证分析的支撑，但是该理论旨在说明两种促进竞争、限制垄断的监管制度安排，最后却往往演化成为少数利益集团获利的低效甚至无效的监管。由此针对这一问题的解决办法的探求也进一步推动了监管理论的发展。

（三）制度主义监管理论

自 20 世纪 80 年代开始，随着新制度主义的日益兴起，部分新制度经济学者也将研究方向转移到监管理论方面，形成了所谓的制度主义监管理论。该理论更倾向于把政治监管行为看作是制度与个体相互作用的产物。新制度主义学者认为，政府监管是特定制度环境下的必然产物，而不是由单纯的公共利益所推动，亦不是不同利益集团之间妥协的产物。代表性学者汉切和墨郎研究了各种各样的行为主体在制度化的"监管空间"中的相对位置。他们认为包含着价值观念、制度安排、历史传统以及组织资源等要素在内的"监管空间",是制约政府监管行为过程的根本因素,并认为监管空间不仅集中于那些介入监管活动的行为主体,更看重那些有助于建立主体间制度性联系的结构性因素。

学者谢尔林则进一步扩展了汉切和墨郎的研究,认为人们应当以一种更为结构性的构造主义的观念来看待监管的过程;马奇和乌鲁克对制度主义监管理论提供了实证支撑,以监管型国家在欧盟兴起的经验为个案,实证研究发现除了国内的制度因素之外,国际之间的监管竞争也会成为影响监管改革的结构性变量。然而,制度主义监管理论过分强调以宏观的社会制度环境作为分析对象,从而忽视了对个体组织以及微观制度机制的分析,使得制度主义监管理论难以获得更大的发展。

(四)不完备法律监管理论

进入21世纪,另一派监管理论悄然升起,他们认为法律的不完备才是监管出现的最根本原因。许成钢和皮斯托在2002年发表的论文——《不完备法律:一种概念性分析框架及其在金融市场监管发展中的应用》最先指出了这一问题。他们认为,随着时代的发展,当进入后农业社会之后,法律本身内在的不完备变成了一种常态,如果仅仅依靠法庭的被动执法以及事后再立法将是一种次优选择,同时也会出现阻吓执法不足和阻吓失灵等问题。因此,为了确保有效执法,法律体系应该分配执法权和立法权,即赋予另外一些机构享有主动执法和持续立法(如在其管辖权限内灵活修改规则等)的权力。监管者则只需要扮演被授予主动执法权和剩余立法权的机构,他们的出现主要是应对法律内在不完备以及由此导致的阻吓失灵的一种反应。

同时二人还提出,主要有3个因素决定剩余立法权和执法权的最优分配:法律不完备的性质与程度,对损害行为进行标准化的能力以及预期损害的程度与其外部性的大小。当法律高度完备之时,法庭的被动执法将会有足够的阻吓效果。当法律高度不完备,此时执法权和立法权的最优配置将取决于预期受损害的程度与对损害行为进行标准化的成本。在损害行为能够加以标准化,同时该行为继续下去会产生大量的负外部性时,监管的效果将会更好。除此之外,法庭拥有执法权和立法权仍是最优的选择。

不完备法律监管理论区分了监管者和法庭的特征与功能,为监管理论提供了一个独特的视角。但是,该理论的相关研究目前还仅处于起步阶段，论述的重点还仅限于法律制度的设计方面，对与此相关的一些激励问题与政治问题考察还比较缺乏。

本章小结

本章内容是开展本书理论研究的基础。首先，本章界定了认证的基本概念以及描述了认证市场的运行机制，包括生产企业申请认证的动力机制、认证机构的运行机制和消费者的反馈机制；其次，在信息质量的视角下界定了虚假认证的概念，并将中国认证市场上独特的虚假认证现象进行了分类，细分为技术型虚假认证和合谋型虚假认证；最后，分析了虚假认证的形成及治理的理论依据，包括经济人的自利性、信息不对称理论、委托—代理理论以及行业监管理论。

第三章

中国认证产业集体声誉的特征和成因

中国认证行业存在特殊的制度背景,以及认证市场是一个典型的双边市场,这两个因素造成了中国认证行业集体声誉特征与传统的集体声誉问题相比存在较大的特殊性。本章就将借鉴信息经济学中的信号传递理论,从外部环境、产业集群和声誉信号机制三个方面构建分析行业集体声誉形成机理的理论框架,并在此基础上考察中国认证行业集体声誉的具体特征和成因。

第一节 集体声誉的界定

自克雷佩斯和威尔逊(1982)、富德伯格和莱文(1992)等开创并完善标准的声誉理论以来,声誉作为一种隐性激励机制以保证短期承诺行动,可以视为显性合约的替代品,可以降低市场中的信息不对称程度,在一定程度上缓解道德风险和逆向选择问题(塔德利斯,1999;李军林,2004;肯尼斯和希夫,2002)。总体而言,声誉理论已经发展得较为完善和成熟。需要指出的是,标准的声誉理论大多涉及的是个体声誉问题,如个人声誉、企业声誉等。当个体声誉信息无法在市场中传递时,个体声誉机制就不能发挥应有的作用。然而在现实中,集体声誉是普遍存在的,这促使理论界在研究视角上进行不断的延伸。

一 声誉

美国传统字典(AHD)对声誉的定义是:"声誉是公众对某人或某物的总体评价,是归属于某人或某物的独特的特征或特质。"在线牛津英语字典对于声誉的定义更为具体:"声誉是公众对于某人性格或其他品质的总体评价,是对某人或某物的相对评价或尊重。"而学术界对于声誉的界定一直存在分歧，没有形成统一的概念。有些学者围绕声誉的主体展开研究，如鲍迈斯特（Baumeister，1982）以及乔亚和森斯（Gioia 和 Sims，1983）提出声誉是以公众为基础的，因此是与团体相关的现象。而罗森等（Rosen 等，1990）以及多波和卡普兰（Doby 和 Kaplan，1995）则认为声誉的主体是个人，近似于个人评估。特苏（Tsui，1984）则认为声誉既可以是个人也可以是群体所持有的一种认知。

对于声誉现象本身，有学者认为它是一种可以量化的客观信息，是人们对于声誉主体所搜集的信息；也有学者认为声誉的主观性更强，认为声誉是人们的印象和认知以及质量信号的反映。梅休等（Mayhew 等，2001）将声誉定义为历史行为的表现；赫比格等（Herbig 等，1994）则认为声誉既是个人特性的表现，也是对历史表现的反映。经济学研究者借助博弈论研究声誉，以 KMRW 的标准声誉模型和霍姆斯特姆（Holmstrom，1999）的代理人市场声誉模型为代表，认为声誉是一种相互作用的机制，声誉的建立是一个长期动态重复博弈的结果，声誉是随着历史的累积而产生的，是反映主体信息质量的一种信号，该信号随着声誉机制而在公众中传播。

现有对于声誉的研究，主要集中在对组织或企业个体声誉的方向。魏格尔特和艾梅里尔（Weigelt 和 Amerer，1988）认为声誉是企业的一组特性，源于企业过去的行为；沃特克（Wartick，1992）认为声誉是单个利益相关者感知到的组织反应对于众多组织利益相关者的需要和期望的满足程度的集合体；赫比格（1993）、米勒维茨（Milewicz，1993）认为声誉是各群体对于企业过去行为的一种整体的认知判断。诸多对企业声誉的定义中以弗希伦（Fombrun，1996）的定义最为被人们广泛接受和使用，他认为企业声誉是与其他处于领导地位的竞争者相比较，企业的过去行为和将来对于其所有利益相关者的整体吸引力。

二 集体声誉

在现实生活中，通常我们对一个完全不了解的个体只能通过其拥有的职称、学历、学位、称号等集体性标识作为依据来形成判断。例如"这个演讲者是教授""这个应聘人员毕业于某名牌大学""拥有某种学历"，"这家企业拥有某某名优称号"等。但是实际上拥有教授职称的人其科研水平和教学技能可能有高有低，名牌大学毕业生也并非都是高质量的人才，同等学历获得者往往是龙蛇混杂，而拥有"名优"称号的企业不一定能够提供高质量的产品或者服务。由此可见，如果社会公众无法区分某个人的个体属性时，将只能根据其拥有的某些共性标识来形成对该个体的模糊判断。而拥有共同标识的个体，却可能分属不同的类型。这些由多个个体共享的共同标识在经济理论中称为集体声誉，是声誉理论研究的一个新兴前沿。

泰勒（1996）最早提出集体声誉的概念，其认为集体声誉存在以下四个特征：第一，组织的声誉只有其成员均质地拥有。每个成员具有个体特征，如天分、勤劳或者诚实。过去个体的行为传达这些特征的信息而且产生个体的声誉。第二，相比于群体的特征，个体的过去行为是不完美被观测的。如果个体过去行为完全未被观测，集团中的成员将没有动力维持他们的声誉，因此集体总是被期望为坏的。相反，如果个体行为被完美地观测，那么集体声誉将不起作用。因此，个体行为的不完美观测成为集体声誉的基础。第三，组织成员过去的行为构成组织当前行为的条件，而且因此能够被预测成员个体的行为。因此，每个成员的福利和动机受到组织声誉的影响。第四，如果我们进一步假定组织的年龄，或者组织相互作用的频率，或者过去虚假行为的数量是不完美观测的，自我再生的组织是混合的，因此，组织中新成员依赖于老成员过去行为的影响。

王弗里和麦克拉斯基（2005）认为集体声誉是一种准公共物品，斯泰利奥斯和扎里多普勒（2006）认为集体声誉为集体内所有企业共享，由其他组织机构所感知，体现为企业通过在自身领域长期专业表现的积累而赢得的信誉。张琥（2008）认为如果社会公众无法区分某个人的个体属性，将只能根据其拥有的某些共性标识来形成对该个体的判断，这些由多个个体共享的共同标识在经济理论中称为集体声誉。总体而言，这些文献对于集体声誉的定义较为相近，而泰勒（1996）的定义最为详尽，在为数不多的随后研究中，伊万斯和吉南（2007）、里文（2009）、萨克（2011）、王弗里和麦克拉斯基（2005）以及陈艳莹和鲍宗客（2014）等都沿用泰勒（1996）对集体声誉的定义。

第二节 集体声誉的产生根源

一 外部环境与集体声誉形成

外部环境是集体声誉形成的基础条件。集体声誉形成的外部环境可以分为硬环境和软环境两类。硬环境包括地区的基础设施以及与集体声誉行业相关联的产业链条，硬环境是某一行业集体声誉形成的基础。完善交通基础设施能够较大地缩短运输的时间，节约运输成本和提高供货的效率；发达的网络通信设施则拓宽了消费者对产品认知的渠道，增加了消费者接触产品的机会，提高了厂商和消费者沟通的效率。与集体声誉行业相关联的产业链条主要包括原材料、中间品、产成品等一系列的专业化市场，加之研发机构、行业协会等独立部门，以及金融中介、资本市场等三方部门。这些关联的产业部门能够为集体声誉的形成提供重要的支撑，专业化市场使得集体声誉产品在市场上流动更为方便，产品兑现更为容易；研发机构、行业协会等部门为集体声誉的产品提供质量保证，减少消费者和企业之间的信息不对称程度；专业化的金融中介等三方部门能够为集体声誉的成员提供更好的金融服务，为企业提供良好的财务管理。

集体声誉形成的软环境主要包括地区的自然环境、传统工艺和产地文化三方面（曹琳，2012）。这三方面的软环境形成了各自特色的集体声誉行业，自然环境一般与因产品的天然属性而具有集体声誉的特征息息相关，这些集体声誉行业只有存在于特殊区域的自然环境下才能形成，某一地区的气候如光照、温度、海拔高度，甚至是特定地区的原材料会对产品的生产产生重大的影响，卡斯托（2011）使用意大利酿酒业的样本证实了集体声誉形成的这一影响因素的显著性。为突出某一地区自然因素的重要性，由自然因素原因所引起的集体声誉行业的命名通常是"地区名+产品"的形式。

二　产业集群与集体声誉形成

产业集群理论认为，产业集群是集体声誉形成和发展的载体，产业集群内在优势的集合按特定的方式相互作用、有机结合，是形成集体声誉的基础、导向和动力，集群的发展又提升了集体声誉的存在感和知名度，产业集群的形成过程必然伴随着集体声誉的形成。瑞士手表、波尔多葡萄酒、日本动漫、意大利皮具、法国香水等知名集体声誉的形成都是伴随着产业集体形成而享誉全球。

第一，集群的根植性是集体声誉形成的基石。产业集群的主要特征是嵌入性和根植性，新的成员进入集群内部会和其他成员之间形成互动、共同作用，能较快地融入集群中，能够表现出内生性、共生性和根植性。在集群中，大量同质性较强的中小企业集聚在某一地区，形成了密集的要素集聚和专属的产业结构。随着时间的推移，这种集群的根植性逐步转化为一种现象，而且慢慢地被消费者所了解、认知以及形成一种独有的印象，经过长时间的发展和累积深深地凝结在消费者的意识中，这样也就形成消费者对某一产业集群的独特感知。那么，一个产业集群就意味着一个声誉，这是产业集群集体声誉形成的初级形态。

一般而言，形成集体声誉的产业集群往往拥有某些特殊的占优性资源或者稀缺资源，这种资源是集群企业之间获得核心竞争优势的关键。产业集群形成后的市场份额、产业的集中程度、行业的规模是集体声誉影响力大小的关键。一方面，集群的产品若缺乏竞争力和市场占有率，产品的集体声誉不可能形成；另一方面，集体声誉形成后能否持续不断地增加声誉的影响力，更加依赖于产业集群的规模和产品的影响力。因此，作为集体声誉的有形资产主体，产业集群的规模直接制约着集体声誉的影响力。

第二，集群内部成员共同形成和维护集体声誉。一方面，产业集群的产业链有助于集体声誉的形成。一般而言，产业集群拥有完整的产业链，集群集聚了大量的上下游生产企业、科研院所、中介、行业协会等，拥有完善的配套服务支撑体系，这种集群的外部经济和规模经济效应使得内部成员节约了很多搜索成本、营销成本和财务成本，从而获得了低成本的竞争优势。这种完整的产业链条既是影响产业集群效率的关键，同时又是集体声誉形成的重要因素。另一方面，集群的整合性亦是形成集体声誉的关键。在产业集群中，由于技术、资金、市场等多方面因素的制约，众多生产企业属于小企业，这些企业并没有单独创建品牌的能力，因此，企业之间需要依赖于相互之间的竞合关系来增加协同的规模收益。在这种情形下，集群所特有的整合中小企业的功能就成了形成集体声誉的关键，集群化有利于将企业之间的共同利益聚合在一起，增加集群的凝聚力，从而形成一种集体声誉。

拉久（Lodge，2002）通过对加拿大和新西兰两个产业集群的集体声誉研究表明，产业集群内部成员之间的"合作性"是形成集体声誉的关键。在产业集群的形成和成长期中，集体声誉的形成过程实质上就是集群内部成员之间专业化分工、协作，形成动态价值链的过程。国内学者如肖志明（2011）、沈鹏熠和郭克锋（2008）、胡大立等（2006）对众多集体声誉的研究均表明，集群内部成员之间的合理分工、协作是集体声誉形成的重要因素。

三 个体声誉受阻与集体声誉的形成

已有文献表明，个体企业在市场中的不可追溯性导致的个体声誉机制失效是集体声誉产生的前提，集体声誉是对个体声誉的一种替代。个体声誉机制失效的本质是个体声誉信号的形成、发送以及接收环节出现某种障碍，这些障碍使得声誉无法成为有效的识别信号，丧失信号传递的功能。这部分将从个体声誉信号发送、接收两个方面来分析行业的集体声誉是如何形成的。

（一）个体声誉信号发送受阻

信号传递理论认为，拥有信息优势的一方会采取某种行动向不具有信息优势的一方的发送信号，来减少市场的逆向选择行为，从而改变市场的信息状况。声誉是能反映主体信息质量的一种信号，具有信号传递功能，能够有效降低信息接收者的搜寻成本。

良好的声誉能够为企业带来产品的溢价、销售的增长、融资的便利等诸多好处，因此，一般而言，企业都存在投资个体声誉的动机。事实上，个体声誉的形成和声誉机制有效发挥作用都需要一定的条件。大量的企业，特别像农产品企业、小型微利生产企业等，一方面，基于其自身的特点，经营者思想观念滞后、管理模式落后、品牌意识淡薄，经营短视行为较为突出；另一方面，企业创建声誉的激励来源于消费者对企业、产品品牌的认可以及愿意为品牌产品支付更高的溢价，用该溢价来弥补企业创立品牌所承担的经营费用。然而，对于这些小企业而言，创建个体声誉所承担的经营费用是巨大的而且是不可逆转的，而这些企业又没有形成足够的规模优势将成本最小化地分摊到其产品之中。因此，这些企业不愿意也没有能力进行品牌的开发和建立个体声誉，个体声誉形成的动力不足。

进一步，个体声誉信号有效发送必须满足两个条件：一是交易重复发生。由于考虑到声誉的破坏有损长期的利益，违约的情况可能就不会发生。所以，信用双方只有通过重复博弈建立起长期的信用关系，才会使"囚徒困境"中的双方最终走向合作，减少企业的机会主义行为。事实上，这一条件能否得到满足与行业内的异质性强度息息相关。当行业内的同质性较强时，个体企业仅仅是众多同质企业中的一个组成部分，这种行业属性决定了消费者无法识别单个企业的产品质量，能够获得的只是行业内所有企业生产的产品质量的平均水平。消费者在选择生产企业进行交易时存在相同的概率，消费者的转换成本极低，这意味着消费者的选择行为具有一定的随机性，消费者再一次选择合作伙伴的概率和上一次的选择是一样的。在这种情况下，交易重复发生的可能性就大大降低。当行业内的异质性很强时，个体企业在行业内是独一无二的，其产品是其他企业无法替代的，消费者对产品的需求一旦建立，就存在很强的忠诚度，消费者面临的转换成本很高，因此，双方交易重复发生的可能性很大。

二是市场信息低成本地迅速传播。个体声誉信号不仅仅要被与其有过交易行为的消费者所感知，而且还要被市场中其他消费者所识别，否则，声誉信号的发送是不充分的。并且，这两类消费者获取个体声誉信号的成本应该不存在较大的差异，否则，声誉信号的发送不是有效的。事实上，这一条件能否满足与行业的信息传播渠道存在很大的关系。对于声誉缺失的企业，无法总能由单一的有过交易行为的消费者对其进行惩罚，这种惩罚强度是不足以抵消企业机会主义行为获得的收益的。此时，需要市场中其他消费者对其进行集体地惩罚。那么，这就意味着市场中的声誉信息需要及时而且是低成本地迅速在消费者一侧进行传播。

总体而言，一旦企业建立个体声誉信号的激励不足，或者个体声誉信号不能有效地发送，那么，消费者和企业之间的信号传递是受阻的。在企业的个体信号传递受阻而消费者又存在需求动机时，此时，消费者通常会对某一产品所在的集体形成一个共同的判断。对于企业而言，这种公共的判断对企业的成本要求是不高的，出于成本收益的考虑，企业之间也会有意识地向这一公共的判断靠拢，大量同质性较高的企业就会出现一种抱团取暖的现象，那么，一种产品在某一范围就逐渐形成集体声誉的特征。

（二）个体声誉信号接收受阻

个体声誉信号接收实质是消费者对企业声誉的感知。一般而言，消费者能够对市场中的企业形成一个大致的判断，如苹果公司是电子产品行业的龙头企业、工商银行是全球规模最大的银行等。

消费者对企业声誉信号的接收受到两个方面的影响：一是消费者的个体特征。个体特征包括消费者的性别、年龄、教育程度以及收入水平等。个体特征不同的消费者，对企业声誉信号接收的难易程度和类型都存在差异。如随着年龄或者教育程度的增长，消费者对个体声誉信号的认知也会提高，对声誉信号的接收也会更加容易。相比于男性，女性消费者对日常生活用品企业声誉信号的接收会更加频繁。

二是消费者搜寻声誉信号的动机。信息搜寻是指消费者为解决消费问题有意图地激活记忆里所存储的知识或者在周围环境中获得有价值信息的过程。依据信息搜寻来源的不同，信息搜寻可以分为内部搜寻和外部搜寻，内部信息搜寻是对自身已有储存知识的搜索，这种搜寻获得的信息成本是较低的，外部搜寻则需要借助外部的介质而获得信息，如口碑、媒体广告信息、专业书籍甚至是咨询公司等。这种信息搜寻的过程取决于消费者搜寻行为的成本收益，一方面，如果单个消费者对企业产品的需求量小，交易发生的频率低，或者产品的价格非常低，那么，消费者就不会依赖于特殊的搜寻渠道，而仅仅通过内部搜寻获得。倘若内部搜寻无法获得信息，消费者也不存在搜寻个体声誉信号的动机。另一方面，如果行业内企业之间的同质性非常强，企业的个体声誉在形成上存在某种障碍，或者个体声誉的发送渠道不畅通，那么，消费者的搜寻成本就会非常高。消费者搜寻企业个体声誉信号的动机也会不足。

一旦信息接收者在接收个体声誉信号时受到阻碍，消费者就无法区分不同产品的质量属性，其只能寻找一种对个体产品质量信号的替代，被动地对个体所组成的集体性标识进行模糊的判断，如"这个手表是瑞士制造的""这个大枣产地为和田"等。不过，相对于个体声誉信号形成，个体声誉信号接收受阻并不能直接形成行业的集体声誉，而只能起到间接的、强化行业集体声誉的作用。

第三节 集体声誉的模式划分

一 依据发展阶段划分

依据集体声誉的发展阶段划分，可以将集体声誉划分为覆盖型和依托型模式。覆盖型模式是指在集体声誉发展初期，集体由众多同类产品的同质性生产成员所组成，这些成员在规模、产量、价格等方面都非常相似，大量的同质性企业在消费者心中形成一种集体的覆盖。在集体声誉发展成熟时期，集体声誉已经满足不了部分成员的需求，部分成员急需进行差异化的发展，扩大生产规模、提高产品质量、增加附加值等，这些成员有足够的动机和能力建立企业的个体声誉。依托型模式是指在集体声誉内部，存在特别有实力的龙头企业,以个别企业良好的声誉为依托,以个体声誉和集体声誉相互交替作用,形成"你中有我,我中有你"的交互模式。覆盖型模式的特点是集体声誉内部无个体声誉,内部成员多以中小企业为主,发展模式表现为贴牌生产、原产地标签、地理标签等,如"狮岭皮具""大唐袜业""寿光白菜"等。依托型模式的特点是集体声誉内部形成部分知名企业的"品牌群落"效应,依托这些知名企业对其他成员产生联动效应,从而使得集体声誉的知名度得以再次提升,如"日本电器"中的"松下""索尼"等知名企业,"瑞士手表"中的"劳力士""江斯丹顿""百达翡丽"等知名品牌。

事实上,覆盖型和依托型模式相当于质变和量变的关系,在覆盖型模式中,集体声誉规模在数量上达到了一定范围后,内部成员的效益就会受到挤压,集体声誉就会产生拥挤效应,为获得市场的机会,部分内部成员就会寻求差异化的发展策略,个别成员开始建立自己的声誉达到质变的过程,多个成员的质变过程就形成了依托型的模式。

二 依据主导主体划分

依据集体声誉的主导主体的不同,可以将集体声誉划分为企业主导模式、政府主导模式和行业协会主导模式。

(一) 企业主导模式

企业主导模式是指围绕集体声誉内某一占优势的成员进行供应链的配套,从而进行完整的相关产业的布局,通过龙头企业、优势企业的示范效应,从而形成集体声誉的影响力和知名度。那么,在这种模式中,企业处于支配地位,政府仅为集体成员提供适度的政策支撑和良好的环境氛围,如完善的基础设施、良好的投资环境等。这种模式特别适用于拥有良好的产业基础或者产业集群的地区,特别是在这一地区存在知名的企业。如以温州"专业镇"为代表的轻工业产业集群。

在企业主导模式中,根据企业影响力的差异,可以将企业主导模式进一步划分为以下三种类型:一是名牌带动型,是指通过区域内名牌产品或知名企业品牌的带动,形成产业链上大量企业的集聚和配套分工。通过集群企业品牌知名度的提升和知名企业品牌数量的增加,实现区域新品牌竞争力的增长。因此,该模式可以分为企业名牌化、名牌区域化和区域品牌化三个阶段。该模式下,区域品牌营销的主体是品牌企业或企业联盟,即以企业品牌营销的方式来管理区域品牌。通过知名企业品牌的知名度和影响力,实现吸引集群外企业加盟的效果。

因此,该模式不仅要求核心企业拥有较高的市场影响力和知名度,同时应具有在资源、技术或文化传统等方面的沉淀(比较优势)。在区域品牌的产权界定上,该模式要求核心企业对区域品牌拥有绝对的支配能力,并制定外围企业使用该区域品牌所需要符合的要求或技术标准,以此来建立区域品牌的公信力。

二是中小企业集群发展模式。中小企业集群发展模式在我国是较为常见的一种模式。它是由区域内众多中小企业围绕特定资源或某一主导产业形成的,企业之间分工协作、优势互补的网络化集群。该模式的特点在于集群所依靠的特定资源(自然资源、文化传统等)以及企业之间的关系网络,因此分工体系和产业链条相对完整,创新与学习环境良好。在该类模式中,中间层组织或行业协会的作用较为明显,通过品牌注册、经营与管理,协调企业间的利益关系,实现区域品牌的维护与管理。

三是基于集群优势的产业链整合模式。该模式多形成于工业化和市场化程度较高的区域。该区域内拥有一个或多个具有较强竞争优势或市场影响力的企业品牌,因而更容易吸引辅助性机构和产业链上下游企业围绕该企业或企业群形成完整的产业链,从而在政府的因势利导下容易形成所谓名牌群落。该模式常见的表现形式有两种:一种是"强强联合"型,如青岛电器集群就汇集了"海尔""海信""澳柯玛"等知名品牌,并实现了由企业品牌到名牌群落进而到区域品牌的升级路径,形成以家电产业为特色的区域品牌影响力;另一种是"强带弱"型,即由集群内的龙头企业或知名品牌通过制定行业规范或标准,对集群企业进行横向整合,从而形成具有良好市场反应和竞争力的区域品牌,其典型案例是浙江柳市的正泰电器品牌。"正泰电器"是由温州正泰电器公司注册并管理的,由八百多家中小电器企业加盟的以"品牌俱乐部"形式共享的区域品牌。正泰电器公司负责对加入品牌共同体的中小企业的产品质量规格进行监督检测,在符合质量规格标准前提下授予其品牌使用权。加入"正泰电器"品牌俱乐部的中小企业须遵守正泰电器公司的产品技术质量标准,并支付一定的品牌使用费。该区域品牌模式特点是产业基础和市场基础良好,同时政府大力扶持,属于比较稳健的区域品牌发展模式。

(二) 政府主导模式

政府主导模式是指地方政府对区域内的特色产业进行合理的整体规

划，划分产业园区形成特色产业集聚，通过优化产业结构，促进产业园区的整体产业升级，从而达到形成具有相当影响力的集体声誉。政府主导模式的特点是表现出强势的政府支配地位，而园区内的企业则属于从属和被动的地位；这种模式具有很强的指令性，执行力度强，可以较大程度地调动地方政府在招商引资、财税政策、优惠法律法规方面的积极性。这种模式特别适用于在地区尚未形成知名的企业品牌、核心产业还尚处于建立的地区发展，使得地方的集体声誉从没有到逐步形成。具体的，可以将政府主导模式分为以下三类：一是政府强势引导下的项目拉动培育模式。顾名思义，该模式实现的关键在于政府的引导和推动，以各类产业园和工业园为例，一般有行政主管部门划定区域并给予相应优惠政策，从而吸引外部投资和企业加盟；或围绕区域内某一主导产业形成"中—卫"型的配套产业链，借助主导企业（产业）的号召力，加速区域品牌的形成。该模式多现于高新技术产业或专业化分工体系和价值链体系突出的产业，如汽车、电子和石油化工产业等。

二是政府经营管理型区域品牌培育模式，是指政府通过对区域产业的宏观规划与管理，或设立相关主管机构专门负责区域品牌的申报、注册、宣传与管理等，逐步提升集群企业的知名度，培育知名企业品牌，最终实现区域品牌整体影响力的提升。该模式的特点在于政府在区域品牌的培育过程中居于主导地位，政府或其委托机构负责进行区域品牌的定位、注册、传播、维护和管理，并通过制定集群产品质量与服务的统一标准，对集群企业进行品牌使用权的委托与转让。因此，该模式是在应用企业品牌化方法来管理区域品牌，但由于政府、集群与企业在自身品牌定位上的差异，难以避免地会在品牌营销过程中出现冲突与差异。

三是区域形象提升区域品牌培育模式，这种模式有赖于区域内广为人知的自然资源、地理区位或文化传统，从而可以得到消费者的认可，拥有较好的口碑和美誉度。因此，该模式通常是在政府主导下，通过对区域内自然、人文资源的整合，实现区域内相关产业的发展与提升，塑造区域品牌。该模式适用于那些已经具备一定产业基础或品牌形象的区域，但需要在一股主导力量指引下，实现区域内相关资源的整合或品牌形象塑造。因此，应该以地方政府为主导，通过各部门共同合作实现区域传统产业的改造、升级与竞争力提升，从而拓展区域的影响力和知名度，使区域品牌得以建立。

(三) 行业协会主导模式

行业协会主导模式是指集体声誉内部成员以自愿或者政府引导的方式组建相关行业的协会，对集体声誉的发展、产品的技术标准以及与外部的沟通合作进行统一的规划、指导，在集体声誉内部成员之间建立起沟通、对话的渠道以及合作的机制。在这种模式中，行业协会处于支配地位，地方政府起到服务型政府的作用。这种模式特别着重于集体声誉的维护和宣传，看重集体声誉的宏观定位和长远规划。

沈鹏熠和郭克锋（2008）认为这三种主导存在相互转化的发展规律，在条件允许的情形下，集体声誉会沿着"政府主导模式"到"企业主导模式"再到"行业协会主导模式"这样的路径转变。

第四节　中国认证行业的集体声誉特征

目前，中国的认证行业基本符合泰勒（1996）关于集体声誉的定义：第一，相比于行业的特征，认证机构个体的认证行为是不能被市场完美观测的，具有不可追溯性；第二，认证机构过去的认证行为构成了消费者判断当前认证行为的条件，可以用过去的认证行业认证质量判断当前认证机构的个体认证行为；第三，新成立的认证机构受到在位认证机构过去行为的影响，认证行业的集体是混合再生的；第四，每个认证机构都分享认证行业的声誉水平。不过，中国认证行业的集体声誉特征存在独特的表现形式，如图3-1所示。制度外生性和行业的双边性是其他行业的集体声誉特征所不具备的。接下来，这部分将着重分析中国认证行业集体声誉的外生性和双边性。

一　外生性

一般而言，由于农产品的个体不可追溯性在市场中表现得最强，集体声誉的特征在农产品行业中最为常见（王弗里和麦克拉斯基，2005），如"华盛顿苹果""寿光白菜"等都具有集体声誉的特征。传统集体声誉特征是行业内生的，一方面，由产品的自然属性而产生，如产品生长所需要的特殊的自然环境，某一地区的气候如光照、温度、海拔高度，甚至是特定地区的原材料会对产品的生产产生重大的影响（卡斯托，2011），这些自然属性导致了某一地区的产品在口感、色泽、质量等方面显著优于其他

第三章 中国认证产业集体声誉的特征和成因

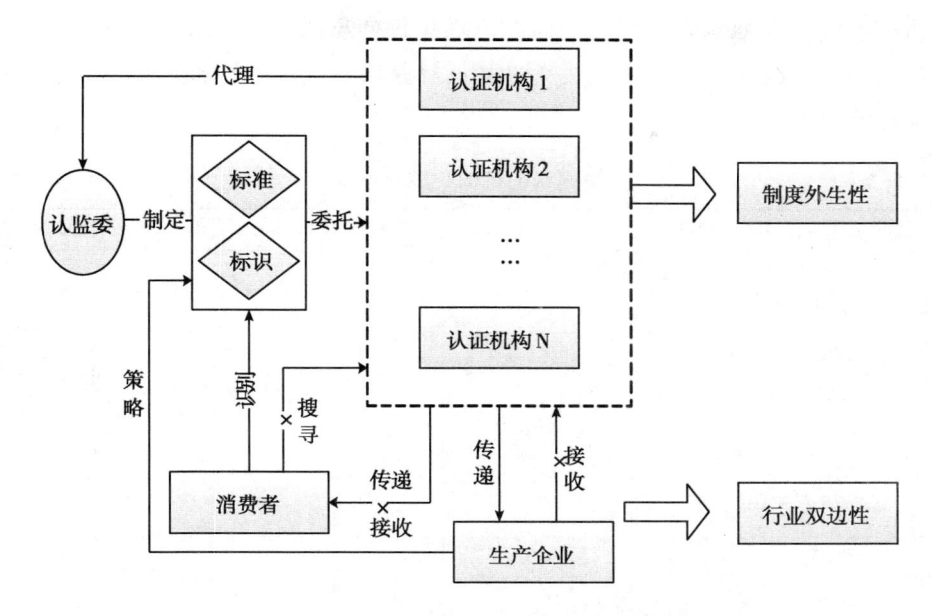

图 3-1 中国认证行业集体声誉的特征

产品；另一方面，由集体内生产企业的特征所产生，生产企业规模普遍偏小，产品分散生产，每个生产企业都不能形成绝对的规模优势，这种特征会导致公众无意识地对集体产生一个共同的判断，从而内生地产生集体声誉。

在中国的认证行业中，虽然认证产品的自然属性并不具备集体声誉的特征，但是在宏观的制度性设计下，中国的认证产业嵌入了外生的集体声誉特征，每个认证机构给生产企业颁布的认证标识是认监委统一设计的，执行的认证标准是认监委统一制定的，认证机构只是认监委检验产品质量的代理机构。与传统的集体声誉相比，外生集体声誉约束下的中国认证行业存在独特的特征：一方面，集体声誉内的成员具有特殊的散点式的地域分布特征，如表 3-1 所示，认证行业的 175 家认证机构分布全国 30 个省、市、自治区，有的个别省份只有一家认证机构，甚至没有认证机构，如广西、云南、贵州等地区还没有设立认证机构。相隔最远的两家认证机构的直线距离达到数万公里，而不像在天然集体声誉特征下，所有的成员密集地分布在某一特定的区域；认证机构间的所有制异质性很强。另一方面，认证机构间的所有制存在着差异，由于各个区域的市场化水平存在巨大差异，在市场化程度低的地区，有些认证机构还隶属于体制之内，或者属于自收自支的事业性单位,而在市场化程度高的地区,认证机构基本上都已经完成改制,或者在其成立之初已经是市场化运行,部分认证机构甚至是外资控股。

表3-1　　　　　　　中国认证机构数量的分布　　　　　　（单位:个）

省、市、自治区	数量	省、市、自治区	数量	省、市、自治区	数量
安徽	1	山东	4	广西	0
北京	86	上海	24	内蒙古	0
福建	1	深圳	3	青海	0
甘肃	1	四川	2	江西	1
广东	5	天津	2	河南	1
河北	4	新疆	1	贵州	1
黑龙江	1	浙江	6	合计	175
湖南	1	重庆	1		
吉林	2	西藏	0		
江苏	7	湖北	1		
辽宁	3	云南	1		

注:数据截至2014年12月1日;认证机构归属划分的依据为总部所在地。

二　双边性

双边市场是指两种类型参与方需要通过中间层或平台进行交易,每一类参与方通过共有平台与另一类参与方相互作用而获得价值,一类参与方加入平台的收益取决于加入该平台另一类参与方的数量[阿姆斯壮（Armstrong,2006）]。在认证市场中,一方面,认证机构向企业生产方收取认证费用,对产品进行质量认证;另一方面,认证产品的主要需求方是消费者,消费者依据认证机构的质量证书从而决定是否与生产企业的产品发生交易。因此,认证行业具有典型的双边市场特征。

事实上,中国认证行业的集体声誉特征在这两侧都有不同程度的反映。在消费者一侧,一方面,消费者购买的认证产品中,只显示统一的认证标识,如有机食品认证、绿色食品认证标识等,消费者只能识别到某种产品经过某种统一的认证,而观测不到这种统一认证标识的背后具体是由哪家认证机构进行的认证。那么,认证机构在消费者眼里就相当于"隐形人"的角色,消费者无法直接识别每个认证机构的认证质量和认证行为。

另一方面，即使在认证产品印有出具认证证书的具体认证机构，由于认证产品的需求方是个体消费者，个体消费者的特点是需求量小，单个个体分离，消费者无法形成合力，基于成本收益的考虑，个体消费者往往没有意愿对认证机构的规模、资质、诚信等个体声誉信号进行搜索，消费者搜寻认证机构个体声誉的动力也是不足的。因此，中国认证产业在消费者一侧存在很强的集体声誉特征。

在生产企业一侧，与无法直接识别认证机构个体身份的消费者不同，在中国的认证市场中，生产企业在决定申请某种认证证书后，可以在具有资质的多家认证机构进行选择。换句话说，生产企业和认证机构是一对一的服务关系，并不存在常见的导致集体声誉特征的厂商不可追溯性的问题。

不过，在中国认证市场普遍存在的一种现象是，生产企业申请认证的首要动机是证书的经济效益，将认证视为一种简单的成本投入，通过认证获得产品的溢价、提升企业的品牌、扩展更大的市场份额。相反，生产企业并没有将产品通过质量认证视为一种社会责任，其并不直接关注信号传递效率、产品质量的改善、环保以及员工健康方面的动机。那么，生产企业在选择认证机构合作时，只注重认证机构是否能够为其颁发合格证书，以及在多大的成本上得到这一证书，并不关心认证机构的个体认证质量和声誉的好坏，甚至还主动寻求偷工减料、弄虚作假的劣质认证机构。换句话说，生产企业看中的是其产品是否具有这种证书，而不关心出具这种证书的具体认证机构。因此，生产企业不存在搜寻个体认证机构声誉的动机，认证机构在生产企业一侧的个体声誉逐渐被弱化。

总的来说，中国的认证行业在消费者和生产企业两侧都存在着集体声誉的特征。不过，这两侧集体声誉存在一定的差别，一方面，消费者一侧的集体声誉特征强度要大于生产者一侧的集体声誉；另一方面，消费者一侧的集体声誉特征来源于宏观制度层面的影响，属于一种"被动"的无法追溯个体认证机构；而生产企业一侧的集体声誉则来源于生产企业申请认证的动机，属于一种"主动"的不愿追溯个体认证机构。

第五节　中国认证行业集体声誉的制度性成因

制度性的宏观框架是中国认证产业集体声誉形成的直接原因，导致了集体声誉的外生性特征。那么，宏观的制度背景是如何具体影响集体声誉的形成的？本节将详细分析中国认证行业集体声誉特征的形成过程，具体分析认证行业的各项制度对集体声誉形成的影响，包括行业的认证标准、市场准入制度和认证机构违规的惩罚制度。

一 行业认证标准

中国的认证产业兴起于20世纪80年代中期，伴随着市场化改革和国际大环境的影响，中国的认证产业获得了飞速的发展。作为解决消费者和企业间因信息不对称导致的逆向选择问题的一种重要机制，认证在保证产品质量、保护消费者权益、促进市场运行、加强国际间交流合作等方面发挥了重要作用，对宏观经济和市场经济的影响日渐突出。

然而，由于体制上的原因，中国的认证制度由不同部门分别引入，国家质量监督局、国家出入境检验检疫局、地方政府，甚至卫生、工商部门都开展认证业务。在多头管理的背景下，认证行业面临着一系列的突出问题，如重复收费、重复认证、多重标准、监管不力等。这些问题的存在不仅使得认证市场秩序混乱，认证机构的质量和声誉受到破坏，同时也阻碍了国家对认证机构、认证产品的直接监管，甚至影响了中国对外的经济交流，成为加入世贸组织谈判的焦点、影响谈判进程等。

为解决多头监管的问题和加入世界贸易组织的需要，国务院对中国的认证产业进行了重大的市场化改革，将国家出入境检验检疫局和国家质量技术监督局合并为国家质量监督检验检疫总局，成立由国务院授权、国家质量监督检验检疫总局归口管理的国家认证认可监督管理委员会（以下简称"国家认监委"），由国家认监委对全国范围内（港澳台除外）的认证认可工作进行统一的管理、综合协调和监督。此外，按照各有关部门共同协调的工作方针，逐步建立了23个部委局参加的认证部际联席会议制度和专家咨询委员会。改革后的中国认证认可体系如图3-2所示。

国家认监委成立之后，行业认证标准可以概况为以下两点。

（1）统一的认可体系，中国只设立一套认可制度，重新组建了认证机构、实验室、认证人员与培训机构三个认可委员会及秘书处，成立了认证认可专家咨询委员会和全国认证认可标准化技术委员会。认可机构必须由国家认监委确定，未经国家认监委批准，其他任何单位不得直接或变相地从事认可活动，国家认监委授权中国合格评定国家认可中心作为唯一的认可机构，独立开展认证机构能力资格、实验室能力资格、检查机构能力

第三章　中国认证产业集体声誉的特征和成因

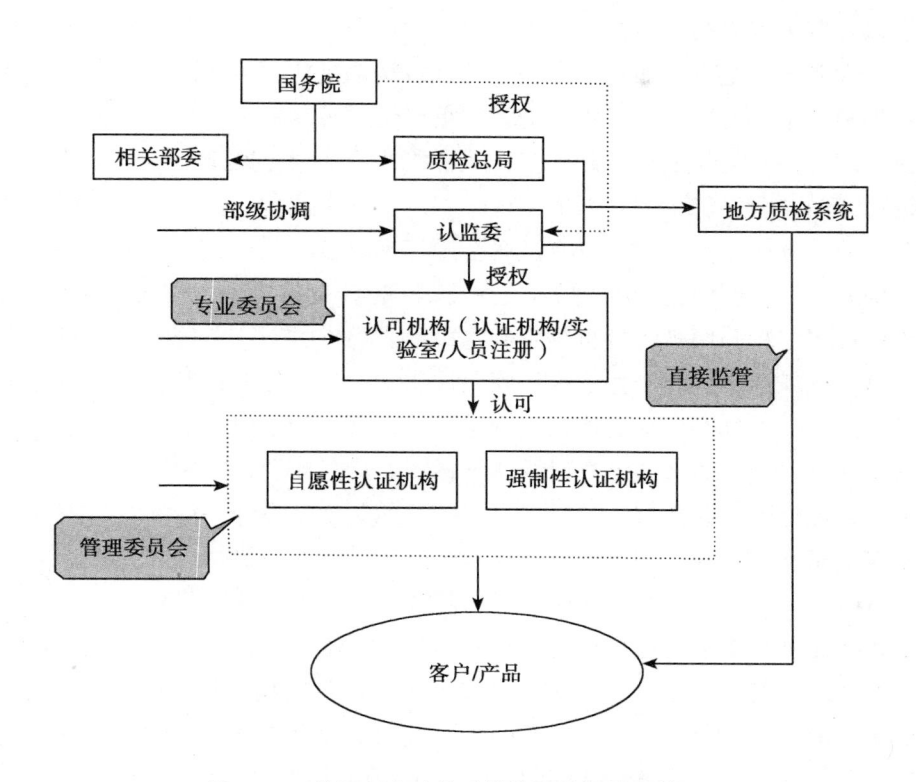

图 3-2　认证制度改革后的中国认证认可体系

资格的认可活动。比如在实验室资质评价体系中，组织出入境检验检疫实验室贯彻 ISO/IEC17025 标准，将出入境检验检疫实验室注册考核制度改为全国统一的实验室认可和计量认证制度。这就意味着认证机构取得认证资格的唯一途径是获得中国合格评定国家认可中心的审核批准。

（2）统一的认证标准，国家公布统一的目录，确定统一适用的国家标准、技术规则和实施程序，制定统一的标志标识，规定统一的收费标准。国家质检总局详细规定了自愿性和强制性产品的认证标准。在强制性产品认证中，制定了 73 份列入目录内产品的强制性认证实施规则，包括 22 大类、158 种涉及健康、安全、环境保护和国家安全的重要工业品实施强制性产品认证制度（CCC 认证）；在自愿性产品认证中，制定了食品安全管理体系、绿色市场、ISO9000、ISO14000、OHSAS18000 及有机产品、无公害农产品、饲料产品、软件过程等认证标准。

可以说，中国的认证标准是依靠政府的力量自上而下建立起来的，这和以美国为代表的发达国家在市场演进的过程中自下而上的自发演变存在着巨大差异,主要有两点:第一,认证机构取得认证资质的唯一途径是获得中国合格评定国家认可中心的审核批准,这种认证资质仅是认证标准的执行权,而不是认证标准制定权,认证机构只能根据既定的认证标准对申请认证的企业进行检查并颁发认证证书。这和美国的认证制度存在巨大的差别,一方面,美国政府没有主管全国标准化工作的机构,许多政府部门分别从事自己领域的标准化工作,美国试验和材料协会、美国石油学会、美国机械工程师协会等各自分别制定标准;另一方面,美国的认证机构可以自设认证标准,有四百多家民间团体制定了约9万个标准,几乎覆盖了所有的产品。这些认证机构以其制定的认证标准为申请认证的企业进行认证,并发放相应的认证证书以及认证标识。这意味着,在中国的认证机构中,认证标准的制定权和执行权存在特殊的制度性设计,标准执行权和制定权是相互独立的,认证机构仅仅是政府部门的代理机构。

第二,消费者观测到的认证标识是统一的。虽然认证机构向企业颁发的认证证书注明了认证机构的名称,但是在市场中,消费者只能观测到印在产品中的统一认证标识,如CCC认证、有机产品认证等,而不能观测到认证证书,而且,在获得批准的认证机构之间并没有排名、等级以及优劣之分,这就意味着申请认证的企业向市场中任何一家认证机构申请认证获得的效用是均等的。在美国的认证产业中,一方面,每家认证机构均有独立可识别的声誉,如UL、NIST等属于权威的认证机构,有独立可区分的认证标识,获得认证的产品在市场中享有较高的声誉;另一方面,美国的行业协会、中介机构以及其他非营利机构会为认证机构的质量进行排名,而且这些信息可以较为容易地传递到消费者一侧。

总的来说,现阶段中国的认证标准使得认证机构在市场上变成了"隐形人"的角色,认证机构的个体声誉信号无法在认证市场中进行畅通的传递,消费者接收信号的渠道受阻。那么,行业认证标准是导致中国认证行业存在集体声誉特征的直接原因。

二 市场准入制度

市场准入制度指监管主体批准企业主体进入行业从事某种商品的生产经营条件、程序和方式的多项制度规范的总称,包括市场主体资格的实体条件和取得主体资格的程序条件,其表现是国家通过立法,规定市场主体资格的条件及取得程序,并通过审批和登记程序执行。近年来,行业准入逐渐成为政府调控市场的重要手段 [鲁维埃和苏贝朗(Rouviere and Soubeyran, 2008);陈艳莹和鲍宗客,2014;约翰逊,1998]。

为规范认证行业的准入制度,2003年9月,国务院颁布的《认证认可条例》规定了认证机构申请认证资质的硬性条件和程序,如表3-2所示,申请注册的硬性条件包括:①300万元实缴注册资本;②10名以上相应领域的专职认证人员;③固定经营场所和必要的技术设施。申请认证机构的程序则相对复杂,包括初审—重点审查—会签—委领导初审—专家评审—委领导终审—批准7道程序。

总体而言,认证机构的行业准入门槛较低,一方面,这是基于加快认证行业发展和加入世贸组织的需要。在国家认监委成立时,中国认证产业的发展一直处于缓慢状态,参与认证企业的数量占比不到0.5%,自愿性产品的认证比例甚至更低,而相比而言,欧洲参与认证企业的数量占比达到40%左右,为加入世贸组织的需要,企业产品能较好地融入跨国贸易,较多的企业存在申请认证的需求;另一方面,申请认证资质硬性条件中最重要的资产条件总体上低于其他同样具有第三方平台性质的信用评级机构、房地产价格评估机构等,如申请设立信用评级机构需要有5000万元的资产,而申请认证机构只需要300万元注册资本,这一额度甚至低于股份制公司的注册资本限制;在申请程序上,虽然条例规定申请认证机构需要经过初审、重点审查、会签、委领导初审、专家评审、委领导终审以及批准7个程序的把关,但是在实际申请过程中,这种看似严格的制度性壁垒并没有起到阻止进入的作用,在申请认证的绝大部分单位中是由各地各级质检局下属的事业单位改制而来,而这些单位拥有过硬的人脉关系,只要在硬件上达到条件,认证资质得到认可便不存在任何问题。

表3-2　　　　　　　中国认证机构的设立条件

在中国境内设立认证机构应具备的条件:
1. 具有固定的办公场所和必备设施;
2. 具有符合认证认可要求的章程和管理制度;属于认证新领域的,还应当具有可行性研究报告;
3. 注册资本不得少于人民币300万元;出资人符合国家有关法律法规以及相关规定要求,并提供相关资信证明;
4. 具有10名以上相应领域执业资格和能力的专职认证人员;

续表

在中国境内设立认证机构应具备的条件：
5. 认证机构董事长、总经理（主任）和管理者代表（以下统称高级管理人员）应当符合国家有关法律、法规以及国家质检总局、国家认监委相关规定要求，具备履行职务所必需的管理能力；
6. 其他法律法规规定的条件。

注：数据来源于《中华人民共和国认证认可条例》。

在认证产业准入门槛较低的制度背景下，中国的认证行业表现出几个典型的特征：第一，在市场巨大的盈利预期刺激下，近年来中国的认证机构数量呈现快速增长的态势，截至 2014 年 12 月 1 日，分布在全国各个省市的拥有自愿性产品认证业务资格的国内外认证机构已经达到了 175 家，检测实验室 8172 个，认证机构和检测实验室年均增长率达到 13.21%。第二，认证机构规模普遍偏小，认证业务比较单一。绝大多数认证机构的规模都普遍偏小，甚至有些认证机构的真实从业人数还不到 10 人，这些认证机构常常采用挂靠执业人员的方式来应对监管部门的检查。此外，认证机构的认证业务单一，有些认证机构只执行某种自愿性产品认证，如有机产品认证、地理标志产品认证等，而无法进行其他的体系认证、强制性产品认证等。认证业务渠道狭窄，在市场化程度较低的区域，认证行业还没有进行真正的市场化转轨，其业务的来源并非依赖于市场化的经营，而是来源于行政的干预，通过职能部门的渠道来获得业务。

产业组织理论研究认为，市场竞争有利于企业提高自身的产品质量、建立个体品牌以及维持良好的个体生意。然而，在认证市场上，这种情况并不存在，作为第三方中介平台，认证机构和企业之间属于合作关系而非同行竞争关系，认证行业的市场集中度过度分散会造成认证市场由卖方市场向买方市场转变。如果市场上存在过多的认证机构，一方面，企业申请认证选择范围就会变得很大，而认证市场上同类认证机构提供服务是同质的，那么，一旦企业与认证机构在认证过程、认证结果上发生分歧，企业不用支付太多的成本便可更换到新的认证机构。另一方面，随着市场上认证机构数量的增加，每个认证机构的收益会下降，认证机构的数量增加使得认证服务的供给增加，而短期内认证服务的需求是相对稳定的，供过于求的失衡关系会导致企业在申请认证时有更多的选择余地。

那么，为维持与企业客户的良好关系，认证机构会进行一些违规操作，认证机构之间会出现恶性的市场竞争，这主要表现在：第一，虚假认证，一些认证机构背离独立、诚信的原则，为了达到节约成本的目的，在认证过程中降低标准，甚至弄虚作假，到认证现场走马观花，缩减审核流程和时间。第二，认证合谋，认证机构和申请认证的卖方企业勾结而进行的虚假认证。为了争取更多的客户，一些认证机构向企业做出顺利通过认证的承诺，甚至主动帮助企业伪造相关的申请资料以保证基本的收益，维持自身的生存与发展。第三，认证机构技术投入水平不足，为获得更多的客户，认证机构更倾向于在人脉、关系上进行投资，而不愿意在聘用专业人员、认证设备等认证技术上进行充分的投资。这些市场竞争的因素内生地减少了认证机构对个体声誉进行投资的激励，认证机构的个体声誉信号的形成就会存在障碍。

那么，在中国的认证行业中，认证机构的同质性就表现得很强。一方面，这种同质性加剧了消费者接收认证机构个体声誉信息的难度；另一方面，这使得生产企业同样难以区分高质量和低质量的认证机构。那么，行业准入制度也就强化了认证行业集体声誉特征的形成。

三 违规惩罚制度

行业惩罚制度是指根据各类行业特点以及现实或潜在风险的特性，通过一定手段的管制，来抵御、防范、降低风险的危害，维护行业稳定、健康、高效运行，维护经营者、投资人和社会公众的合法利益。国家认监委成立之后，中国实行统一的认证监管管理制度。在国务院的授权下，国家认监委作为认证监督管理部门，统一管理、监督和综合协调中国认证认可工作，省、自治区、直辖市人民政府质量技术监督部门和国务院质量监督检验检疫部门设在地方的出入境检验检疫机构，在国务院认证认可监督管理部门的授权范围内，对认证活动实施监督管理。监督管理的对象是从事认证认可活动的组织和个人，监督管理的主要事项包括对从事认证认可活动包括检查、检测活动的准入管理，对从事认证认可活动行为的监督管理，对认证认可监督管理工作人员的监督管理等。

然而，绝大多数认证机构依然与政府存在着千丝万缕的联系。部分认证机构是在市场化转轨过程中从体制内的附属单位转变过来，有些认证机构至今仍然没有独立出来，还隶属于体制之内，在组织机构、财务关系、人员任命等方面受到相关部门的制约。甚至个别认证机构还代替监管部门执行产品质量监督的职能，如信息产业部下属的单位电子质量认证中心。此外，认证机构在业务来源上也存在着特殊的联系，部分认证机构在市场经营中完全依赖于政府的行政干预，通过政府进行指派认证业务，而其自身在业务上缺乏市场扩张的能力和动机。刘宗德（2007）通过对认证专家的深度访谈，发现认证机构市场竞争力取决于认证机构"爹"的成分，如某认证机构甚至连网站也没有，通过买通认证咨询公司，以3000元的低价，吃一顿饭就能把客户抢走。规规矩矩做事的根本就拉不到客户企业；相反那些不按规矩做事的个体户，拉一两个人就能将市场打开。

那么，在这种制度背景下，虽然《认证认可条例》规定了认证机构违法执业道德、触犯条例的罚款、吊销执照甚至市场禁入等机制，但实际上，目前中国执行的是一套"宽监管、轻处罚"的监管思路，政府往往采用内部通报、警告以及罚款等方式对违约的认证机构进行轻度的处罚，而几乎不采用停业整顿、吊销执照、市场禁入等严厉的惩罚机制。这种"宽监管、轻处罚"的监管思路一方面直接提高了认证行业的退出壁垒，出现"进来容易，出去很难"的特征，加大通过优胜劣汰的竞争机制对劣质的认证机构进行淘汰的难度，那么，这会使得认证机构之间的质量分布从正态的分布向非典型的单尾分布特征演变。另一方面，由于违约成本极其低廉，部分优质的认证机构会逐渐开始尝试提供劣质的认证服务、虚假认证服务，从而获得自身利益的最大化，最终，行业中会出现"劣质认证机构驱逐优质认证机构"的现象，这使得认证机构之间的质量分布逐渐向均值分布演化。那么，这也就意味着现阶段的惩罚制度会促使认证行业进一步形成集体声誉的特征。

为更加直观地形容中国认证行业集体声誉形成的制度性成因，我们将其刻画于图3-3中。总的来说，行业认证制度所引起的认证标准制定权和执行权相分离是集体声誉形成的直接原因，市场准入制度使得认证市场出现的恶性市场竞争现象则加剧了这种集体声誉的形成，而违规惩罚制度引起的行业"劣币驱逐良币"现象使行业进一步形成了集体声誉的特征。

第六节　中国认证行业集体声誉的策略性成因

制度性的宏观框架是中国认证产业集体声誉约束形成的直接原因。然而，认证市场中的消费者、企业和认证机构的策略性行为则间接地促成了

第三章 中国认证产业集体声誉的特征和成因 　93

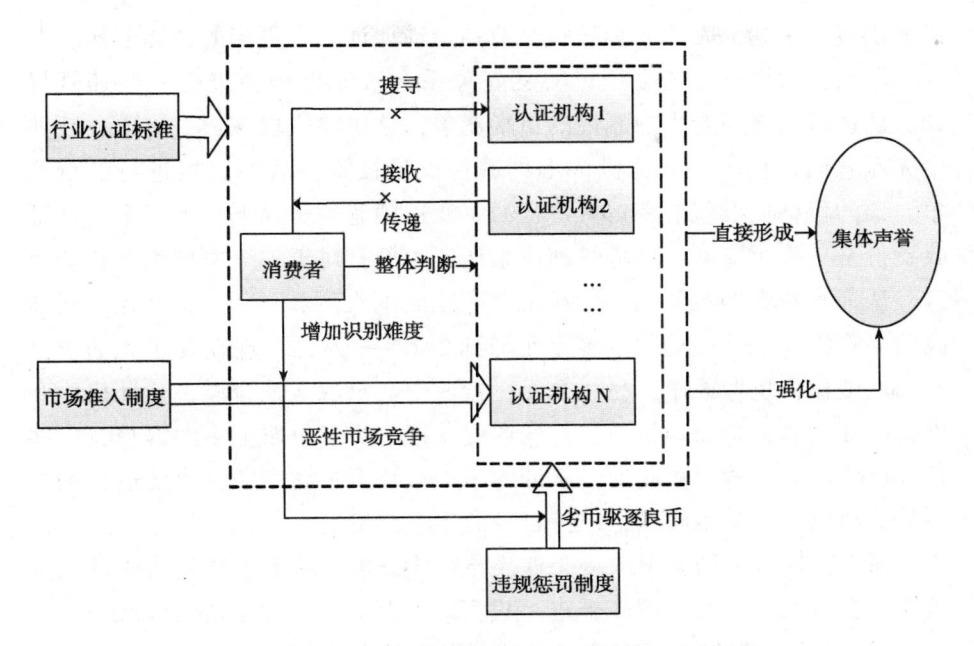

图 3-3　中国认证行业集体声誉的制度性成因

这种集体声誉的稳定性，这部分研究诱发认证机构自发减少对个体声誉进行投资的各种市场竞争因素，分别从认证机构的市场竞争、消费者搜寻认证机构的动机和企业选择认证机构的策略性动机3个方面着手分析。

一　认证机构的市场竞争

如前文所述，认证市场的巨大盈利预期使得中国近年来认证机构的数量快速增长。产业组织理论研究认为，市场竞争有利于企业提高自身的产品质量、建立个体品牌以及维持良好的个体生意。然而，在认证市场上，这种情况并不存在，作为第三方中介平台，认证机构和企业之间属于合作关系而非同行竞争关系，认证行业的市场集中度过度分散会造成认证市场由卖方市场向买方市场转变。如果市场上存在过多的认证机构，一方面，企业申请认证选择范围就会变得很大，而认证市场上同类认证机构提供服务是相同的，那么，一旦企业与认证机构在认证过程、认证结果上发生分歧，企业不用支付太多的成本便可更换到新的认证机构。另一方面，随着市场上认证机构数量的增加，每个认证机构的收益会下降，认证机构的数量增加使得认证服务的供给增加，而短期内认证服务的需求是相对稳定的，供过于求的失衡关系会导致企业在申请认证时有更多的选择余地。

那么，为维持与企业客户的良好关系，认证机构会进行一些违规操作，认证机构之间会出现恶性的市场竞争，这主要表现在：一方面，行业中充斥着低价竞争，认证机构不再进行质量投资，从而直接进行低价竞争，谁的价格低谁就能获得客户资源。在这种竞争格局下，市场上的认证收费价格一降再降，以环境管理体系认证为例，对于一个中型生产企业而言，认证收费大约在4万—5万元，认证成本大约在2万—3万元，认证收费一降再降，从最初的十多万元降到2万—3万元，现在几千元的价格有的认证机构也考虑做。另一方面，行业中会出现认证合谋，认证机构和申请认证的卖方企业勾结而进行的虚假认证。为了争取更多的客户，一些认证机构向企业做出顺利通过认证的承诺，甚至主动帮助企业伪造相关的申请资料以保证基本收益，维持自身的生存与发展。

那么，这些市场竞争因素会直接导致认证机构缺乏差异化的质量投资动机，会自发减少对个体声誉进行投资。一旦认证行业都缺乏认证质量，行业只进行同质的价格竞争，认证机构的个体声誉信号就难以形成。如果生产企业无法区分合作伙伴的声誉属性，其只能将认证行业的集体声誉作为对个体认证机构声誉的替代。这就意味着，认证机构的市场竞争行为有助于认证行业集体声誉的形成。

二　消费者搜寻认证机构的动机

消费者认知是消费者对产品信息的固有态度。对于一般的搜寻品和经验品而言，消费者可以主动通过搜寻产品信息进行购买决策，产品信息的获取越多，就能够帮助消费者做出更为明智的购买选择，而对于信任品，消费者只能依赖于第三方的认证机构对产品出具的检测报告，由于信息的复杂程度、传递渠道等因素，消费者对信任品的认知往往是模糊的且带有不确定性。

信息搜寻是指消费者为解决消费问题有意图地激活记忆里所存储的知识或者在周围环境中获得有价值信息的过程。依据信息搜寻来源的不同，信息搜寻可以分为内部搜寻和外部搜寻，内部信息搜寻是对自身已有储存知识的搜索，这种搜寻获得的信息成本是较低的，外部搜寻则需要借助外部的介质而获得信息，如口碑、媒体广告信息、专业书籍甚至是咨询公司等。一般而言，内部搜寻是消费者信息搜集最常采用的方式，当提取记忆里信息比较充分的时候，消费者不再搜寻信息。但是如果所提取的信息不充分或记忆里的信息之间有冲突的时候，就需要从外部搜寻相关信息。

由于认证产品属于信任品，消费者和生产企业存在严重的信息不对称，消费者不可避免地需要依赖外部中介机构提供的信息。在中国的认证产业中，一方面，认证机构对产品出具的认证报告是"通过性"的报告，消费者只能得知某一产品是否达到通过的标准，而不能识别两个通过标准的产品之间的优劣状况，更不能识别某一产品的具体评分。在政府、认证机构、认证企业和消费者的信号循环反馈系统中，消费者似乎总是被排除在这一信号的传递过程之外，认证机构的认证信号在市场中很难发送传递到消费者一侧。另一方面，由于认证产品的需求方是个体消费者，个体消费者的特点是需求量小，单个个体分离，消费者无法形成合力，基于成本收益的考虑，个体消费者往往没有意愿对认证机构的规模、资质、诚信等个体声誉信号进行搜索，同时，在认证产品中又没有明确标识是由哪家机构出具的认证，而只能标注有机认证、地理标志认证等标识。

这也就意味着，消费者主动搜寻认证机构信息的动机会逐渐下降，而是被动地接受认证机构、监管机构的信息传递，然而，这种信息传递又不能有效地解决消费者和生产企业的信息不对称，甚至部分认证机构的策略性行为可能会加重这种信息不对称。那么，消费者的策略性行为也就直接导致了消费者无法对个体认证机构形成差异化的感知，只能将认证行业的集体声誉作为对个体认证机构声誉的替代。那么，消费者的策略性行为同样有助于认证行业集体声誉的形成。

三 企业选择认证机构的策略性动机

如前文所述，企业是否申请认证受到外部驱动力和内部驱动力的影响。外部驱动力是社会对企业明确或者隐含的准则和要求［达纳尔（Darnall，2003）］。迪马乔和鲍威尔（Dimaggio 和 Powell，1983）将外部驱动力划分为规范性、强制性和模仿性三种驱动力。强制性驱动力是政府和消费者对企业正式或者非正式的压力所引起；规范性驱动力则一般由行业的规范、组织网络化、企业间合作所引起；模仿性驱动力则通常来源于社会的心理压力，企业将其他企业作为一种标杆所产生的压力。

内部驱动力是企业内部利益相关者对企业生产的产品和管理体系的一种要求和期望。詹少青（2005）内部驱动力主要包括社会责任、管理者态度、组织绩效、竞争优势和战略导向五个方面。樊红平（2007）对生产企业申请农产品认证的驱动力进行了考察，结果显示，政府管制和市场需求这两个强制性驱动力是企业申请认证的主要原因，企业生产认证的内部驱动因素明显不足，其中社会责任的内部驱动力只占3.17%。此外，刘宗德（2007）、姜君（2013）、刘呈庆（2010）等都得出相似的结论。

这意味着中国生产企业的申请认证的首要因素是经济效益，将认证视为一种简单的成本投入，通过认证获得产品的溢价、提升企业的品牌、扩展更大的市场份额。相反，生产企业并没有将产品通过质量认证视为一种社会责任，其并不直接关注信号传递效率、产品质量的改善、环保以及员工健康方面的动机。事实上，企业的认证动机会直接对企业选择认证机构的策略造成影响。基于纯粹成本效益原则的质量认证下，生产企业在选择认证机构合作时仅会关注认证证书的总体溢价能力、认证收费的高低和通过认证的难易程度，换句话说，生产企业希望通过最小化的成本投入获得认证证书。

显然，中国的认证行业为生产企业的这种纯粹成本效益原则提供了支撑，认证市场的集中度低、恶性竞争等买方市场的特性使得生产企业可以低成本地在多家认证机构中进行选择，可以无成本地更换不满意的认证机构，而这些认证机构出具的证书是完全相同的。那么，对于生产企业而言，虽然生产企业和认证机构之间是一对一的服务，但是它们并不会关注认证机构服务质量以及认证机构的市场声誉，生产企业和认证机构之间的合作不同于企业之间的合作，其不存在协同效应。相反，由于了解自身的产品质量属性，部分生产企业还会排斥服务质量高、市场声誉好的认证机构，而专门主动寻找偷工减料、弄虚作假的劣质认证机构，从而达到用最小的成本获得相同的效用。

因此，生产企业不存在搜寻个体认证机构声誉的动机，认证机构在生产企业一侧的个体声誉逐渐被弱化，这种个体声誉的弱化则间接促成了中国认证行业集体声誉特征的稳定性。

本章小结

本章所要解决的问题是中国认证产业集体声誉存在怎样的特殊性，以及中国认证产业为什么会存在集体声誉的特征。为回答这样的问题，本章首先分析了一个行业集体声誉形成的基本成因，个体声誉信号形成和发送受阻是行业集体声誉形成的主要因素，个体声誉信号接收受阻起到间接的、强化行业集体声誉的作用。

其次，分析了中国认证产业集体声誉特征的特殊性，一方面，认证产业的集体声誉存在典型的外生性，认证产品的自然属性并不具备集体声誉的特征，而是宏观的制度性框架外生地嵌入了集体声誉特征；另一方面，认证产业的集体声誉存在双边性，在消费者和生产企业两侧都存在着集体声誉的特征。消费者一侧的集体声誉特征来源于宏观制度层面的影响，属于一种"被动"的无法追溯个体认证机构；而生产企业一侧的集体声誉则来源于生产企业申请认证的动机，属于一种"主动"的不愿追溯个体认证机构。

再次，分析中国认证产业由外生的制度性因素所引发集体声誉的具体成因。①行业认证标准。认证标准使得认证机构在市场上就变成了"隐形人"的角色，消费者无法直接识别每个认证机构的认证质量，这种认证标准制定权和执行权相分离的认证体系直接导致了中国认证产业存在消费者一侧集体声誉的特征。②行业的准入制度。在认证产业准入门槛较低的制度背景下，在中国认证产业中，绝大多数认证机构的规模都偏小，认证机构之间并没有突出的、差异化的核心竞争能力，认证机构之间的同质性较强，认证机构之间的品牌差异化激励存在不足，行业准入制度也就强化了认证行业集体声誉特征的形成。③违规惩罚制度。政府"宽监管、轻处罚"的监管思路直接造成了认证市场的"进来容易，出去很难"的现状，行业中出现"劣质认证机构驱逐优质认证机构"的现象，最终行业中只存在均质声誉的认证机构，而消费者也会对认证机构形成统一的判断，从而促使认证行业进一步形成集体声誉的特征。

最后，分析了中国认证行业集体声誉特征的策略性成因。认证市场中的消费者、企业和认证机构的策略性因素间接地促成了制度性集体声誉的稳定性，分别从认证机构的市场竞争、消费者搜寻的动机和生产企业的策略性行为三个方面着手分析。①认证机构的市场竞争。目前，认证机构之间主要以价格竞争为主，认证机构通过低廉的销售价格来获得客户的订单。出于竞争的压力，甚至有相当一部分认证机构背离诚信原则，降低认证标准，进行虚假认证，这些市场竞争的因素内生性地减少了认证机构对个体声誉进行投资的激励。②消费者搜寻的动机。基于成本收益的考虑，个体消费者往往不愿意对认证机构的规模、资质、诚信等个体声誉进行搜索。而只是观测产品是否具有认证标志，如有机认证、地理标志认证等。③生产企业选择认证机构的策略性动机。基于纯粹成本效益原则的质量认证下，生产企业在选择认证机构合作时仅会关注认证证书的总体溢价能力、认证收费的高低和通过认证的难易程度。由于了解自身的产品质量属性，部分生产企业还会排斥服务质量高、市场声誉好的认证机构，而专门主动寻找偷工减料、弄虚作假的劣质认证机构，从而达到用最小的成本获得相同的效用。那么，生产企业不存在搜寻个体认证机构声誉的动机，认证机构在生产企业一侧的个体声誉逐渐被弱化。个体声誉的弱化则间接促成了中国认证行业集体声誉特征的稳定性。

第四章

集体声誉下中国认证市场的现状

第三章表明中国的认证产业存在集体声誉的约束,那么,本章所要探讨的问题是在认证行业存在集体声誉的特征下,中国的认证市场将是怎样的一种状况。具体地,一方面,剖析了中国认证产业所存在的各种问题;另一方面,通过一个调查案例探讨认证机构所存在的具体问题。

第一节 中国认证行业概述

一 中国认证产业种类

根据《认证认可条例》确定的原则,中国认证产业的种类分为产品、服务和管理体系三个大类。按照认证主体的参与程度,认证产品可划分为强制性产品认证和自愿性产品认证。

(一)强制性产品认证

强制性产品认证制度,是各国政府为保护广大消费者人身和动植物生命安全、保护环境及国家安全,依照法律法规实施的一种产品合格评定制度。它要求产品必须符合国家标准和技术法规。强制性产品认证,是通过实施强制性产品认证程序,对产品实施强制性的检测和审核。没有获得指定认证机构的认证证书,以及没有按规定标明认证标志,一律不得进口、不得出厂销售以及在经营服务场所使用。中国认监委制定了《实施强制性产品认证的产品目录》,详细规定了强制性产品认证制度管理的产品范围、强制性产品认证制度建立和实施的基本体系,以及违反本规定的行政处罚要求等。

表4-1报告了国家规定必须实施的强制性产品认证目录。从产品大类来说,强制性产品认证包括22个大类、159个小类。涉及的产品包括

电线电缆、电路开关及保护或连接用电器装置、低压电源、小功率电动机、电动工具、电焊机、家用和类似用途设备、音视频设备类、信息技术设备、照明设备、机动车辆及安全附件、轮胎产品、安全玻璃、农机产品、乳胶制品、电信终端设备、医疗器械产品、消防产品、安全技术防范产品、无线局域产品、装饰装修材料和玩具。

表 4 -1　　　　　　　　强制性产品认证目录

序号	大类名称	小类
1	电线电缆	共5种
2	电路开关及保护或连接用电器装置	共6种
3	低压电源	共9种
4	小功率电动机	共1种
5	电动工具	共16种
6	电焊机	共15种
7	家用和类似用途设备	共18种
8	音视频设备类（不包括广播级音响设备和汽车音响设备）	共16种
9	信息技术设备	共12种
10	照明设备	共2种
11	机动车辆及安全附件	共17种
12	轮胎产品	共3种
13	安全玻璃	共3种
14	农机产品	共2种
15	乳胶制品	共1种
16	电信终端设备	共9种
17	医疗器械产品	共7种
18	消防产品	共3种
19	安全技术防范产品	共4种
20	无线局域产品	共1种
21	装饰装修材料	共3种
22	玩具	共6种

注：在小类中，详细产品目录并未列出，可参见附录。

(二) 自愿性产品认证

自愿性产品认证是企业以自愿性采用的标准为依据进行的认证。国家统一制定认证基本规范和认证规则。自愿性产品认证作为国际通行的质量与信誉的保证手段，有助于生产企业提升产品质量和市场竞争力，便于消费者通过认证证书及标志选择性能优越和质量可信的产品，有利于政府通过采信认证结果降低管理成本和提升服务质量，在规范市场行为、优化资源配置、维护公众利益以及提高国民经济运行质量等方面发挥着重要支撑作用。经过三十多年的发展，我国自愿性产品认证类别从最初的质量、安全认证拓展到21个认证领域，涉及的产品包括电子电器、机电、机械、机动车辆、办公设备、建筑材料、可再生能源、轻工纺织、化工、冶金、食品等，几乎涵盖了国民经济中绝大多数制造业。

表4-2　　　　　　　　　自愿性产品认证目录

序号	认证领域	认证项目
1	农林（牧）渔；中药	一般食品农产品认证
2	加工食品、饮料和烟草	
3	矿和矿物；电力、可燃气和水	一般工业产品认证
4	纺织品、服装和皮革制品	
5	木材和木制品；纸浆、纸和纸制品，印刷品	
6	化工类产品	
7	建材产品	
8	家具；其他未分类产品	
9	废旧物资	
10	金属材料及金属制品	
11	机械设备及零部件	
12	电子设备及零部件	
13	电动机、发电机、发电成套设备和变压器	
14	配电和控制设备及其零件；绝缘电线和电缆；光缆	
15	蓄电池、原电池、原电池组和其他电池及其零件	
16	白炽灯泡或放电灯、弧光灯及其附件；照明设备及其附件；其他电气设备及其零件	
17	仪器设备	
18	陆地交通设备	
19	水路交通设备	
20	航空航天设备	

续表

序号	认证领域	认证项目
21	其他（在 GB/T7635.1、GB/T7635.2 认证内容中其他涉及产品形成过程的）	国家统一制定认证基本规范、认证规则的自愿性产品认证

（三）服务认证

服务认证是认证机构对企业的服务体系进行审核，对服务水平做出评价。随着服务业在我国国民经济中的地位不断提高，对服务业相关标准的制定以及服务认证的需求也在不断扩大。从 2004 年开始，我国开始探索服务认证业务。2004 年 11 月，中国认监委发布了《服务认证机构认可方案》和《服务认证机构认证业务范围管理指南》对认证机构及其开展的认证活动进行详细的说明。按照国家标准 GB/T7635.2 划分为 23 个具体服务认证领域。表 4 - 3 报告了我国服务认证的目录，涉及的产品包括无形资产和土地、建筑工程和建筑物服务、邮政和速递服务、不动产服务、不配备操作员的租赁或出租服务、收费或合同基础上的生产服务、保养和修理服务、卫生保健和社会福利、绿色市场、软件过程能力及成熟度评估等。其中，体育场所服务认证、绿色市场认证和软件过程能力及成熟度评估由国家统一制定认证基本规范、认证规则。

表 4 - 3　　　　　　　　　　服务认证目录

序号	认证领域	认证方式
1	无形资产和土地	
2	建筑工程和建筑物服务	
3	批发业和零售业服务	
4	住宿服务；食品和饮料服务	
5	运输服务（陆路运输服务、水运服务、空运服务、支持性和辅助运输服务）	
6	邮政和速递服务	
7	电力分配服务；通过主要管道的燃气和水分分配服务	
8	金融中介、保险和辅助服务	
9	不动产服务	
10	不配备操作员的租赁或出租服务	
11	科学研究服务（研究和开发服务；专业、科学和技术服务；其他专业、科学和技术服务）	

续表

序号	认证领域	认证方式
12	电信服务；信息检索和提供服务	一般服务认证
13	支持性服务	
14	在收费或合同基础上的生产服务	
15	保养和修理服务	
16	公共管理和整个社区有关的其他服务；强制性社会保障服务	
17	教育服务	
18	卫生保健和社会福利	
19	污水和垃圾处置、公共卫生及其他环境保护服务	
20	成员组织的服务；国外组织和机构的服务	
21	娱乐、文化和体育服务	
22	其他服务	
23	家庭服务	
24	体育场所服务	国家统一制定认证基本规范、认证规则的服务认证
25	绿色市场	
26	软件过程能力及成熟度评估	

（四）管理体系认证

管理体系认证是指由认证机构依据公开发布的管理体系标准文件，对组织的管理体系进行评定，评定合格的由认证机构颁发管理体系认证证书，予以注册公布并进行定期监督，从而证明组织在特定的范围内具有必要的管理能力。表4-4报告了我国管理体系认证的种类。我国的管理体系认证种类主要包括质量管理体系认证、环境管理体系认证、职业健康安全管理体系认证、信息安全管理体系认证、信息技术服务管理体系认证、测量管理体系认证、能源管理体系认证、知识产权管理体系认证、森林认证、食品农产品管理体系认证以及其他管理体系认证。

表 4-4　　　　　　　　　　管理体系认证种类

质量管理体系	质量管理体系 GB/T19001/ISO9001
	建筑施工行业质量管理特殊要求 GB/T50430
	汽车行业实施质量管理的特殊要求 TS16949
	汽车行业实施质量管理的特殊要求 VDA6.X
	航空产品设计和制造的质量管理体系 AS9100、AS9110、AS9120
	电讯业质量管理体系 TL9000
	医疗器械质量管理体系认证 ISO13485
	国际铁路行业质量管理体系 IRIS
	电气与电子元件和产品有害物质过程控制管理体系认证 QC080000
环境管理体系	环境管理体系 GB/T14001/ISO14001
职业健康安全管理体系	职业健康安全管理体系 GB/T18001
信息安全管理体系	信息安全管理体系 GB/T22080/ISO27000
信息技术服务管理体系	信息技术服务管理体系 GB/T24405.1/ISO20000
测量管理体系	测量管理体系 GB/T19022
能源管理体系	能源管理体系 GB/T23331
知识产权管理体系	知识产权管理体系 GB/T29490
森林认证	中国森林认证 CFCC
食品农产品管理体系	食品安全管理体系 GB/T22000/ISO22000
	零售商（和批发商）品牌食品审核标准认证 IFS
	英国零售商协会全球消费品标准认证（BRC）
	海洋管理理事会监管链标准认证 MSC
	危害分析与关键控制点 HACCP
	乳制品生产企业危害分析与关键点控制
	乳制品生产企业良好生产规范
其他管理体系	商品和服务在生命周期内的温室气体排放评价规范 PAS2050
	运输资产保护协会 运输供应商最低安全要求（TAPA FSR 2011）
	静电防护标准 ESD20.20
	供应链安全管理体系 ISO28000：2007
	整合管理体系认证 PAS99：2006
	温室气体排放和清除的量化和报告的规范及指南 ISO14064-1、-2、-3
	清洁发展机制（CDM）
	验证合格评定程序 VCAP
	企业社会责任 SA8000
	森林认证 FSC
	森林认证 PEFC

二 中国认证证书的分布

中国的认证产业兴起于 20 世纪 80 年代中期，伴随着国际大环境和市场化改革的影响，中国的认证产业获得了飞速的发展，2005 年中国获得认可的认证机构颁发的现行有效认证证书达到 40 万张，认证证书数量首次位居世界首位；根据国家认证认可监督管理委员会的最新统计数据，截至 2014 年 12 月 31 日，全国获得认可的认证机构颁发的现行有效认证证书达 123 万张，获得证书的企业达到 45 万多家，认证证书数量已经连续 11 年位居世界首位。图 4-1 描绘了中国各类认证证书数量的占比。由图 4-1 我们可以发现以下几个典型的事实：第一，在不同认证大类中，产品认证是我国企业选择进行认证的主要方式，产品认证的数量达到 65.87 万个，占到全部认证证书的 61.69%；服务认证和管理体系认证的发展还有待于进一步提升，尤其是服务认证，认证数量只有 5.6 万个，只占到认证证书的 4.56%。第二，在管理体系认证中，绝大多数企业进行质量管理体系认证，质量管理体系认证占到管理体系认证数量的九成以上，这表明其他管理体系认证还并没有真正开展起来，如食品农产品管理体系认证的证书数量只有 200 个，森林认证的数量几乎为零。

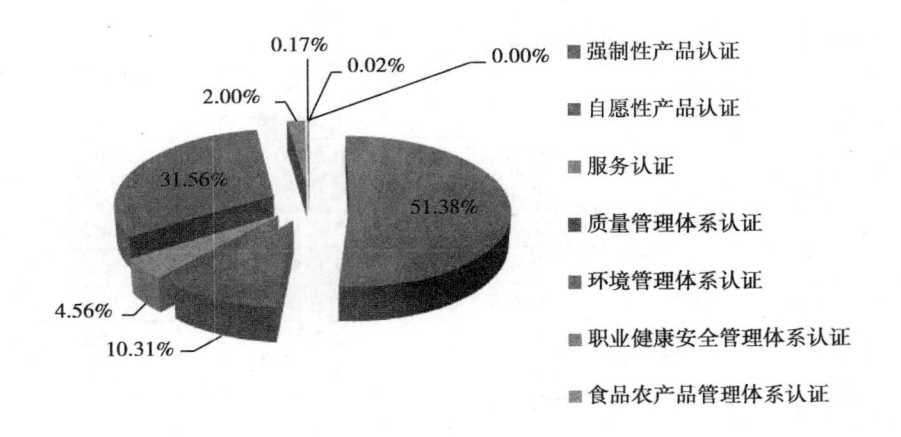

图 4-1 中国各类认证证书数量（截至 2014 年底）

表 4-5 报告了不同地区的认证证书分布。由表 4-5 可知，一方面，东部沿海地区的证书数量要远高于中部和西部地区，特别是长三角地区，

江苏、上海和浙江三个地区的证书数量总和大约占到全部数量的 30%；另一方面，部分地区的认证证书数量特别稀少，如海南、西藏等地区，其服务认证甚至还没展开。这种地区的分布差异应尤其值得我们关注。

表 4-5　　　　　　　不同地区各类认证证书的数量

地区	强制性产品认证	自愿性产品认证	服务认证	管理体系认证
北京	0.42%	9.70%	12.68%	4.03%
天津	2.07%	2.57%	2.72%	1.86%
河北	4.33%	3.25%	5.07%	1.93%
山西	1.59%	1.36%	2.40%	0.28%
内蒙古	0.74%	0.62%	1.21%	0.12%
辽宁	5.16%	4.98%	5.31%	1.90%
吉林	1.29%	1.03%	0.94%	0.92%
黑龙江	1.73%	1.37%	2.31%	0.48%
上海	6.42%	6.23%	4.87%	8.71%
江苏	14.71%	13.43%	10.78%	10.45%
浙江	13.01%	11.92%	7.75%	13.23%
安徽	2.20%	1.89%	1.65%	1.69%
福建	3.10%	3.08%	1.85%	2.28%
江西	1.20%	0.81%	0.84%	0.63%
山东	6.75%	6.97%	8.14%	5.24%
河南	3.74%	1.97%	3.03%	1.78%
湖北	2.69%	2.13%	3.31%	1.72%
湖南	1.58%	1.05%	1.34%	1.13%
广东	9.06%	16.61%	10.09%	24.06%
广西	0.86%	0.81%	1.59%	0.56%
海南	0.18%	0.18%	0.29%	0.07%
重庆	2.24%	0.88%	0.69%	2.71%
四川	3.62%	2.35%	2.92%	2.24%
贵州	0.65%	0.47%	0.88%	0.31%
云南	0.98%	0.68%	0.97%	0.28%
西藏	0.12%	0.04%	0.21%	0.04%
陕西	1.67%	1.37%	2.06%	0.85%
甘肃	0.79%	0.57%	1.42%	0.27%
青海	0.18%	0.07%	0.17%	0.11%
宁夏	0.28%	0.23%	0.33%	0.08%
新疆	0.78%	0.55%	2.18%	0.28%
合计	100%	100%	100%	100%

三 中国认证机构的分布

为规范认证行业的准入制度,2003 年 9 月,国务院颁布的《中华人民共和国认证认可条例》规定了认证机构申请认证资质的硬性条件和程序,条例规定申请注册的硬性条件包括:①300 万元实缴注册资本;②10 名以上相应领域的专职认证人员;③固定经营场所和必要的技术设施。

总体而言,认证机构的行业准入门槛较低,一方面,这是基于加快认证行业发展和加入世贸组织的需要。在国家认监委成立时,中国认证产业的发展一直处于缓慢的状态,参与认证企业的数量占比不到 0.5%,自愿性产品的认证比例甚至更低,而相比较而言,欧洲参与认证企业的数量占比达到 40% 左右,为加入世贸组织的需要,企业产品能较好地融入跨国贸易,较多的企业存在申请认证的需求。

另一方面,申请认证资质硬性条件中最重要的资产条件总体上低于其他同样具有第三方平台性质的信用评级机构、房地产价格评估机构等,如申请设立信用评级机构需要有 5000 万元的资产,而申请认证机构只需要 300 万元注册资本,这一额度甚至低于股份制公司的注册资本限制;在申请程序上,虽然条例规定申请认证机构需要经过初审、重点审查、会签、委领导初审、专家评审、委领导终审以及批准 7 个程序的把关,但是在实际申请过程中,这种看似严格的制度性壁垒并没有起到阻止进入的作用,在申请认证的绝大部分单位中是由各地各级质检局下属的事业单位改制而来,而这些单位拥有过硬的人脉关系,只要在硬件上达到条件,认证资质得到认可便不存在任何问题。

在认证产业准入门槛较低的制度背景下,认证市场的巨大盈利预期使得中国近年来认证机构的数量快速增长。表 4-6 报告了中国认证机构的分布情况,我们可以发现,一方面,认证机构分布的集中度非常高,北京的认证机构数量占据一半以上,达到 106 家,其次是上海,有 24 家认证机构,而某些经济较为落后的地区连一家认证机构都没有,比如海南、西藏、青海、广西等;另一方面,绝大多数地区的认证机构数量在 1 家左右,如黑龙江、湖南、福建、重庆、新疆等,这表明在这些地方可能会造成认证市场垄断的格局。

表 4-6　　　　　中国认证机构分布（截至 2014 年底）

地区	认证机构数量	认证机构名称
安徽	1 家	合肥通用机械产品认证有限公司
北京	106 家	英标管理体系认证有限公司、中国船级社质量认证公司、必维认证有限公司、北京中润兴认证有限公司等
福建	1 家	福建东南标准认证中心
广东	5 家	广东质检中诚认证有限公司、广东中鉴认证有限责任公司、广州赛宝认证中心服务有限公司等
河北	4 家	河北英博认证有限公司、河北质量认证有限公司、中国电子科技集团公司第五十四研究所等
黑龙江	1 家	黑龙江省农产品质量认证中心
湖南	1 家	湖南欧格有机认证有限公司
吉林	2 家	吉林省农产品认证中心、吉林松柏森林认证有限公司
江苏	7 家	南京国环有机产品认证中心、南德认证检测有限公司、苏州 UL 美华认证有限公司等
辽宁	3 家	东北认证有限公司、辽宁方园有机食品认证有限公司、辽宁辽环认证中心
山东	4 家	山东科苑环境认证中心、山东鲁源节能认证中心等
上海	24 家	上海中正威认证有限公司、世优认证有限公司、上海环科环境认证有限公司、上海英格尔认证有限公司等
深圳	3 家	深圳华测鹏程国际认证有限公司、深圳南方认证有限公司、深圳市环通认证中心有限公司
四川	2 家	四川三峡认证有限公司、贝尔国际验证技术服务有限公司
天津	2 家	长城质量保证中心、天津华诚认证中心
浙江	6 家	浙江公信认证有限公司、浙江省环科环境认证中心、杭州中农质量认证中心等
重庆	1 家	重庆金质节能认证有限公司
新疆	1 家	新疆生产建设兵团环境保护科学研究所
合计	168 家	

第二节　中国认证产业存在的问题

一　认证制度

　　国家认监委成立之后，中国实行统一的认证监管管理制度。在国务院的授权下，国家认监委作为认证监督管理部门，统一管理、监督和综合协调中国认证认可工作。省、自治区、直辖市人民政府质量技术监督部门和国务院质量监督检验检疫部门设在地方的出入境检验检疫机构，在国务院认证认可监督管理部门的授权范围内，对认证活动实施监督管理。监督管理的对象是从事认证认可活动的组织和个人，监督管理的主要事项包括对从事认证认可活动如检查、检测活动的准入管理，对从事认证认可活动行为的监督管理，对认证认可监督管理工作人员的监督管理等。

目前，绝大多数认证机构与政府存在着千丝万缕的联系。部分认证机构是在市场化转轨过程中从体制内的附属单位转变过来，有些认证机构至今仍然没有独立出来，还隶属于体制之内，在组织机构、财务关系、人员任命等方面受到相关部门的制约。甚至个别认证机构还代替监管部门执行产品质量监督的职能，如信息产业部下属的单位电子质量认证中心。此外，认证机构在业务来源上也存在着特殊的联系，部分认证机构在市场经营中完全依赖于政府的行政干预，通过政府进行指派认证业务，而其自身在业务上缺乏市场扩张的能力和动机。

认证机构的行政特色将人为地造成认证权力的稀缺而形成租金，为权力的寻租制造了空间和环境氛围，使得认证行业中寻租现象较为普遍。毫无疑问，寻租会产生很大的危害，比如寻租会造成市场机制不能有效运转，造成社会资源的浪费、让社会财富减少、分配不均，还会导致腐败盛行，使得党和国家的形象受损。当虚假认证曝光后，受影响的不仅是企业的声誉，还有在背后的政府公信力。

基于认证机构的政府背景，让认证机构本身就出现严重的信息不对称问题，政府不能承担由此出现的信用缺失问题，这会对消费者造成影响，也会降低政府的公信力，还难以解决市场的失灵问题。信用缺失、监管失灵的具体表现就是认证的信用较低。

信息不对称也加大了政府监管的随意性。在我们的真实消费市场中，消费者不可能了解生产者所拥有的全部信息，生产者也不会完全了解消费者的主观偏好，这样在生产者和消费者之间就存在着信息不对称。政府的监管需要大量和准确的信息，为了获取信息，政府必须支付大量的费用。即便如此，政府未必就能获取到真实有用的信息。在约束机制失衡缺陷的情况下，在自身利益的驱使下，有些政府部门还会根据自身的需要任意扭曲信息。由于某些扭曲和失真的经济信息，再加上有时信息的闭塞，政府的监管活动没有稳固的基础，这增大了政府监管的任意性，造成政府在认证认可监管中越位、缺位和错位，导致监管失灵。信用缺失、监管失灵，大大影响了认证认可的公平性、公正性。所以在制度方面，政企不分、监管失灵的问题极为突出。

许多学者都已经意识到我国的认证认可制度和体系不健全、不完善、有效性急需提高、政府职能和管理方式落后、认证机构利益为先等问题，这些问题使得认证认可难以得到消费者的信赖，也就是说认证认可制度不具备公信力，这与公民对政府的信任密切相关。认证认可制度是国家制度的重要组成部分，需要与社会信用体系同步发展，但由于我国还处在社会主义市场经济的发展完善阶段，信用体系不完善和诚信缺失是当前阶段较为普遍的问题。认证认可的基础是政府信用，认证认可也作为政府信用的具体做法体现，政府信用和认证认可制度相互关联和制约。

二　认证行为

虽然《认证认可条例》规定了认证机构违反执业道德、触犯条例的罚款、吊销执照，甚至市场禁入等机制，但实际上，目前中国执行的是一套"宽监管、轻处罚"的监管思路，政府往往采用内部通报、警告以及罚款等方式对违约的认证机构进行轻度的处罚，而几乎不采用停业整顿、吊销执照、市场禁入等严厉的惩罚机制。

"宽监管"的监管思路客观上造成了认证机构的违规信息难以对外传递，使很多认证机构存在侥幸心理，导致认证机构虚假认证被查处的概率较低，认证机构机会主义行为普遍存在。"轻处罚"的监管思路主要体现在两个方面：一方面，我国现行的认证认可体系不完善、不健全，相应的《认证认可条例》配套制度有效性不强，需要全面提高，认证认可技术标准以及技术规范管理办法等需要进一步探索制定。对认证及相关机构的监管缺乏法律依据，认证机构从业人员遵法守法意识淡薄，法人、公民和其他组织的合法利益还很难得到有效的维护，认证认可发展环境还有待进一步优化。另一方面，由于绝大多数认证机构依然与政府存在着千丝万缕的联系，因此，认证机构进行违规操作时的惩罚力度非常低。

被查出的概率较低，即使被查出了处罚的力度也不会太大，认证机构违规操作的风险或者成本很小，这一点从根本上弱化了认证机构的竞争意识和自我约束意识，从而影响了认证的信用，比如很多认证机构从事咨询、认证一条龙服务的形式认证，这在《认证咨询机构管理办法》中是明令禁止的。那么，部分优质的认证机构会逐渐开始尝试提供劣质的认证服务、虚假认证服务，从而获得自身利益的最大化，最终，行业中会出现"劣质认证机构驱逐优质认证机构"的现象。

三 行业竞争

在认证产业准入门槛较低的制度背景下，认证市场的巨大盈利预期使得中国近年来认证机构的数量快速增长。因此现阶段，认证机构之间的竞争比以往都要激烈。

为维持与企业客户的良好关系，认证机构会进行一些违规操作，认证机构之间会出现恶性的市场竞争，这主要表现在：第一，一些认证机构背离独立、诚信的原则，为了达到节约成本的目的，在认证过程中降低标准，甚至弄虚作假，到认证现场走马观花，缩减审核流程和时间。第二，认证合谋，认证机构和申请认证的卖方企业勾结而进行的虚假认证。为了争取更多的客户，一些认证机构向企业做出顺利通过认证的承诺，甚至主动帮助企业伪造相关的申请资料以保证基本的收益，维持自身的生存与发展。第三，认证机构技术投入水平不足，为获得更多的客户，认证机构更倾向于在人脉、关系上进行投资，而不愿意在聘用专业人员、认证设备等认证技术上进行充分的投资。

认证机构之间的不正当市场竞争会扰乱市场秩序，认证审核门槛逐渐被降低、认证收费也会减少。在认证发展的初期，审核比较严格、认证费用比较贵，比如以一个拥有规模 300 到 500 工作人员的企业来讲，单个人审核的审核时间为 10 天/人，单人审核花费 35000 元，申请认证费用为 1200 元，注册费用为 2000 元，所以认证机构在对这个企业员工进行初审时，需要花费 38200 元。但是现在，一些机构竟然宣称收费 5000 块钱就能让企业通过认证审核，由此可见其审核质量情况。有一些认证机构进行着不正当竞争，他们压低认证价格，甚至可以保证通过率为 100%。那么，国际上这套著名的认证体系标准，正在逐渐变为不法认证机构获得利益的工具。

有一些认证机构利用企业急切想要得到认证证书的心态，买卖证书，他们以"快速、高效、低价"的口号变相地让消费者花钱买证书，有的认证机构和企业签订合同承诺一个月的时间内让企业拿到认证证书，有的认证机构甚至违背规章制度先发证书后审核，这样严重影响了市场的稳定秩序，影响了认证机构的公正性和权威性。有的认证机构甚至不顾国际认证的标准体系，违法降低认证标准，对企业进行虚假认证。认监委于2002年3月向社会披露了几家违法认证机构，这些机构都存在着违规行为，比如证书虚假、制造假的认证审核记录、经营超范围、认证审核的时间不足、认证审核的技术不专业等。在这次曝光的违规认证机构中，就有1500张虚假的证书。

四　认证标准

我国认证标准失位现象较为严重，有的行业或者产品尚无标准，特别是对有很大认证潜力的领域，对新产品、环保、节能、食品以及农副产品等的标准制定不够及时、不够系统，有些标准的权威性和科学性也不够，导致我国第三方认证的依据不足，客观性不强，认证引领经济发展的作用没有被发挥出来。另外，我们对某些国际标准的理解和翻译仍然存在问题，导致我国第三方认证的国际标准转化率不高，影响了认证的效果。我国的第三方认证活动与认证标准制定体制之间的分离导致的信息共享不充分、管理不协调等问题，导致认证活动和认证标准之间还未达到相互促进、相互检验并不断提升的程度，这也反映出我国认证标准的制定还体现出计划经济的特点，不公开不透明，参与主体不够专业、权威和广泛。

以农产品农药残留标准为例，我国的蔬菜农药残留标准和国际上发达国家的农药残留标准相比，不仅农药种类少，而且农药的残留指标也稀缺。相对于国外发达国家，不管是在农药的技术检测指标还是农药的残留指标上，我国都和发达国家之间有很大差距，我国质量体系不健全，国外的农药残留指标大都高于我国指标的10倍，有的甚至达到了百倍以上，这说明我国的蔬菜国际贸易不理想，技术性壁垒起了很大的作用。将国内农残标准与输日农产品残留标准进行对照，如表4－7所示，可以发现日本的农残限量标准普遍高于我国农残标准10倍以上，甚至百倍。

表4－7　　　　　中国输日农产品农药残留指标规定

食品	实施后禁用农药名	基准值（现行）ppm	基准值（实施后）ppm	检出值（实施后违反规定的检出值）ppm		
				平均	最小	最大
草莓	甲胺磷	无	0.01	0.06	0.06	

续表

食品	实施后禁用农药名	基准值（现行）ppm	基准值（实施后）ppm	检出值（实施后违反规定的检出值）ppm 平均	最小	最大
毛豆	溴虫腈	无	0.05	0.07	0.07	
	甲氰菊酯	无	0.01	0.03	0.02	0.04
	甲胺磷	无	0.5	1.41	1.41	
人参	四氯碑基苯（TCNB）	无	0.05	0.2	0.2	
	五氯碑基苯（PCNB）	无	0.02	12	12	
慈姑	甲胺磷	无	0.01	0.12	0.12	
小松菜	芬普尼	无	0.002	0.02	0.02	
	甲氰菊酯	无	0.01	0.025	0.02	0.03
香菇	对硫磷	无	0.05	0.12	0.12	
	毕芬宁	无	0.05	0.28	0.28	
紫苏	苯酸甲环唑	无	0.2	0.72	0.34	
	溴氰菊酯	无	0.5	0.92	0.92	
生姜	丙炔氟草胺	无	0.02	0.07	0.07	
带夹豌豆、未成熟带夹豌豆	苯酸甲环唑	无	0.01	0.03	0.03	0.03
	氟硅唑	无	0.01	0.025	0.02	0.03
	甲胺磷	无	0.5	0.83	0.83	
青梗菜	甲氰菊酯	无	0.01	0.04	0.04	
韭菜	三唑磷	无	0.02	0.36	0.36	
	甲胺磷	无	0.3	0.63	0.63	
胡萝卜	环氟菌胺	无	0.01	0.2	0.2	
大蒜	噻螨酮	无	0.01	3.3	0.3	
蒜苔	嘧霉胺	无	0.01	0.073	0.19	
大葱	莠去津	无	0.02	0.03	0.03	
	三唑磷	无	0.02	0.045	0.03	
	甲胺磷	无	0.05	0.255	0.16	0.33
干木耳	甲胺磷	无	0.1	0.715	0.28	1.61
绿豆	氯氰菊酯	无	0.05	0.12	0.12	

我们可以做这样的分析，一个实行低标准的市场，技术壁垒低，准入的企业自然就多，这么多的企业实力和水平参差不齐，差的企业就会搞价

格战引发恶性竞争，标准高、成本高的产品被驱逐出市场，那么大家都不会再做费力不讨好的事情，也都不去花大成本生产标准高的产品，这样的后果自然就是，市场中剩下的全部都是劣质的认证机构。

五 认证人员

我国实行的是认证人员入门考试制度，只有通过入门考试完成注册方有资格进行认证审核工作，但是现有的认证工作人员普遍上专业技术教育缺乏、经验不足、自身道德素质不高，不能完全满足认证需要，制约着认证活动的有效开展。

很多审核员不具备现场审核的专业知识能力，自己不去审核现场的关键场所和部门，安排非专业审核员做自己的替代或者在现场找不到重点，干脆走马观花，蜻蜓点水。这种审核判断体系的信用根本无从谈起，审核卷宗交到机构审批，机构也会头疼不已。有些专业审核员尽管学历背景不错，可是没有相应的工作经历，只知道理论，没有实践，连车间也没见过，到了企业纯粹就是纸上谈兵。有些专业审核员老喜欢拿理论审核新问题，比如信息技术行业，基本上 2—3 年软硬件技术就要更新换代，这样飞速发展的领域审核，老眼光老知识显然不行。审核员的专业知识也影响着认证机构的认证信用。

除了审核员个人素质以外，审核一致性也是审核有效的重要组成部分。常听到受审核方抱怨"上次审核员怎么没提出这个问题，这次就变成不符合项了"，或者是"这次审核员对标准条款的要求和以前的审核员说的不一样"，等等。这家机构的审核员是这样审核的，而换一家机构的要求就不一样了。甚至同一家机构的审核员也会对标准的理解或者审核产生偏差。当然，这种不一致是不可避免、客观存在的。造成这种不一致无外乎两种原因：一方面对于审核员来说，工作经历、专业背景、工作方法、对标准的理解程度都不尽相同，因此审核中提出的问题、开出的不符合项肯定也是不一样的；另一方面对于认证机构来说，机构的定位、审核方案的管理、人员能力评价系统建立和保持的情况也各有侧重，再加上审核是一项基于抽样的活动，收集的符合性证据和做出认证决定的充分性也存在着差异。所以，审核的形式和内容上的不一致也是客观存在的。

部分认证机构审核员聘用及管理不规范，并未建立完整的内部文件档案，不按规定合理安排审核组人员。认证机构为了降低成本，会减少对有能力审核员的聘用，减少培训以降低固定成本投入；有些认证机构还会减少审核人数和天数，甚至不用专业能力强的审核人员，更有甚者弄虚作假，以降低变动成本。另外，大量安排审核负荷，使得审核人员处于过度疲劳的状态，不重视人员培训，不及时传达认证认可相关法律法规标准，审核员在业务能力和新知识的掌握方面仍然是比较薄弱的环节。

在我国的认证产业取得显著成效并对我国的国民经济和社会发展做出巨大贡献的同时，我们也应该看到，现行我国的认证制度并不完善、体系并不健全。认证产业还不能完全满足国家发展的需要，认证产业需要全面改善，认证机构也没有实现政企分开，其结构不规范，能力和素质相较于国际认证机构也有很大差距，认证的采信度还不够高，对国民经济的作用也有待进一步加强，国内和国际合作的广度和深度不够，我国国内认证在国际上的地位和我国贸易大国在国际上的地位不相符，这些存在的问题与落实科学发展观构建和谐社会的总体要求相比还有明显差距。

第三节 中国认证市场的现状——一个调查案例

一 认证分级制度实施概括

为评价认证分级制度对认证机构的影响，中国合格评定国家认可委员会（CNAS）对82家认证机构进行了为期5年的分级评价。从图4-2可以看出，中国认证分级制度实施5年以来，A级的机构稳步增长，说明分级管理制度促进了认证机构的良性发展，机构进一步加强自律，持续改进效果明显，降低了认证风险。由于A级机构数量的增加，B级机构相对减少；C级机构数量较少，但存在一定的风险，一方面是因为机构管理体系运行较差，总的评价分数低被评为C级，另一方面是因为机构管理的漏洞出现了"黑点项"所描述的问题，即存在个别风险较高的问题，这种类型的评价结果有偶发性和不确定性。

在86家机构参加分级评价中，A级30家，占参评机构总数的35%；B级50家，占参评机构总数的58%；C级6家，占参评机构的7%。

二 重大事故核查

随着社会对认证认可行业关注度的不断提升，CNAS秘书处为了及时

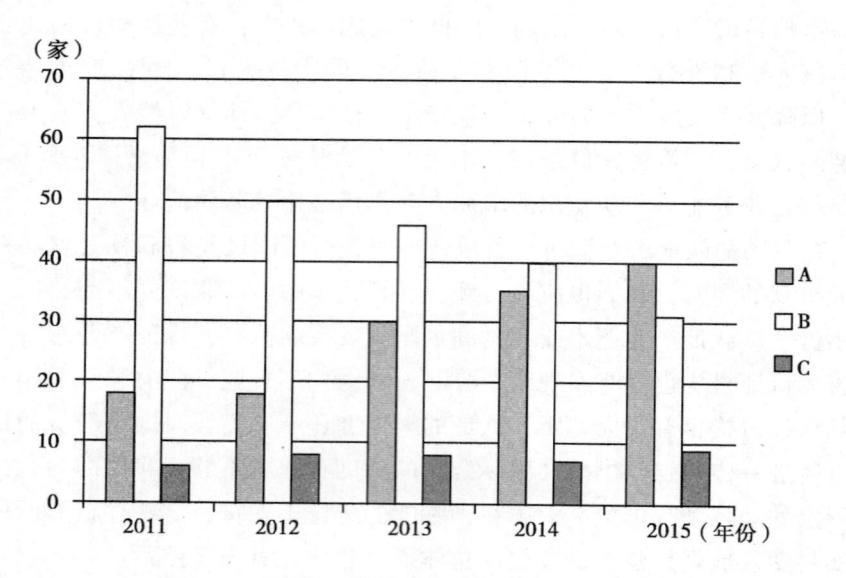

图 4-2　2011—2015 年分级评价结果演变态势

发现获认证组织发生事故情况，尽早做出处理，减少认证和认可行业的风险，于 2011 年建立了重大事故/事件核查机制，通过关注新闻媒体（如中央电视台"3·15"晚会、焦点访谈）、安监局、工商局等网站公布的事故/事件信息，开展对涉及组织的获证情况核查工作。

2015 年 1 月 1 日至 2015 年 8 月 31 日，CNAS 核查发现共有 29 家获证组织发生重大事故/事件，涉及 16 家认证机构，暂停了 23 张认证证书，撤销 7 张认证证书，其中有 14 起事故/事件是 CNAS 秘书处通过媒体、行业网站等核查发现，并重点关注了吉林宝源禽业有限公司火灾爆炸、吉林省白山市通化矿业（集团）公司八宝煤矿瓦斯爆炸等重大事故以及新西兰恒天然集团乳制品等事故/事件认证机构的应急响应及采取措施的处理情况。获证组织发生事故/事件涉及行业分布如图 4-3。

通过图 4-3 统计分析发现，化工、食品、建筑行业依然为发生事故的高风险行业。认证机构应对这些行业在认证审核实施过程给予高度重视和关注，并强化相关人员的专业能力。针对这些重大事故/事件信息，CNAS 秘书处在第一时间进行工作部署，通过认证机构信息通报机制，必要时到认证机构调查走访，以了解认证机构真实运作水平，查找认证和认可风险，最终认为大部分认证机构能够识别出发生事故/事件组织存在的突出问题，开具的不符合正是发生事故/事件的原因，而有的获证组织是在证书暂停期内发

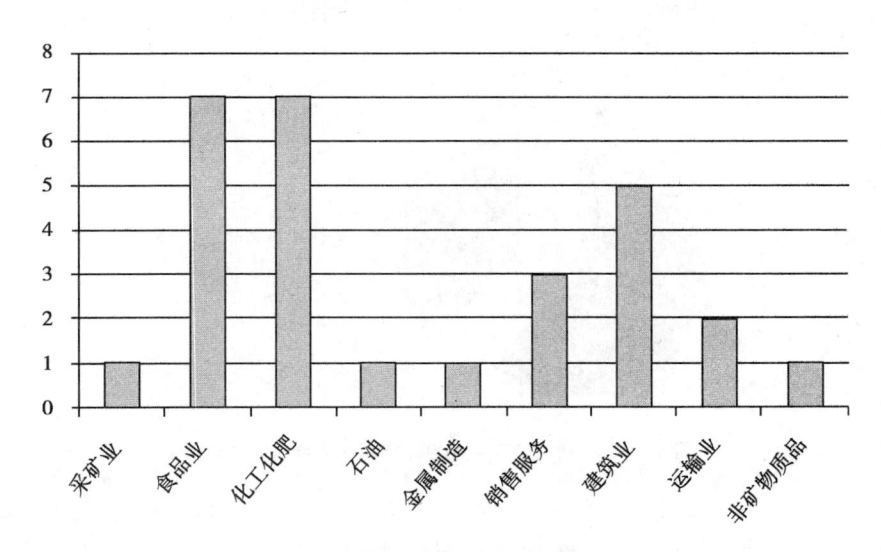

图 4-3 获证组织发生重大事故/事件按行业统计分布

生事故,说明认证审核对提升获证组织管理能够发挥积极作用。

三 专项监督检查和确认审核工作调研状况

为提高认证有效性,2013 年中国合格评定国家认可委员会(CNAS)对已认可的认证机构进行突击专项监督检查和确认审核工作。监督检查的认证机构数量为 6 家,确认审核的认证机构数量为 14 家,并独立实施了对 60 家获认证机构的现场验证。涉及的地区为 11 个省市,具体包括北京、上海、天津、河北、浙江、广东、贵州、四川、湖南、湖北、河南。其中,专项监督检查范围为经 CNAS 认可的认证领域和认证业务范围,具体包括质量管理体系(QMS)、环境管理体系(EMS)、职业健康安全管理体系(OHSMS)、食品安全管理体系(FSMS)、自愿性产品认证等领域;确认审核的范围包括经 CNAS 认可的认证机构和认证证书带 CNAS 认可标志的获证组织。

总的来说,在突击监督检查过程中,中国合格评定国家认可委员会发现认证市场较为混乱,认证机构存在较多的不符合正常认证的程序。我们就专项监督检查和确认审核工作分别进行统计。

(一)专项监督检查发现的问题及统计分析

1. 专项监督检查发现问题统计

2013 年专项监督检查共发现各类不符合 95 项,按不符合的性质分析其中严重不符合 36 项，占专项不符合比例 38%，一般不符合 59 项，占专项不符合比例 62%，见图 4-4。

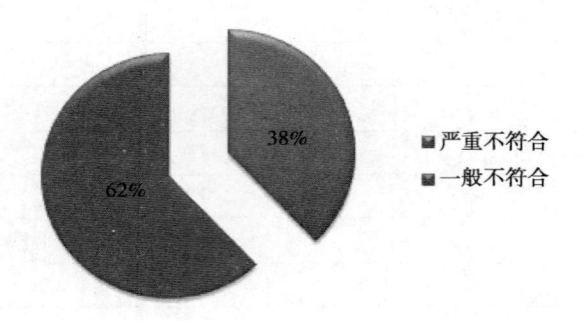

图 4-4　2013 年专项监督发现不符合性质分布

2013 年专项监督检查不符合项按不符合的类型分析，有效性不符合 30 项，占专项不符合项总数 32%；充分性不符合 23 项，占专项不符合项总数 24%；管理性不符合 36 项，占专项不符合项总数 38%；合规性不符合 3 项，占专项不符合项总数 3%，诚信性不符合 3 项，占专项不符合项总数 3%。

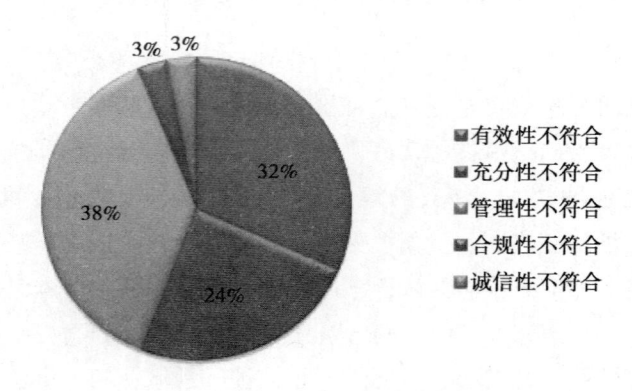

图 4-5　2013 年专项监督发现不合格类型分布

2. 通过专项监督检查发现认证活动中存在的主要问题

（1）发现个别机构超出认可范围（特别是高风险小类）颁发带有认可标志的认证证书问题。

（2）发现部分认证机构超出行政许可范围颁发认证证书问题。

（3）发现个别认证机构在安排对临时现场审核时未考虑路途时间，造成审核记录与实际情况不符。

（4）部分认证机构管理资源不足或管理人员能力较弱，认证过程管理存在一定不足：①合同评审人员能力不足，发现因专业代码错判或漏判问题，导致审核组专业能力不能满足要求。②项目策划人员能力不足，对结合有关审核人日数计算的要求不理解，导致审核人日数减少较多，影响审核有效性。③认证决定人员能力不足，认证决定不能充分把关，一些审核过程中的问题不能及时发现，认证结果存在风险。

（5）部分认证机构审核资源不足或审核人员专业能力不足：①机构能力分析评价系统的实施存在问题。发现部分专业审核员及技术专家不具备专业能力，审核组专业能力不足或无专业能力，影响审核有效性。②审核组能力不足。出现非专业审核员审核专业过程、初次或再认证审核不能覆盖全部认证范围、未对关键场所或过程进行审核等问题。

（6）部分机构信息通报存在问题。出现未上报审核信息、信息上报错误、将未经认可的不带 CNAS 标志的证书上报 CNAS 信息月报系统等问题。

（7）发现个别审核员申报专业能力时填写的工作经历与实际不符，造成机构错误授予专业能力。

（二）确认审核发现的问题及统计分析

1. 确认审核发现问题统计

2013 年中国合格评定国家认可委员会对 14 家认证机构实施的确认审核，共对 60 家获证组织实施了现场验证，现场验证共发现问题 74 项，根据现场验证发现的问题对认证机构开具了 47 项不符合，其中严重不符合 18 项，一般不符合 29 项，见图 4-6。

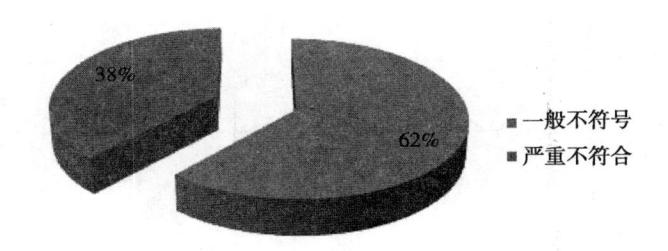

图 4-6 2013 年确认审核发现不符合性质分布

实施确认审核的 14 家认证机构中有 1 家机构的获证组织体系运行及机构的认证过程未发现问题；7 家机构的获证组织体系运行或机构的认证

过程基本满足要求；6 家机构的获证组织体系运行或机构的认证过程存在问题，其中部分机构和组织存在严重问题，见图 4-7。

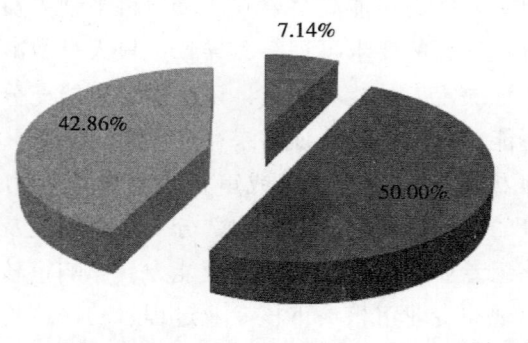

图 4-7　认证机构基本情况分布

60 家组织中有 15 家组织体系现场验证未发现问题，占抽样总量的 25%；2 家组织管理体系未实际运行，占抽样总量的 3%；12 家组织体系运行或生产过程控制存在严重问题，占抽样总量的 20%；31 家组织体系运行或生产过程控制等方面存在一般性问题，占抽样总量的 52%，见图 4-8。

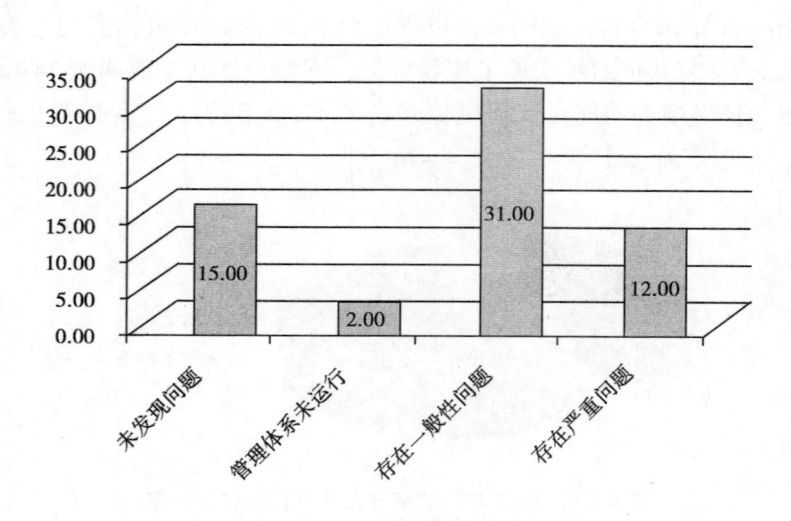

图 4-8　获证组织情况质分布

根据确认审核发现的问题，认证机构进行了深度整改，其中撤销获证企业认证证书6家、暂停认证证书7家、对6家企业进行了补充审核,见图4-9。

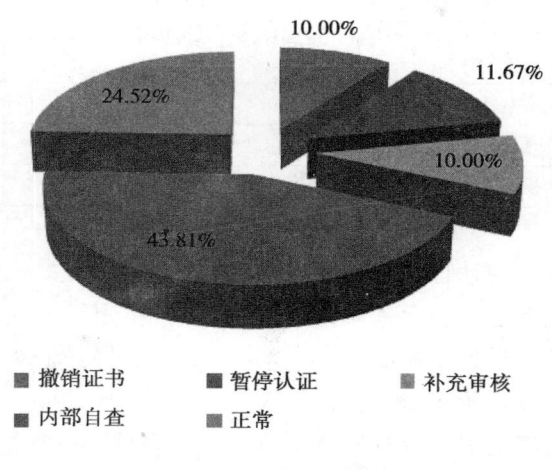

图4-9 获证组织结果处理分布图

2. 确认审核中发现获证组织的问题

（1）不具备必需的资质许可、认证的产品不在营业执照范围内。

（2）组织的体系文件不能满足要求：如不能提供包括质量手册在内的主要体系文件或体系文件中的内容与组织的实际情况无关。

（3）体系运行方面的问题；①组织主要管理人员对质量体系实施情况不清楚，不能回答一些基本问题，不清楚谁是组织的管理者代表；②未实施内审、管理评审或内审、管理评审内容与本组织无关。

（4）生产过程存在的问题：①现场未见对特殊过程实施有效控制，也不能提供近期控制记录；②主要生产过程外包，但未对外包进行有效控制。

（5）检验过程存在的问题：①检验结果低于标准要求，未采取有效措施；②无进货检验、过程检验、成品检验等检验过程控制记录，见表4-8。

表4-8 获证组织主要问题统计

序号	问题描述	数量
1	不具备必需的资质许可、认证产品不在营业执照范围内	3
2	管理层不了解管理体系关键要求	3

续表

序号	问题描述	数量
3	无正当理由不能提供体系文件或文件存在严重问题	5
4	无正当理由不能提供内审、管理评审材料或内审、管理评审存在严重问题	8
5	不具备基本生产或检验条件	2
6	生产过程控制存在严重问题	8
7	产品检验过程存在严重问题	4

3. 确认审核发现认证机构认证过程存在的主要问题

（1）认证范围超出企业资质许可或营业执照范围；

（2）审核组不具备专业能力；

（3）未对关键场所实施审核；

（4）建筑施工组织质量管理体系审核中未安排具备审核资格的人员；

（5）获证组织的实际人数大于认证申请人数，认证机构未发现此问题；

（6）审核组能力不足或不负责任，不能发现企业存在的严重问题，审核记录或报告与企业实际情况不符，见表4-9。

表4-9　　　　　　　　认证机构主要问题统计

序号	问题	数量
1	认证业务范围确定存在严重问题	4
2	审核计划不合理	3
3	审核实施过程存在严重问题	3
4	审核组成员不具备能力或能力不足	8
5	审核报告与组织实际情况严重不符	1

总的来说，中国合格评定国家认可委员会采用专项监督与确认审核的结合，加强了 CNAS 评审组发现问题的能力。首先，确认审核现场验证发现 77% 的获证组织基本满足要求，认证结果基本有效。其次，2013 年发现严重不符合的比例较以往两年有所增加，针对专项监督及确认审核发现的全部不符合，认证机构均已整改，采取了相应的措施。就发现的问题进行举一反三，在机构内部进行全面排查，预防问题的再次发生。最后，专项监督中发现两家认证机构的管理及认证有效性方面存在较严重问题，

CNAS 已暂停一家机构的认可资格 90 天，对一家机构进行了书面告诫。

本章小结

　　本章所要探讨的问题是在集体声誉的约束下中国认证产业所表现出的认证现状。为回答这样的问题，本章首先分析了中国认证产业的认证概况，中国认证产业的认证产品构成，认证机构颁发认证证书的分布情况，以及认证机构的数量与地区分布；并在此基础上，本章剖析了中国认证产业所存在的问题，包括认证制度、认证行为、行业竞争、认证标准以及从业人员之间的问题；最后，借助一个针对认证机构的调研数据来深入探析个体认证机构所存在的具体问题。

第五章

集体声誉下中国认证行业虚假认证的形成机理

第四章表明中国认证产业存在特殊的集体声誉特征。那么，本章将要分析在认证产业存在集体声誉下，认证机构是否存在足够的动机进行虚假认证，实施虚假认证策略的条件是什么？一方面，我们将虚假认证细化为技术型虚假认证和合谋型虚假认证，分别分析集体声誉下技术型虚假认证和合谋型虚假认证是如何形成的；另一方面，我们还探讨了共享集体声誉的成员数量规模是如何影响虚假认证行为的。

第一节 集体声誉与技术型虚假认证的形成

前文已指出，技术型虚假认证的实质是认证机构技术投入水平不足导致的证书产出质量存在问题。本节将分析集体声誉的存在是否对认证行业的技术投入水平产生影响，从而导致行业技术型虚假认证的产生。我们使用连续时间框架的跨期动态最优化过程来刻画这一问题，通过比较认证产业在只有集体声誉特征、只有个体声誉特征以及兼具个体和集体声誉特征时认证行业技术投入水平的大小，以期获得集体声誉对认证行业的平均技术投入水平是否存在一定的扭曲，而在一定程度上产生技术型虚假认证。

由于技术投入强度是认证机构基于成本收益作出的决策行为，而生产企业不会关注认证机构的技术投入问题，其真正关心的是能否拿到证书。那么，技术投入水平是认证机构的单方面决策行为。因此，这部分不考虑生产企业的行为，分析的主体仅限于认证机构本身。

一 模型基本假设

这部分的模型建立在王弗里和麦克拉斯基（2005）集体声誉与质量

水平模型的基础之上,并对行业的声誉约束类型进行一定的扩展。假定认证行业中存在 N 家风险中立的认证机构给不同的企业颁发认证证书,行业不存在进入和退出。在一般国家的认证产业中,由于认证机构可以制定认证标准,每家认证机构均有独立可识别的声誉,如 UL、NIST 等属于权威的认证机构,有独立可区分的认证标识,获得认证的产品在市场中享有较高的声誉,因此,本书基准假定市场价格是由行业的集体声誉 R 和个体声誉 r 共同决定,即 $P(R,r)$。参照王弗里和麦克拉斯基(2005)的研究,集体声誉 R 和个体声誉 r 随着时间 t 的演变遵循历史声誉和行业历史质量的马尔可夫过程。认证机构 i 的技术投入水平为 q_i,假定技术投入水平 q_i 与技术型虚假认证的概率成反比,q_i 值越小,越容易导致技术型虚假认证。认证成本为技术投入水平的函数 $c(q_i)$。假定成本和价格的导数满足标准的结构形式 $c'(q_i) > 0$,$c''(q_i) > 0$,$p'_R(R,r) > 0$、$p''_{RR}(R,r) > 0$、$p'_r(R,r) > 0$、$p''_{rr}(R,r) > 0$,以及 $c''(q_i) > p''_{RR}(R,r) + p''_{rr}(R,r)$,这意味着认证机构的技术投入是有界的。为简化模型,我们同样假定 $p''_{Rr}(R,r) = 0$。

沿用王弗里和麦克拉斯基(2005)的方法,我们使用现代控制理论中基于连续时间框架的跨期动态最优化过程来解决行业技术投入的最优控制问题。确定最优控制问题可以表述为,在运动方程和允许控制范围的约束下,对以控制函数和运动状态为变量的性能指标函数(称为泛函)求取极值(极大值或极小值)。在认证行业中,每个认证机构在每一时期的认证中进行技术投入决策以获得最大化的期望利润,同时,这一最优化过程受到声誉状态方程的约束。那么,依据最优控制函数,每个认证机构的利润最大化问题可以表述为:

$$\max \int_0^\infty e^{-\delta t}[p(R,r) - c(q_i)]dt \quad (5.1)$$

$$\text{Subject to} \quad \frac{dR}{dt} = \eta\left[\sum_{j=1}^N \left(\frac{q_j}{N}\right) - R\right], R(0) \geq 0 \quad (5.2)$$

$$\frac{dr}{dt} = \eta\beta_i(q_i - r), r_i(0) \geq 0 \quad (5.3)$$

其中,δ 为折现率,参数 η 为真实的技术投入水平与消费者感知的差值,夏皮罗将这描述为消费者的学习速度,因为消费者可能不会连续每一时期都购买认证产品。β_i 为可见度参数,反映认证机构之间异质性的程度,这捕获了认证机构在市场中被消费者感知其存在的程度,$\beta_i \in (0,$

1),数值越大则意味着消费者对其越了解。可见度参数的设计是基于这样的考虑,由于像规模、市场份额、分布体系等因素,某一认证机构可能比其他认证机构更快地更新声誉。

二 个体声誉和集体声誉并存时认证机构的均衡技术投入

(一) 短期情形

我们首先考虑短期的情形,认证机构进行技术投入决策时只考虑短期的利益最大化,这意味着在已知或不考虑其他认证机构技术投入水平的前提下,认证机构 i 进行技术投入决策。为简化分析,我们首先考虑行业中只存在两家认证机构的特殊情形。那么,在双寡头情形下,认证机构 1 的汉密尔顿函数(Hamiltonian)现值为:

$$H_1(R,q_1) = [p_1(R,r_1) - c(q_1)] + \lambda_1\eta\left[\frac{q_1+q_2}{2} - R\right] + u_1 k_1(q_1 - r_1) \tag{5.4}$$

其中,λ_1 和 u_1 分别代表认证机构 1 集体声誉和个体声誉的影子价格。假定汉密尔顿函数在 q 上可微分且严格凹的。那么,方程(5.4)有一个内部解的必要条件为:

$$\begin{cases} \dfrac{\partial H_1}{\partial q_1} = 0 \\ \dfrac{\partial \lambda_1}{\partial t} = -\dfrac{\partial H_1}{\partial R} + \lambda_1\delta \\ \dfrac{\partial u_1}{\partial t} = -\dfrac{\partial H_1}{\partial R} + u_1\delta \end{cases} \tag{5.5}$$

我们可以分别得到:

$$\begin{cases} c'(q_1) = \dfrac{1}{2}\lambda_1\eta + k_1 u_1 \\ \dfrac{\partial \lambda_1}{\partial t} = \lambda_1(\delta + \eta) - P_R \\ \dfrac{\partial u_1}{\partial t} = u_1(\delta + k_1) - P_{r1} \end{cases} \tag{5.6}$$

跨期最优化过程属于终端自由型,所以满足 $\partial\lambda_1/\partial t = 0$,综合公式(5.6),可以得到:

$$c'(q_1) = \frac{\eta}{2(\delta+\eta)}P_R + \frac{k_1}{k_1+\delta}P_{r1} \tag{5.7}$$

第五章　集体声誉下中国认证行业虚假认证的形成机理

方程（5.7）意味着认证机构 1 在短期情形下的临界平衡点，即认证机构 1 投资技术的边际成本和从集体声誉与个体声誉中获得的边际收益相等。声誉边际收益的系数嵌入了折旧效应意味着随着消费者开始察觉到产品质量的改变，当前的技术投资可以在未来实现声誉的效应。为识别这个动态优化模型关于技术投资、集体声誉和个体声誉的均衡，将 $p(q)$、$c(q)$ 函数形式具体化，假设 $p(q)$、$c(q)$ 函数符合二次函数形式，即：$p(q_i) = a_0 + a_1 R + a_2 R^2 + a_1 r_i + a_2 r_i^2$、$c(q) = c_0 + c_1 q + c_2 q^2$，结合前文关于成本和价格函数的标准结构形式，可以将其替换为 $a_1 + 2a_2 R > 0$，$a_1 + 2a_2 r > 0$，$c_2 > 2a_2 > 0$，然后替代到方程（5.7）得到：

$$c_1 + 2c_2 q_1 = \frac{\eta}{2(\delta + \eta)}(a_1 + 2a_2 R) + \frac{k_1}{(\delta + k_1)}(a_1 + 2a_2 r) \quad (5.8)$$

然后，我们就可以获得认证机构 1 的技术投资水平、集体声誉和个体声誉之间的相互关系：

$$q_1(R, r_1) = \frac{1}{2c_2}\left[-c_1 + \left(\frac{\eta}{2(\delta + \eta)} + \frac{k_1}{(\delta + k_1)}\right) a_1 \right]$$
$$+ \frac{a_2 \eta}{2c_2(\delta + \eta)} R + \frac{a_2 k_1}{c_2(\delta + k_1)} r_1 \quad (5.9)$$

在双寡头模型中，模型均衡存在的充分条件是认证机构的技术投入不随时间的改变而改变，$\partial q/\partial t = 0$，这意味着在方程（5.9）中 $q_1 \equiv r_1$，那么可以得到行业集体声誉与认证机构技术投入水平的关系：

$$q_1(R) = \frac{-c_1 + (\frac{1}{2}\tau + \sigma_1) a_1}{2(c_2 - \sigma_1 a_2)} + \frac{\tau a_1}{2(c_2 - \sigma_1 a_2)} R \quad (5.10)$$

$$q_2(R) = \frac{-c_1 + (\frac{1}{2}\tau + \sigma_2) a_1}{2(c_2 - \sigma_2 a_2)} + \frac{\tau a_1}{2(c_2 - \sigma_2 a_2)} R \quad (5.11)$$

其中，$\tau = \eta/(\delta + \eta)$，$\sigma_i = k_i/(\delta + k_i)$。我们可以发现方程（5.10）和（5.11）的斜率 $dq_i/dR = \tau a_2/2(c_2 - \sigma_i a_2) \in (0,1)$，而且与认证机构的可见度参数 k_i 正相关。图 5-1 描绘了当 $k_1 > k_2$ 时方程（5.10）和（5.11）的趋势图。我们可以得知，在 A、B 和 C 三个区域中，点 A 的左边区域和点 B 的右边区域均不可能存在集体声誉的技术投入均衡，因为在点 A 左侧区域，两个认证机构同时生成大于集体声誉的技术投入水平，因此，行业的集体声誉一定会逐渐增加；同样的，在临界点 B 的右侧区域，两个认证机构都存在"搭便车"的动机来减少行业的集体声誉。那么，集体声誉均衡的临界点在 C 区域，具体地说，是与 $q_1(R)$ 和 $q_2(R)$ 等距离的 $q = R$ 线上，也即，$q_1(R) - R = -[q_2(R) - R]$，求解均衡的集体声誉然后替代到方程（5.10）和（5.11）可以得到认证行业短期的均衡技术投入：

$$Q*_{s(R,r)} = \frac{[-c_1 + (\frac{1}{2}\tau + \sigma_1)a_1](c_2 - \sigma_2 a_2) + [-c_1 + (\frac{1}{2}\tau + \sigma_2)a_1](c_2 - \sigma_1 a_2)}{4(c_2 - \sigma_1 a_2)(c_2 - \sigma_2 a_2) - [(c_2 - \sigma_1 a_2) + (c_2 - \sigma_2 a_2)]\tau a_2}$$

(5.12)

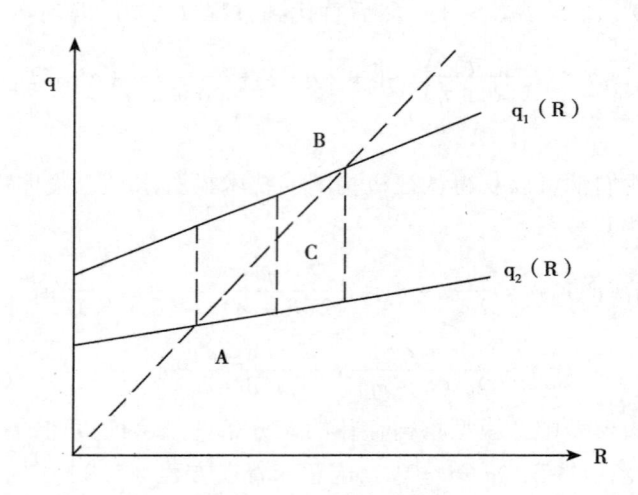

图 5-1 认证机构间技术投入决策的反应函数趋势图（$k_1 > k_2$）

（二）长期模型

接下来，我们考虑长期的情形，这意味着认证机构在技术投入决策过程中需要考虑其他认证机构认证策略的影响。根据标准的最优控制理论，当认证机构 i 意识到其他认证机构声誉状态方程的选择会影响其收益时，也即所有的认证机构在同一时期同时选择声誉状态方程时，长期的模型意味着认证机构要做出多次的认证技术投入决策，任何认证机构都有可能调整它们的技术投资以应对集体声誉水平变动的外生冲击。只有在任何一个认证机构没有修正自身控制变量的激励时，长期的模型才能达到技术投入的均衡状态。那么，在长期的模型中，认证机构 2 的汉密尔顿函数（Hamiltonian）现值可以表示为：

$$H_2(R, q_2) = [p_2(R, r_2) - c(q_2)] + \lambda_2 \eta \left[\frac{q_1(R, r_1) + q_2}{2} - R \right] +$$
$$u_2 k_2 (q_2 - r_2) \qquad (5.13)$$

其中，$q_1(R, r_1)$ 指的是短期模型中技术投入与集体声誉、个体声誉的方程，λ_2 和 u_2 分别代表认证机构 2 集体声誉和个体声誉的影子价格。同样的，遵循最优控制函数求解内部解必要条件的一般步骤，解其一阶条件，可以得到：

$$\begin{cases} \partial H_2 / \partial q_2 = -c'(q_2) + \dfrac{\lambda_1 \eta}{2} + u_2 k_2 \\ \partial \lambda_2 / \partial t = \lambda_2 [\delta - \eta (\dfrac{1}{2} q_{1R}'(R, r_1) - 1)] - P_R \\ \partial u_2 / \partial t = u_2 (\delta + k_2) - P_{r_2} \end{cases} \qquad (5.14)$$

根据 Hamiltonian 函数最大化原则，$\partial H_2 / \partial q_2 = 0$、$\partial \lambda_2 / \partial t = 0$、$\partial u_2 / \partial t = 0$，可以得到：

$$c'(q_2) = \frac{\eta p'_R}{2\{\delta + \eta[1 - \dfrac{1}{2} q'_{1R}(R, r_1)]\}} + \frac{k_2}{\delta + k_2} p'_{r_2}$$
$$(5.15)$$

同样的，使用标准形式的成本和价格二次型设定形式，我们可以得到：

$$c_1 + 2c_2 q_2 = \frac{\eta}{2[\delta + \eta(1 - \dfrac{\eta a_2}{4 c_2 (\eta + \delta)})]} (a_1 + 2a_2 R)$$
$$+ \frac{k_1}{\delta + k_1} (a_1 + 2a_2 r) \qquad (5.16)$$

求解 q_2，得到认证机构技术投入的反应函数为：

$$q_2 = \frac{1}{2c_2} \left[\left(\frac{\eta}{2\delta + 2\eta[1 - \dfrac{1}{2} q'_{1R}(R, r_1)]} + k_{\delta 2} \right) a_1 - c_1 \right] +$$
$$\frac{a_2 \eta}{2c_2 \{\delta + \eta[1 - \dfrac{1}{2} q'_{1R}(R, r_1)]\}} R + \frac{a_2 k_2}{c_2 (\delta + k_2)} r_2 \qquad (5.17)$$

通过同样的方法，我们可以得到在长期模型中认证产业的平均技术投入为：

$$Q*_{L(R,r)} = \frac{[-c_1 + (\frac{1}{2}\omega + \sigma_1)a_1](c_2 - \sigma_2 a_2) + [-c_1 + (\frac{1}{2}\omega + \sigma_2)a_1](c_2 - \sigma_1 a_2)}{4(c_2 - \sigma_1 a_2)(c_2 - \sigma_2 a_2) - [(c_2 - \sigma_1 a_2) + (c_2 - \sigma_2 a_2)]\omega a_2}$$
(5.18)

其中，$\omega = \dfrac{\eta}{[\delta + \eta(1 - \dfrac{\eta a_2}{4c_2(\eta + \delta)})]}$。

三 仅存在集体声誉时认证机构技术投入的扭曲

如前文所述，中国的认证产业存在着特殊的制度背景，这种制度背景使得认证机构在市场上变成了"隐形人"的角色，消费者无法直接识别每个认证机构的认证质量和认证行为。中国的认证机构不像美国 UL、MET 等认证机构拥有独立的品牌声誉，而仅仅存在行业集体声誉的特征。因此，针对中国认证产业的特殊制度背景，我们对认证产业技术投入的一般均衡模型进行了扩展，考虑了当认证行业仅存在集体声誉的情形。当认证行业只存在集体声誉特征时，认证机构利润最大化问题的两个声誉约束方程就变成一个仅有的集体声誉约束方程，也即：

$$\max \int_0^\infty e^{-\delta t}[p(R) - c(q_i)]dt \quad (5.19)$$

其中， $dR/dt = \eta[\sum_{j=1}^{N}(\dfrac{q_j}{N}) - R] \qquad R(0) \geqslant 0 \quad (5.20)$

按照同样的方法，对方程（5.19）和（5.20）进行 Hamiltonian 函数转换并解其内部解的一阶条件，那么，在这种情形下，所有的认证机构拥有同样的技术投入的反应函数为：

$$q_i(R) = \frac{1}{2c_2}[-c_1 + \frac{\eta(a_1 + 2a_2)R}{2(\delta + \eta)}] \quad (5.21)$$

然后，从 $q_i(R) = R$ 得到均衡的集体声誉，就可以分别得到短期和长期的认证行业的平均技术投入水平：

$$Q*_{S(R)} = \frac{\dfrac{\eta}{2(\delta + \eta)}a_1 - c_1}{2(c_2 - a_2\dfrac{\eta}{\delta + \eta})} \quad (5.22)$$

第五章 集体声誉下中国认证行业虚假认证的形成机理

$$Q*_{L(R)} = \frac{\frac{\eta}{[\delta + \eta(1 - \frac{\eta a_2}{4c_2(\eta + \delta)})]}a_1 - c_1}{2(c_2 - a_2\frac{\eta}{[\delta + \eta(1 - \frac{\eta a_2}{4c_2(\eta + \delta)})]})} \quad (5.23)$$

为便于比较,我们同样考虑了另外一种特殊的情形,即认证行业中只存在私人个体声誉,每个认证机构都是差异化的个体,它们可以为某一认证制定竞争力的标准,为认证标识进行大量的广告投放。由于在短期情形和长期情形的一个一阶条件中 $\partial H_i/\partial q_i = 0$ 均可简化得到 $c'(q_i) = [k_1/(k_1 + \delta)]P_{ri}$,这就意味着两种情形的技术投入反应函数和均衡的行业技术投入水平是相等的,那么,沿用基准的最优控制函数的求解方法,短期和长期情形的认证行业均衡技术投入为:

$$Q*_{L(r)} = Q*_{S(r)} = \frac{(a_1 - c_1)[(c_2 - \frac{a_2 k_1}{k_1 + \delta}) + (c_2 - \frac{a_2 k_2}{k_2 + \delta})]}{4(c_2 - \frac{a_2 k_1}{k_1 + \delta})(c_2 - \frac{a_2 k_2}{k_2 + \delta})}$$

$$(5.24)$$

在上述六种不同的情形下,我们比较了认证产业均衡技术投入水平的大小:$Q*_{L(R,r)} > Q*_{S(R,r)} > Q*_{L(r)} = Q*_{S(r)} > Q*_{S(R)} > Q*_{L(R)}$,在这一排序中,我们发现了以下两个重要的典型事实。

第一,除了行业中只有个体声誉的情形下,长期模型的认证产业平均均衡技术投入要大于短期模型的平均均衡技术投入,在长期模型下,任何认证机构都会调整它们的技术投资以应对集体声誉水平外生的冲击,这就意味着集体成员不会陷入一次性博弈的"囚徒困境"之中从而无止境地榨取行业的集体声誉,导致认证行业存在一种低效率的状态;相反,集体成员会根据集体声誉的动态变化,来执行它们的技术投资策略,这相当于重复博弈的过程,这种过程会逐渐强化声誉效应。不过,这种投资策略对行业技术水平的效应始终小于不同声誉情形下的效应,不同声誉情形下认证行业均衡技术投入水平的差异始终占主导地位($Q*_{S(R,r)} > Q*_{L(r)}$,$Q*_{S(r)} > Q*_{S(R)}$)。这一结论表明,认证行业所属声誉类型的差异比认证机构的市场行为更容易引发行业技术投入的不足,使得认证行业出现技术型虚假认证的可能性。

第二，在个体声誉、集体声誉以及个体声誉和集体声誉并存三种类型下，当认证行业中只存在集体声誉时的均衡技术投入水平是最低的。一方面，在行业只有集体声誉特征的情形下，消费者无法根据认证产品对认证机构进行个体追溯，而我们的研究发现，无论是在哪种情形下，$\partial q_i/\partial k_i > 0$ 均成立，这说明随着认证机构的可追溯性下降，认证机构的技术投入强度会逐渐下降，当认证机构个体无法追溯时，认证机构就不会存在投资技术的动机，每个认证机构都会存在"搭便车"的激励。另一方面，当将认证机构的数量扩展到 N 个时，随着行业内认证机构数量的增加，每个认证机构技术投资水平也下降，$\partial q_i/\partial N = -(a_1 + 2a_2R)\eta/2c_2N^2(\eta+\delta) < 0$，这与刘宗德（2007）的结论是一致的。那么，当集体的数量足够大时，声誉的溢价效应 $dq_i/dR = \eta a_2/Nc_2(\eta+\delta)$ 将不足以弥补这种技术投资水平的下降，使得 $dq_i/dR < \partial q_i/\partial N$。这一结论表明随着行业集体声誉特征逐渐加强，认证行业的技术投入水平逐渐降低，当行业中仅存在集体声誉时，行业的技术投入水平是最低的，这在一定程度上说明了集体声誉的特征对认证行业的技术投入水平存在一定的扭曲，这种扭曲将很容易导致技术型虚假认证的产生。

这一结论表明在集体声誉的制度设计下，中国认证产业的认证平均质量处于低水平的特征。作为解决买方和卖方因信息不对称所导致的逆向选择问题的一种有效机制，中国的认证产业并没有有效地将产品的信任属性转化为搜寻属性，从而缓解中国愈演愈烈的产品质量安全问题，尤其是食品安全问题，反而为生产企业增加了一层隐秘的面纱，加大了消费者甄别产品质量的难度。总的来说，这种低水平的特征主要表现在以下两个方面：第一，认证机构和企业合谋，即认证机构被申请认证的卖方企业俘获而进行的虚假认证。一方面，部分企业并非通过提高产品质量而获得认证标志，而是通过关系走认证，通过寻租手段买认证；另一方面，一些认证机构背离独立、诚信的原则，在认证过程中降低标准，甚至弄虚作假，达到减少认证成本的目的。第二，认证机构认证技术滞后，认证机构的技术投资水平较低，从业人员素质不高，认证机构的内部网络化和信息化建设的硬化和软件都比较滞后。认证机构和企业的合谋会"故意"产出错误的认证信息，而技术投资水平下降则会导致认证机构"非有意"的错误。

第二节 集体声誉与合谋型虚假认证的形成

合谋型虚假认证的实质是认证机构故意隐瞒产品质量信息，是认证机构和生产企业之间的合谋行为，因此，本节将这一行为通过博弈过程来刻画。这部分构建认证机构、消费者和生产企业的三方序贯博弈模型，生产企业首先根据产品的质量决定是否申请虚假认证，认证机构再决定是否接受生产企业的虚假认证，消费者并不能直接观测到认证机构出具的认证证书质量，而是仅仅能识别到行业的平均质量。在这样的博弈模型中，我们分析了合谋型虚假认证形成条件，以及集体声誉特征对合谋型虚假认证影响的强度。

一 模型的基本假设

一般而言，产品可以划分为搜寻品、经验品和信任品。搜寻品是指消费者在购买之前就可以知道其特征的产品。而经验品是指只能够在使用后才能确认其特征的产品。信任品是指在消费之后仍然不能确定产品的属性，例如法律和医学服务。由于搜寻品可以在购买之前就了解产品的质量状况，因此搜寻品市场并不存在信息不对称的问题。相反，由于消费者不可能观测到产品质量的真实状况，经验品、信任品市场的信息不对称问题较为突出。阿尔可夫（1970）的"柠檬市场"理论表明消费者和企业之间的信息不对称可能会导致严重的逆向选择和道德问题，造成"劣币驱逐良币"的现象。认证机构的信号传递功能是解决信息不对称的重要机制。目前，在中国的认证市场上，需要经过三方机构认证的产品主要是经验品，如质量标准的强制性认证 CCC 认证、有机农产品绿色认证、地理标志产品认证等，信任品的认证市场还处于探索的阶段。因此，假定企业生产的产品为经验品。

博弈的参与人为生产企业、消费者和认证机构。在博弈模型中引入消费者是基于这样的考虑：中国认证行业集体声誉特征直接表现为消费者无法追溯到认证机构个体声誉，可以用消费者识别到的行业平均质量来体现行业集体声誉的特征。根据目前中国的申请认证审核体系，假定企业、消费者和认证机构之间进行序贯博弈（Sequential Game），具体假设为：第一，生产企业首先采取行动，即递交认证申请，存在两种策略"诚实认证"和"虚假认证",如果企业预期诚实认证的利润更高,则会选择让认证机构如实披露产品信息;反之,如果企业预期虚假认证有利可图,就会向认证机构表达出合谋的意向。第二,认证机构根据生产企业的策略,结合自身的成本和收益函数,考虑是否与企业合谋进行虚假认证,那么,认证机构同样也有两种策略"诚实认证"和"虚假认证"。第三,在中国认证产业存在集体声誉特征下,消费者并不能直接观测认证机构出具的认证证书质量,而是仅能识别到行业的平均质量,消费者依据认证行业的平均质量和认证机构的行为决定是否购买认证产品,消费者的策略为"购买认证产品"和"不购买认证产品"。图5-2描绘了生产企业、认证机构和消费者三方的博弈过程。

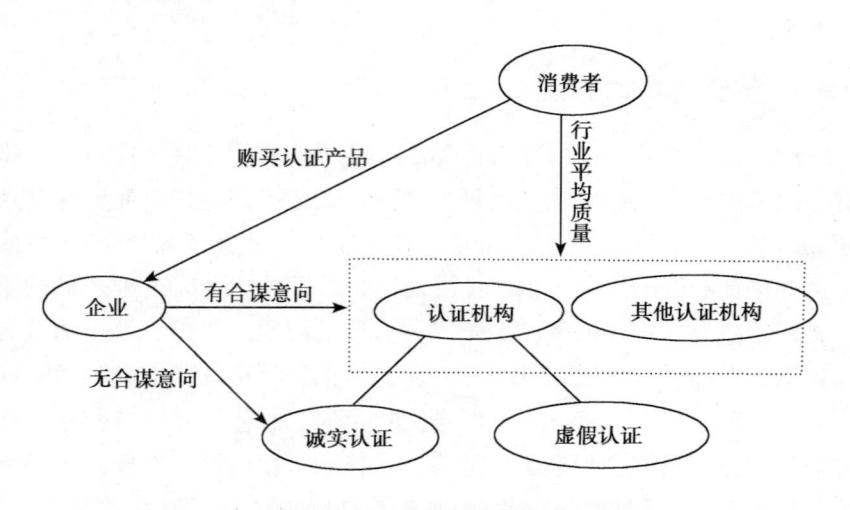

图5-2 企业、认证机构和消费者的博弈过程

由于企业技术能力和研发投入的限制,在短时间内,企业生产的产品质量是固定不变的。假定企业生产产品的真实质量为k,生产企业清楚了解产品的真实质量。假定认证机构不存在认证技术的滞后,拥有足够专业的员工和检测技术,能够对申请认证的产品进行无偏的认证。诚实认证意味着,一方面,认证机构通过派驻项目组进行实地调研、样品检测、设备检查等一系列的认证活动检测申请认证的产品是否达到认证标准;另一方面,对申请认证的企业准确真实地出具认证报告,若达到国家认证标准则予以在产品上标注认证标识,那么,认证机构诚实认证披露的产品质量信息为真实质量k,诚实认证的收费为F_h。如果认证机构背离独立、诚信的原则，简化认证流程，在认证过程中降低标准，甚至弄虚作假与生产企业合谋，认证过程走马观花，然后为认证企业出具合格认证证书，那么，认证机构执行虚假认证策略，其披露产品的质量信息为 $k + \Delta k$，虚假认证的收费为 F_l。由于生产企业自身了解其产品的真实质量为 k，倘若认证机构披露的质量信息小于 k，生产企业肯定不会认同认证机构的认证行为，从而选择更换其他认证机构，因此，只有当认证机构披露的质量信息大于 k，认证机构和生产企业的认证合作才会持续，所以假定 $\Delta k > 0$。

假定认证机构的认证成本由固定成本 c_f 和变动成本 c_v 构成，固定成本包括认证机构申请注册的费用、实验设备的投资、专业技术人员的工资等，变动成本包括认证审核项目组的差旅费、产品检测费用等。认证机构只有进行诚实认证时才发生变动成本，诚实认证的成本为 $c_f + c_v$，虚假认证的成本为 c_f。

一般而言，由于经过认证的产品存在溢价，市场上带有专业认证标识的产品往往定价比普通商品高，消费者往往也能接受这种认证溢价。不过，由于中国认证市场存在集体声誉约束的特殊性，消费者并不能直接观测认证机构出具的认证证书质量，不能直接识别认证机构和生产企业的虚假认证行为，而是仅仅能识别到认证行业的平均质量，因此，我们假设如果消费者选择购买认证产品，其愿意支付的认证溢价与认证行业的平均质量水平成正比，需要支付的价格为 $p_0 + p_c(x)$，x 为认证行业的平均质量水平，$x = \frac{1}{n}\sum_{i=1}^{n}(k_i + \Delta k_i)$，$p_c(x)$ 为认证溢价，$\partial p_c(x)/\partial x > 0$。如果认证机构和生产企业进行合谋出具虚假的认证信息，消费者通过监管部门、认证市场以及其他渠道间接识别虚假认证的概率为 $\alpha(0 < \alpha < 1)$。一旦消费者识别某一产品存在虚假认证现象，消费者就不会对认证产品支付认证溢价，而只能以普通商品的价格 p_0 购买。消费者从购买的产品中获得的支付函数为 $U(x + x_e)$，x_e 是消费者使用产品后对产品真实质量与购买预期的比较，如果消费者发现产品质量与其对认证产业平均质量水平预期相符，$x_e = 0$，消费者的支付函数为 $U(k)$。如果消费者使用产品后发现认证产品存在造假，就会认为产品是低质量的，购买虚假认证产品的支付函数变为 $U(k + \Delta k - k_e)$，那么，虚假认证给消费者造成的支付损失为 $U(k) - U(k + \Delta k - k_e)$。

二 合谋型虚假认证的生成条件

首先,生产企业根据产品的质量水平决定向认证机构提出虚假认证还是诚实认证。如果生产企业进行诚实认证,其获得的支付函数为 $\pi_h = p_0 + p_c(k) - F_h$。由于在特殊的制度性背景下,现阶段认证产业具有典型的买方市场特征,认证机构只能在生产企业执行策略后被动地选择自己的行动策略。如果生产企业对自己生产的产品有足够信心而选择进行诚实认证,基于成本收益的考虑,认证机构一定会选择进行诚实认证,那么其支付函数为 $F_h - c_f - c_v$。如果生产企业选择进行虚假认证,在这种情形下,生产企业不会支付给认证机构较高的认证费用,认证机构选择诚实认证将得不到任何支付,认证机构只能被动地进行合谋型虚假认证。那么,生产企业和认证机构获得的支付分别为 $\pi_f = (1 - \alpha) \times [p_0 + p_c(k + \Delta k)] - F_l$ 和 $F_L - c_f$。当虚假认证获得的支付大于诚实认证获得的支付时,即 $\pi_h < \pi_f$,生产企业会选择虚假认证,即虚假认证产生的条件为:

$$\alpha < \frac{p_c(k + \Delta k) - p_c(k) + F_h - F_l}{p_0 + p_c(k + \Delta k)} = \alpha * \quad (5.25)$$

对于消费者而言,消费者不能直接识别市场的虚假认证行为,而是通过认证行业的平均质量来间接地判断购买的认证产品的质量。随着市场中认证机构数量的不断增加,个体认证机构虚假认证的结果逐渐被稀释,消费者需要很长的一段时间才能对认证行业的认证质量进行重新预期,那么,个体认证机构虚假认证的行为越不能被市场所捕获。在信息不对称的条件下,理性的消费者能够预期到生产企业会选择虚假认证,从而不愿意为认证产品支付更高的溢价,而只是能接受普通价格的产品 p_0,消费者的占优策略是不购买认证产品。当消费者选择不购买认证产品时,对于生产企业而言,企业只有通过进行认证才能符合产品市场准入条件以及传递产品的质量信号,而且虚假认证的支付大于诚实认证的支付,$p_0 - F_l > p_0 - F_h$,那么,生产企业依然有动机进行虚假认证。不过,生产企业只愿意为虚假认证支付 F_l 的费用。对于认证机构而言,如果不接受生产企业的虚假认证要约,它将得不到任何收益,而生产企业始终可以找到合适的合作伙伴。由于 $F_l - c_f > F_l - c_f - c_v$,被动地接受生产企业的合作要约仍然是有利可图的,那么认证机构进行合谋型虚假认证的条件与生产企业虚假认证申请的条件一致,即:

$$\alpha < \frac{p_c(k+\Delta k) - p_c(k) + F_h - F_l}{p_0 + p_c(k+\Delta k)} = \alpha* \qquad (5.26)$$

对于消费者而言，如果认证市场进行诚实认证，消费者的福利水平为 $U(k) - p_0 - p(k)$，如果认证市场存在合谋型虚假认证，消费者的福利水平为 $U(k+\Delta k - k_e) - p_0$，因此，合谋型虚假认证对消费者的福利净损失为 $p(k) - U_{ke}$。对于认证机构而言，由于 $F_l - c_f < F_h - c_f - c_v$，认证机构诚实认证的福利水平大于虚假认证的福利水平。对于生产企业而言，虚假认证可以降低 $F_h - F_l$ 的认证费用，不过认证机构只能将价格降到 p_0，由于 $p_c(k) > F_h - F_l$，诚实认证的福利水平同样高于虚假认证的福利水平。那么，就整个系统而言，诚实认证和虚假认证的社会福利水平分别为：

$$W_h = U(k) - c_f - c_v \qquad (5.27)$$
$$W_f = U(k+\Delta k - k_e) - c_f \qquad (5.28)$$

由上式可以得到 $W_l < W_h$，虚假认证的社会福利水平低于诚实认证的社会福利水平。认证行业的合谋型虚假认证均衡使得整个市场的福利水平下降，认证行业陷入低效率的均衡。这一均衡结果与中国目前认证市场的现状是相吻合的。随着认证机构的增多，认证市场的竞争不断加剧，买方市场特征越来越明显，进而导致恶性竞争局面的出现。并且，由于大多数的认证机构规模都较小，对客户的依赖程度很高，给认证市场带来严重的后果。一方面，为了争取更多的客户，一些认证机构不得不通过降低认证价格和认证质量，向企业做出顺利通过认证的承诺，甚至主动帮助企业伪造相关的申请资料以保证基本的收益，维持自身的生存与发展。

与此同时，一些企业也存在着急功近利的心态，申请认证不是为了提高自身的管理水平和产品质量，而是希望尽快获得认证后的收益。在这种情况下，认证机构与企业在合谋上很容易达成共识，使得虚假认证现象进一步恶化。另外，随着认证机构数量的增加，认可机构对认证机构的从业资格进行监管与复查的难度也不断加大，导致一些认证机构不仅超出批准范围从事认证活动，甚至与企业勾结进行虚假的认证，造成了认证市场的混乱状态。那么，认证市场的混乱使得消费者不再相信认证产品，不愿意为认证标识支付溢价，这又反过来导致生产企业和认证机构的盈利空间进一步受到压缩，因此，认证行业难免陷入一种低效率的均衡状态。

三 认证行业的集体声誉特性对合谋型虚假认证的强化

在上述模型中,认证机构实施合谋型虚假认证策略的条件为消费者发现虚假认证行为的概率 α 满足

$$\alpha < [p_c(k+\Delta k) - p_c(k) + F_h - F_l]/p_0 + p_c(k+\Delta k) = \alpha^*。$$ α^* 越小,α 小于临界值 α^* 的概率就越小,生产企业和认证机构进行合谋型虚假认证的可能性就越小,反之合谋型虚假认证的可能性就越大。

α^* 的大小受到两个方面的影响,第一,生产企业进行诚实认证和虚假认证的费用之差。$F_h - F_l$ 值越大,α^* 值越大,认证机构进行合谋型虚假认证的激励越强,进行诚实认证的可能性越小。在生产企业、认证机构和消费者的序贯博弈中,企业首先采取行动,虚假认证的费用越低对企业的吸引力越大,会造成企业考虑认证的成本和收益后的占优策略是"虚假认证"。企业首先选择虚假认证,那么认证机构的占优策略也是"虚假认证",消费者的占优策略就是"不购买认证产品",市场陷入认证信誉缺失的低效率均衡。生产企业的策略选择是该博弈的关键,企业支付的认证费用和从认证中获得的收益是最终结果的决定因素。诚实认证和虚假认证费用差距越小,高效率均衡出现的可能性越大。

为了优化认证市场竞争环境,有效遏制恶性低价竞争,着力提高认证的有效性,促进认证事业健康有序发展,中国认证认可协会制定了认证机构认证收费的最低限价,认证费用与申请企业的规模直接相关,如在质量管理体系认证中,员工人数在 65 人以下的企业初审最低限价为 12000 元,员工人数在 626—1175 人的企业初审最低限价为 32000 元。然而,中国认证市场的现状并非如此,随着认证机构的数量不断增加,认证机构之间的竞争越来越激烈,使得本该属于卖方市场的认证行业逐渐转变为买方市场,生产企业可以从众多的认证机构中进行自由选择,这直接导致认证机构在与认证企业业务沟通过程中失去主导权,处于不利地位,市场上的认证收费价格一降再降,这一现象会直接导致合谋型虚假认证的产生。

此外,目前缺乏对认证机构的不诚实认证、认证机构与消费者之间合谋处罚的正式法规,政府往往采用内部通报、警告以及罚款等方式对违约的认证机构进行非正式的惩罚,而几乎不采用停业整顿、吊销执照、市场禁入等退出机制。这种恶性竞争直接降低了认证行业的盈利能力,使得整个行业的利润率下降。以环境管理体系认证为例,对于一个中型生产企业

而言，认证收费大约在 4 万—元 5 万元，认证成本大约在 2 万—3 万元，认证收费一降再降，从最初的十多万降到 2 万—3 万元，现在几千元的价格有的认证机构也考虑做，认证机构只能通过减少认证项目、缩短认证时间等虚假认证来节约认证成本，只要缴纳认证费用的企业则一般都会通过认证。

第二，认证证书的认证溢价。$p_c(k+\Delta k)-p_c(k)$ 值越大，α^* 值越大，认证机构进行合谋型虚假认证的激励越强，进行诚实认证的可能性越小。在中国的产品市场中，认证产品的定价要普遍高于非认证的产品。以有机农产品为例，普通绿豆价格为每公斤 14 元左右，而有机绿豆的价格则为每公斤 46 元左右，每公斤普通大米的价格最贵的也不超过 8 元，而有机大米的价格则为每公斤 30 元左右。这样定价上的差别使得多数企业明知自身产品达不到认证标准也要申请认证证书，部分生产企业铤而走险通过关系、寻租来寻求合谋型虚假认证。刘宗德（2007）使用中国私营企业的调查数据同样表明，提高产品的售价是生产企业进行认证的重要动机。

此外，在 α^* 值一定时，α 越大，越有可能得到高效率均衡结果。如果消费者在购买产品前能够观察到认证审核过程是否严格执行了相关标准，以及认证机构实际收取的费用是否与诚实认证费用相差较大等信息，那么消费者发现合谋型虚假认证的概率就会大大增加，认证机构与消费者之间的信息不对称程度因此而得到改善。当我们将目光聚焦到中国的认证产业时，在中国认证行业存在集体声誉特征的情形下，这增加了认证机构和消费者之间的信息不对称程度，消费者识别认证机构虚假认证的概率非常低，即 α 值非常小，几乎等于 0，这使得认证机构的虚假认证条件很容易就能得到满足，以至于基本上可以忽视证书溢价和诚实认证与虚假认证的费用之差对认证机构实施虚假认证策略的激励。那么，这就意味着，认证行业的集体声誉特征强化了市场的合谋型虚假认证。

第三节 共享集体声誉的成员数量与虚假认证的强度

第一节和第二节的分析表明，集体声誉的存在会使得认证行业产生不同程度的技术型虚假认证和合谋型虚假认证。不过，认证行业集体声誉约束的程度并非固定不变,随着认证机构的不断进入和退出,集体声誉特征的强弱也会波动,那么,本节分析集体声誉内成员的数量结构对认证机构认证策略是否存在异质性的影响以及对虚假认证行为是否存在强度的作用。在基准模型中,我们考虑了监管机构对每一个认证机构实施相同力度的监管,这相当于生产企业、认证机构和监管进行一次博弈。

一 模型基本假设

博弈的参与方为政府监管部门、认证机构和生产企业。博弈的参与方不同于前一部分是基于这样的考虑,第一,上一节引入消费者是因为消费者识别的行业平均质量能反映集体声誉的特征,而本节主要是考虑集体声誉内部的成员数量,因此,在博弈参与方中不考虑消费者的因素。第二,监管部门作为认证市场循环系统中非常重要的一个主体,其监管策略直接影响着认证机构的行为,因此在本节引入政府监管部门这一主体。

与前文一致,生产企业和认证机构的合作行为为序贯决策过程,分别存在两种策略,"诚实认证"和"虚假认证"。作为认证市场的监管者,政府监管部门也有"监管"和"不监管"两种选择。假定监管部门是一个理性的第三方,其在监管的同时也需衡量监管的成本与收益,如果监管的成本过高,监管部门很可能基于自身成本收益的原则考虑减少监管或不实施监管。图 5-3 描绘了生产企业、认证机构和监管部门的博弈过程。

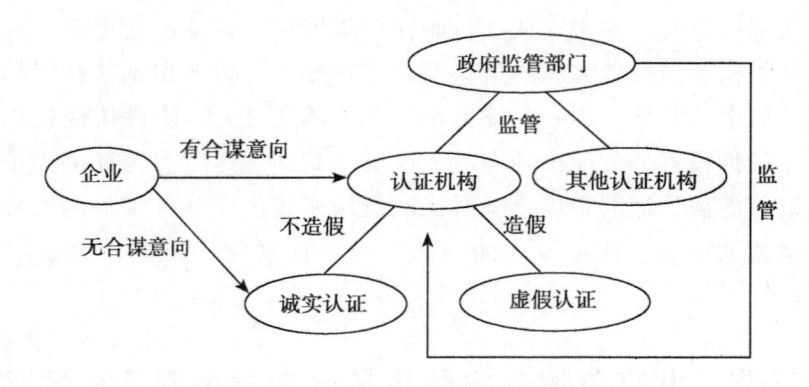

图 5-3 监管部门、生产企业和认证机构的博弈过程

假定认证行业中存在 n 家风险中立且同质的认证机构给不同的企业颁发认证证书,认证机构可以自由进入和退出市场。认证机构的收费为 R^c,

在中国的认证市场中,监管机构一般对某些认证业务都制定了收费的最低限价,认证机构需要根据最低限价的规定来调整收费价格,因此我们假设认证机构的收费 R^C 有两个部分组成,最低限价 R^{C0} 和自主调整部分 $R^{C\Delta}$,认证机构的收费差异仅在于 $R^{C\Delta}$,每个认证机构可以根据自身特点、市场状况等因素对 $R^{C\Delta}$ 进行差异化的设定。随着认证行业内认证机构的不断进入,认证行业的市场竞争逐渐加剧,在认证需求不变的前提下,认证机构最终只能进行价格竞争来争夺新客户以及维持老客户资源,因此,我们假定 $\partial R^C/\partial n < 0$,$\partial R^{C\Delta}/\partial n < 0$,认证机构越多,认证价格 R^C 与最低限价之间的差额 $R^{C\Delta}$ 越小。

认证机构的认证成本为 C^C,如前文所述,认证机构的认证成本由固定成本和变动成本组成,鉴于认证服务的特殊性,随着新成立的认证机构不断进入市场,一方面,认证机构为应对竞争而付出的隐性成本包括招待费、宣传费等变动成本将会有所增加,另一方面,每个认证机构所占的市场份额将会减少,这使得认证机构的固定成本包括申请注册的费用、实验设备的投资、专业技术人员的工资等分摊到每个认证业务上的份额也有所增加。因此,我们假定 $\partial C^C/\partial n > 0$。

与前文的假设保持一致,生产企业只能通过质量认证这种方式向消费者传递产品的质量信息。由于企业技术能力和研发投入的限制,在短时间内,企业生产的产品质量是固定不变的,每个企业只生产一种质量水平的产品,质量为 q^F,生产成本为 C^F。如果生产企业向认证机构申请提出诚实认证,那么生产企业支付的认证费用为 R^C,这一认证使得生产企业获得的收益为 R^F,当然,$R^F > R^C$,否则产品质量水平为 q^F 的企业将不会申请认证。假定认证机构不存在认证技术的滞后,拥有足够专业的员工和检测技术,能够对申请认证的产品进行无偏的认证,认证机构对诚实认证披露的质量信息为 q^F。

如果生产企业向认证机构提出合谋以获得更高的质量水平 q'^C,那么其需要认证机构支付费用 B。显而易见,认证机构披露的质量水平 q'^C 与真实的质量水平 q^F 差异越大,认证机构被监管部门发现虚假认证的概率就越大,存在的风险也就越大,那么,认证机构索取的认证费用也就越高。因此,我们假定 $\partial B/\partial(\Delta q) > 0$,$\Delta q = q'^C - q^F$。在虚假认证中,生产企业获得的收益为 $R^F + A$,其中,A 指生产企业虚假认证的额外收益。同样的,认证机构披露的质量水平 q'^C 与真实的质量水平 q^F 差异越大,生产企业虚假认证获得的额外收益也越大,因此,我们假定企业合谋的额外收益 A 与 Δq 也存在着正相关关系,即 $\partial A/\partial(\Delta q) > 0$。

监管机构对认证市场的认证行为进行监督。如果监管部门查出虚假认证,那么,监管机构将对认证机构和生产企业进行惩罚,包括收缴生产企业的额外收益 A 与生产企业向认证机构支付的合谋费用,以及给予生产企业和认证机构数额不等的罚款 $\varphi(\Delta q)$。认证机构披露的质量水平 q'^C 与真实的质量水平 q^F 差异越大,监管部门罚款的数额越大,假设 $\varphi(0) = 0$,$\varphi'(\Delta q) > 0$,$\varphi''(\Delta q) > 0$。认证机构支付的罚款为 $\alpha_1 \varphi(\Delta q)$,生产企业支付的罚款为 $\alpha_2 \varphi(\Delta q)$,$0 < \alpha_i < 1$。假设政府有效的监管会得到市场正向的反馈,其有效监管获得的奖励为 $\beta\varphi(\Delta q)$,$\beta \in [0,1]$。监管部门进行监管需要投入的成本为 C^M,随着认证机构数量的增加,监管部门监管的难度也会增加,假定其监管的成本也同样会增加,即 $\partial C^M/\partial n > 0$。如果监管部门不进行监管,监管成本和收益均为零。如果认证合谋发生而监管部门没有有效地查出虚假认证时,这会对社会造成很大的负面影响,最终使得监管部门的公信力下降而受到损失 $\lambda(A + B)$。

假设生产企业向认证机构提出申请虚假认证的概率为 η,认证机构接受虚假认证的概率为 θ,监管机构对认证市场实施监管的概率为 γ,而且有效查出虚假认证的概率为 φ,而其满足 $0 \leq \eta, \theta, \gamma, \varphi \leq 1$。随着行业内认证机构数量的增加,一方面,生产企业和认证机构合作的转换成本会大幅度下降,生产企业在和认证机构合作时便存在谈判的主动权,当其提出申请虚假认证时,认证机构接受虚假认证的概率会增加;另一方面,虚假认证的隐蔽性会加大,监管机构实施监管的难度也会加大,这会导致监管机构有效查出虚假认证的概率降低,因此,我们假设 $\partial\theta/\partial n > 0$,$\partial\gamma/\partial n < 0$,$\partial\varphi/\partial n < 0$。

二 认证市场的两阶段模型

根据上述的相关假设,认证市场虚假认证的形成可以分为两个阶段,生产企业在第一阶段向认证机构提出虚假认证申请,认证机构在第二阶段决定是否接受认证合谋实施虚假认证。只有两个阶段均满足其收益函数,认证合谋才能最终达成。表 5-1 报告了生产企业、认证机构和监管部门的收益矩阵。

第五章 集体声誉下中国认证行业虚假认证的形成机理

表 5-1 监管部门、生产企业和认证机构三方博弈的收益矩阵

监管部门	企业 认证机构	提出合谋意向		不提出合谋意向
		虚假认证	诚实认证	诚实认证
监管	查清	$\eta\theta\varphi[\beta\varphi(\Delta q) - \lambda(A+B) - C^M]$	$-\eta(1-\theta)\varphi C^M$	$-(1-\eta)\varphi C^M$
		$\theta\gamma\varphi(R^F - B - \alpha_2\varphi(\Delta q))$	$(1-\theta)\gamma\varphi(R^F - R^C)$	$\gamma\varphi(R^F - R^C)$
		$-\eta\gamma\varphi\alpha_1\varphi(\Delta q)$	$\eta\gamma\varphi(R^C - C^C)$	$(1-\eta)\gamma\varphi(R^C - C^C)$
	未查清	$-\eta\theta(1-\varphi)[C^M + \lambda(A+B)]$	$-\eta(1-\theta)(1-\varphi)C^M$	$-(1-\eta)(1-\varphi)C^M$
		$\theta\gamma(1-\varphi)(R^F + A - B)$	$(1-\theta)\gamma(1-\varphi)(R^F - R^C)$	$\gamma(1-\varphi)(R^F - R^C)$
		$\eta\gamma(1-\varphi)B$	$\eta\gamma(1-\varphi)(R^C - C^C)$	$(1-\eta)\gamma(1-\varphi)(R^C - C^C)$
不监管		$-\eta\theta\lambda(A+B)$	0	0
		$\theta(1-\gamma)(R^F + A - B)$	$(1-\theta)(1-\gamma)(R^F - R^C)$	$(1-\gamma)(R^F - R^C)$
		$\eta(1-\gamma)B$	$\eta(1-\gamma)(R^C - C^C)$	$(1-\eta)(1-\gamma)(R^C - C^C)$

根据模型的基本假设和表 5-1 的收益矩阵可知,生产企业向认证机构提出虚假认证申请的期望收益为:

$$E^F(C) = R^F - R^{C0} - R^{C\Delta} + \theta(R^C - B + A) - \theta\gamma\varphi(A + \alpha_2\varphi(\Delta q)) \quad (5.29)$$

生产企业向认证机构申请诚实认证的期望收益为:

$$E^F(H) = R^F - R^{C0} - R^{C\Delta} \quad (5.30)$$

如果生产企业向认证机构提出进行诚实认证,认证机构只能实施诚实认证。否则,认证机构可以进行虚假认证和诚实认证两个策略,那么,认证机构采取诚实认证的期望收益为:

$$E^C(H) = \eta(R^C - C^C) \quad (5.31)$$

认证机构采取虚假认证的期望收益为:

$$E^C(C) = \eta B - \eta\gamma\varphi(B + \alpha_1\varphi(\Delta q)) \quad (5.32)$$

监管部门实施监管的期望收益为:

$$E^C(O) = \eta\theta[\varphi\beta\varphi(\Delta q) - \lambda(A+B)] - C^M \quad (5.33)$$

监管部门不实施监管的期望收益为:

$$E^C(R) = -\eta\theta\lambda(A+B) \quad (5.34)$$

三 共享集体声誉的成员数量对虚假认证强度的影响

生产企业提出虚假认证申请的条件为虚假认证的期望收益大于诚实认证的期望收益,即 $R^{C0} + R^{C\Delta} - B + A > \gamma\varphi(A + \alpha_2\varphi(\Delta q))$。当生产企业在这个条件下向认证机构提出虚假认证申请时,随着分享集体声誉的认证机构数量 n 增加时,认证机构的认证收费 R^C、监管部门的监管概率 γ 和有效查出虚假认证的概率 φ 都减小,不等式两边的大小关系并不确定。不过,不等式左右并不会一直减少,R^C 减少到最低限价 R^{C0} 后就不再减少,而不等式的右边则会一直减少,这意味着存在某一临界的 n_0 使得 $R^C - B + A = \gamma\varphi[A + \alpha_2\varphi(\Delta q)]$,当 $n > n_0$ 时,上述不等式获得满足。这表明,随着集体声誉内成员数量的增加,生产企业向认证机构提出虚假认证申请的可能性增加。

那么,一旦生产企业提出虚假认证意向之后,认证机构接受虚假认证的条件为 $R^C + \gamma\varphi(B + \alpha_1\varphi(\Delta q)) < B + C^C$,令
$f(n) = R^C + \gamma\varphi(B + \alpha_1\varphi(\Delta q))$,$g(n) = B + C^C$,将其对 n 求导得到,$\partial f(n)/\partial n = \partial R^C/\partial n + (B + \alpha_1\varphi(\Delta q))[(\partial\gamma/\partial n)\varphi + (\partial\varphi/\partial n)\gamma]$,$\partial g(n)/\partial n = \partial C^C/\partial n$,我们可以发现 $\partial f(n)/\partial n < 0$,随着行业内认证机构数量 n 的增加,$f(n)$ 表现出逐渐减小的趋势,其最小值为 R^{C0},而 $\partial g(n)/\partial n > 0$,这意味着 $g(n)$ 与认证机构数量 n 存在正相关,图 5-4 描绘了认证机构数量与 $f(n)$ 和 $g(n)$ 的具体关系。

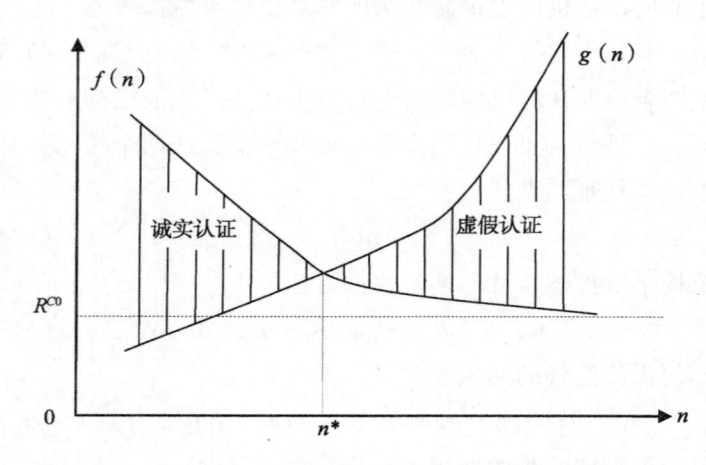

图 5-4 集体声誉内成员数量对认证机构策略的影响

当行业内认证机构的数量等于 $n*$ 时,$f(n) = g(n)$,这是认证机构策略选择的临界点,这意味着认证机构实施虚假认证与诚实认证策略的效用是相等的;当行业内的认证机构数量小于 $n*$ 时,$f(n) > g(n)$,认证机构进行虚假认证策略的收益小于诚实认证,理性的认证机构在这一种情形下不会选择接受生产企业的虚假认证申请;而当行业内的认证机构数量大于 $n*$ 时,$f(n) < g(n)$,认证机构会开始选择实施虚假认证,而且随着 n 越来越大,认证机构虚假认证的期望收益也会越来越大,认证机构实施虚假认证的激励也会越来越大。这意味着,共享集体声誉的成员数量会对行业中的虚假认证行为起到强化的作用,成员的数量越多,市场中虚假认证的强度越强。

本章小结

本章分析在认证产业存在集体声誉约束的情形下,认证机构虚假认证形成的机理,包括实施虚假认证策略的动机、条件以及共享集体声誉的成员数量对虚假认证行为的影响。我们将虚假认证细分为技术型虚假认证和合谋型虚假认证,分别分析集体声誉下技术型虚假认证和合谋型虚假认证是如何形成的。

第一,集体声誉下技术型虚假认证的形成,使用现代控制理论中基于连续时间框架的跨期动态最优化过程来解决行业技术投入的最优控制问题。通过比较在只有集体声誉约束、只有个体声誉约束以及兼具个体和集体声誉时长期和短期两种情形下认证产业均衡技术投入的大小。研究发现,一方面,在个体声誉、集体声誉以及个体声誉和集体声誉并存3种类型下,当认证行业中只存在集体声誉时的均衡技术投入水平是最低的。这意味着集体声誉的特征对认证行业的技术投入水平存在扭曲,这种技术投入水平的不足将很容易诱发行业的技术型虚假认证。另一方面,认证行业所属声誉类型的差异比认证机构的市场行为更加容易引发行业技术投入的不足,使得认证行业出现技术型虚假认证的可能性。

第二,集体声誉与合谋型虚假认证的形成。研究发现,一方面,生产企业进行诚实认证和虚假认证的费用之差和认证证书的认证溢价越大,认证机构进行合谋型虚假认证的动机就越强;另一方面,在中国认证行业存在集体声誉特征的情形下,这增加了认证机构和消费者之间的信息不对称程度，消费者识别认证机构虚假认证的概率非常低，这使得认证机构的合谋型虚假认证条件很容易就能得到满足，以至于基本上可以忽视证书溢价和诚实认证与虚假认证的费用之差对认证机构实施虚假认证策略的激励。这就意味着，认证行业的集体声誉特征强化了市场的合谋型虚假认证。

此外，这一章进一步探讨了分享同一集体声誉的认证机构数量结构对认证机构认证策略的影响。研究发现，随着集体声誉内成员数量的增加，认证机构虚假认证的期望收益会越来越大，认证机构实施虚假认证的激励也会越来越大。那么，在集体声誉的临界数量规模为 n^* 时，认证机构的认证策略开始从诚实认证向虚假认证转变。共享集体声誉的成员数量会对行业中的虚假认证行为起到强化的作用。

第六章

集体声誉下虚假认证治理的内部惩罚机制

前文已表明，中国的认证产业存在集体声誉的特征，并且这种特征会直接诱发认证行业的虚假认证行为。集体声誉本质上是一种准公共品，那么，认证行业集体声誉的维护需要集体内成员之间进行持续的诚实认证。然而，单个认证机构可能为了短期的收益而进行虚假认证，这如同公共品博弈中的"搭便车"现象，这必然会导致整个行业的集体声誉受损，可见，集体声誉具备公共品自愿供给的"脆弱性"特征。那么，对认证行业虚假认证的治理就可以演变为集体声誉下成员行动困境的治理，即治理集体中成员行为"搭便车"的问题。因此，本章基于集体行动的视角，从认证产业的非正式制度安排入手，尝试依靠认证机构之间的惩罚机制来约束认证机构的行为。

第一节 集体内部惩罚机制的内涵及分类

集体内部惩罚机制本质上是企业与其伙伴之间互动的规则及规范，既是一种界面规则，又是一种能实际操作的实务，它约定了焦点企业与其伙伴之间交易、交换以及交流的行为所遵守的准则或规制及途径，是行业内部的一种非正式制度安排，其目的是为能解决有关违约、合作以及协调等方面组织间的治理问题。

一 集体内部惩罚机制的内涵

市场经济体制下，政府并不是管得越多越好，而应是"有所为，有所不为"，政府的干预往往具有强烈的"刚性"特征，政府强硬之手的干预，有时反而会对市场秩序造成一定的扭曲，阻碍市场的健康发展。同时，政府的干预总带有强烈的"行政色彩"，总是以提高行政管理的效率为基准或主要目标，而很少顾及"公平""安全"等其他价值目标，政府的干预有时就难免会与市场的要求相脱节，与市场的发展相悖。市场的发展有其自身的规律，作为市场主体的工商业者与政府相比，其更能发现和把握市场规律。因此，实行商人自治是西方国家悠久的商业传统，"私法自治""意思自治"是西方发达的商业社会一贯的原则和做法。

集体内部企业之间的关系既不是纯粹的市场交易关系，也不是单一企业内部部门间的关系，一般无法通过上级命令来解决各种冲突。集体内部惩罚是指个体自愿花费一定成本去惩罚那些违反或破坏集体规范的"搭便车"者，即使承担的成本得不到预期补偿，惩罚的结果客观上具有一定的利他性（丁绒，2013）。集体内部惩罚本质上是企业与其伙伴之间互动的规则及规范，它既是一种界面规则，又是一种能实际操作的实务，其约定了焦点企业与其伙伴之间交易、交换以及交流的行为遵守准则或规制及途径，是行业内部的一种非正式制度安排，其目的是为能解决有关违约、合作以及协调等的组织间治理问题。集体惩罚机制是作为一种组织化的"私序"（Private Order）产生继而进行运作，其产生是源于公共秩序的不完善。"私序"可以上升为具有普适性的正式法律制度，但在此之前，它们是在法律制度的约束下，集体惩罚机制是对市场失灵和政府失灵的补充和支持，是在市场和政府失灵的背景下行业治理选择的必然结果。集体惩罚机制既不同于市场治理机制，也不同于单个企业的治理机制，其跨越了企业的传统边界，而在更大的范围内进行资源的优化配置。这种机制将惩罚条款加在违约者的身上，节点间的契约就是关系型契约。

传统的产业组织文献已表明，利用惩罚机制来对集体内部合作行为进行规范，显然是极为有效的一种走出合作困境的途径［罗奥（Luo，2008）］。珅玛基斯（Yamagishi，1992）的研究表明，当群体成员彼此间的合作预期较少时，政府倾向于人为设置或者引入某种惩罚规范。巴利埃特等（Balliet et al.，2011）认为，惩罚能够促进合作的原因有两个，一方面，惩罚对背叛行为的制裁被视为一种强制力量，使得机会主义行为的选择不再具有吸引力；另一方面，惩罚对背叛行为的制裁增加了社会两难中对他人合作的预期。费尔和干车特（Fehr 和 Gachter，2000）基于实验经济学方法对惩罚机制在维持团体合作方面的作用进行了真实实验，结果发现在带惩罚的实验局中，每期成员平均合作水平呈现稳定上升的趋势，而在无惩罚的实验局中则呈现下降的趋势。

然而,基于公共品博弈的实验研究结果表明,惩罚机制并不能有效维持集体内的合作均衡[赫尔曼特等(Hermannet et al., 2008);干车特和赫尔曼,2011]。首先,个体具体惩罚程度并不是不计任何代价的情感宣泄式的非理性决策行为,它同样会随着惩罚成本的上升而下降,遵循普通商品的需求规律[尼弗拉凯和诺曼尼(Nikiforakis and Normann, 2010)]。其次,惩罚制度会引发对于惩罚进行报复的敌意反惩罚行为[福尔克等(Falk et al., 2005)]。最后,惩罚机制本身也是一种公共品(玡玛基斯,1992),进行合作的个体完全可以选择不惩罚的"搭便车"方式,这实际上形成了公共品的"二阶搭便车难题"(叶航等,2005;福尔克和弗斯巴赫,2006;叶等,2011)。

事实上,惩罚机制在维护群体合作时会产生两种不同的效应,一方面,如传统产业组织文献所描述的惩罚威胁是一种强制力量,使得成员的"搭便车"行为不再具有吸引力;另一方面,惩罚行为会导致下期的初始禀赋降低,使得惩罚的可置信威胁能力降低,在集体内部产生惩罚的毁灭性效应。那么,惩罚机制在集体合作中执行的效果则依赖于两种效应谁更占主导地位。赫尔曼特等(2008)、干车特和赫尔曼(2011)的实验研究结果发现,在不同国家进行同样的标准公共品实验和惩罚实验时,有一些国家当中(比如俄罗斯)合作者往往也会受到"搭便车"者的敌意惩罚,此时惩罚丧失了促进合作的显著性效应。这一结果实际上意味着不同文化氛围和社会环境当中个体存在着差异性的惩罚和报复情感,惩罚机制促进合作的效应对于不同文化氛围的国家或者地区也比较敏感。

那么,惩罚机制是否适用于中国的认证产业,能否治理中国认证行业的虚假认证问题?特别是制度性的框架将认证行业形成一个集体性的范畴,而且认证行业还存在着双边市场的特征。制度理论认为,制度包括正式约束机制,如规则、法律、法规等,也包括非正式约束机制,如行为准则、习惯、规范等,所有制度安排都是显性契约与隐性契约的混合体。因此,依据中国认证行业的特殊背景,这部分尝试从隐性契约和显性契约两个方面设计机制治理认证行业的虚假认证问题。

二 集体内部惩罚机制设计思路

(一)构建信任环境约束机会主义行为

信任减少了很多沟通上的烦恼,使人无须质疑别人的可信度,信任的使用价值比其他任何东西都要大。奥斯特罗姆（1997）指出信任是企业间合作形成的三大关键因素之一，是解决合作困境的重要手段。信任联结合作企业的节点，缺乏信任必然会导致企业间合作的失败。那么，信任是同行之间关系的一种重要的无形资产。个体企业能够相信其他企业不会依靠各自内部的脆弱性而去侵占其他企业的利益，而且承诺依据事前的规范进行守法的合作，形成一种长期的合作状态，最终演变为一种具体普遍约束效力的制度力量。事实上，这种作用源自于信任的两个重要功能，第一种功能是信任能够降低交易成本，交易成本在企业之间合作关系中是普遍存在的。如果企业之间存在高度的信任，彼此之间的协调成本将会降低，卢曼强调这属于一种系统简化机制，通过信任可以降低环境的复杂性和系统的复杂性。第二种功能是信任能够使信息传播更充分。由于信任的存在，企业之间更加愿意分享、沟通生产经营过程中的生产流程、工艺创新以及成本节约等方面的信息，这些信息便于企业及时有效地作出正确的判断和制定策略。如果企业间不存在信任，那么，企业会隐瞒解决相关特定问题的关键信息，如在生产工艺的成本节约、更加有效地操作机器设备等，最终会产生一些机会主义行为。

那么，高度的信任环境能够让交易成本降低，约束行业的机会主义行为，使得信息流动得更加畅通，企业之间的合作效果也就明显提高。信任环境的存在有利于增加行业的向心力，不仅是合作关系形成的催化剂，同时也是企业之间协同效应的基础。信任环境的约束机制是行业治理逻辑的基础性机制，贯穿于治理逻辑的整个过程，起着极为重要的约束机会主义作用。

（二）完善监督体制引导个体企业行为选择

合作是社会经济活动中互惠互利的行为。然而在利己行为的背后，利他行为因人而异，并非所有的企业都会采用互利的合作方式。对于"搭便车"的企业，法律制度、行业制度等就已经制定了相应的约束机制，以此来消除机会主义行为。

一般来说，激励和约束机制是纠正和引导企业个体行为的两种方式，激励机制是积极的、正面的，以持续企业的正面行为；约束机制则是消费的、负面的，给企业以威胁的效果使其做出应有的变化。在市场运行中，激励和约束一般同时产生作用，约束是激励执行的辅助手段，规范企业不符合社会行动逻辑的行为，选择符合社会逻辑又有利于自身利益的行为。

约束机制对约束者和被约束者会产生成本,直接约束的成本最高,而社会规范约束的成本相对较低。目前,约束机制在行业中是普遍存在的,比如 IOFS 治理结构的市场主体行为约束,违约的企业轻则品牌声誉受到严重损害,重则企业被驱逐出市场。

在中国认证产业中,缺乏对认证机构的不诚实认证、认证机构与消费者之间合谋的非正式监督体制,而仅仅依靠政府采取的非正式处罚,相当多的认证机构不承担机会主义行为导致的约束成本。也就是说,认证机构守信和不守信、合作和不合作对其生产收益影响不大,在自利主义的驱动下,认证机构"搭便车"行为就显得比较普遍。因此,在认证产业内部,需要监督体制来引导认证机构的认证行为,这既包括直接约束机制,也包括行业的规范约束机制;既包括显性的契约设计,也包括隐性的契约设计。

三 内部惩罚的隐性契约机制

集体内部隐性契约是指在集体内部企业广泛接受并遵守的行为方式,包括信用、声誉、被广泛接受的行为标准以及在重复关系中形成的共识。其通过改变成员的信念和价值,能够对成员的经济行为产生重要影响(格莱泽和施可曼,2003;宏和卡佩兹凯,2009;李培功和沈艺峰,2011)。

隐性契约意味着,当集体内的某个成员出于物质利益的诱惑违背已经建立和存在的某种规范时,虽然直接的、短期的收获可能会很大,但与此种纯粹外部性的奖励和惩罚约束力不同,对它而言,背叛的诱惑长期利益为负,并主要通过内部非物质性的心理约束力起作用。在市场经济中,企业是信誉的载体,企业必然会更重视未来预期,主动调整自身功能或行为以更好地适应集体目标,并将获取的经验应用到继续生存中,尽可能延续自身的长远利益,这使一些非正式的隐性契约有助于达成长期合作的交易规范或价值观,较易得到一致性认同并被集体内的成员默契地共同遵守,成为必须恪守的类似于道德或伦理的规范机制,内化于企业的日常经营行为中,从而将一次性交易的机制转化为重复性交易的机制。

这时,对规范的遵守就成为理所当然的行为,拥有着自组织的强大力量,自发地促成集体内企业间的稳定有序合作,具备制度化的特征,其约束力具体体现为两点:一方面,采取欺诈行为的企业会遭受来自集体内其他成员的威慑或可能性制裁,即便仅是面对面的谴责或社会舆论的压力,这种负面信息也会迅速扩散，可轻易破坏企业长时间建立起来的声誉，而一旦声誉受损，下次交易时会面临被排斥和边缘化的险境，极端情形可导致失去信任和失去所有交易机会等；另一方面，假如某一行为规范的信念已内化到企业生产运营管理的方方面面，规范就会保持一定程度的稳定，企业一旦违背，就会降低它在集体其他成员面前的自尊或社会认同度，无论违背的程度如何，即便仅是良心的拷问或背后的流言，也会引起矛盾和痛苦的感受，使之承受一定的心灵成本。

已有文献表明，集体内部成员之间遵守隐性的契约能够抑制企业合作中的机会主义行为。卡萨里（Casari等，2009）通过实证研究认为，合理的惩罚可以促进企业间的技术合作，并且相对于独立实施惩罚，协商惩罚能产生更好的合作水平。类似的文献还有于海生等（2008）、马斌和徐越倩（2006）以及金蒂斯和费尔（2012）等。

四　内部惩罚的显性契约机制

集体内部显性契约是成员之间的显性制度安排，通过在成员之间签订协议的方式约束成员间的行为，来达到缓解合作中的囚徒困境问题（卡萨里等，2009；赵骅等，2010；米森等，2011）。一般而言，显性契约强调详细规定每个成员的义务、角色、责任、绩效期望、监管程序以及争议解决方案等。显性契约具有两个特点：一是强调契约的完备性，也就是要求每一个成员在合作时签订详尽的契约以约束各自的行为；二是强调对合作过程进行监督的重要性，即为了保证契约所规定的内容在合作过程中有效实施，必须对合作的过程进行严格的监控。

显性契约是集体建立在激励相容的基础之上。契约条款反映着集体内各成员一致的合作意愿，每个成员虽保持独立决策的权利，但是各自的决策共同影响着集体的经营，竞争性合作是成员间关系的集中体现。尽管在具体目标上可能存在差异，其中可能是攻击性和防御性战略，也可能是组织学习战略，但是这些动力必须体现在各企业对集体组织的一致选择基础上，在这一基础上，各企业之间共享资源和信息以获取专业化分工协作的经济性以及促进组织知识的增长。激励相容不仅意味着每个成员均能满意获得合作的收益因此而具有相同的激励，也意味着违约的惩罚机制能确保契约的顺利维持和执行。满足这样条件的显性契约意味着契约应当是一个自动履行的契约。

已有文献已经探讨了集体内部显性契约对约束机会主义行为的作用。发玛（2008）指出复杂性契约能够通过提供一个解决冲突的替代选择，建立一个可预期的合作环境氛围，从而消减交易障碍并促进合作行为。达斯和唐（2001）指出，正式的契约能够有效规范联盟双方的预期行为，进而降低机会主义行为所带来的联盟不稳定性。其通过界定哪些行为是允许的，哪些行为是不允许的，从而将机会主义行为的监测变得简易可行，最终降低了机会主义行为的可能性。类似的文献还有戴尔（1997）、林琳（2010）、张琥（2008）等。

第二节 集体声誉下虚假认证治理的隐性契约惩罚机制

集体内部隐性契约实质上可以归纳为无限次重复"囚徒困境"博弈中的冷酷策略（赵骅等，2010）。为此，我们构建了一个无限期的集体成员认证行为重复博弈模型。市场上存在一群同质的认证机构和消费者，依据认证行业集体声誉的特征，设计了双重不完全的信息结构，一方面，消费者无法识别单一认证机构的认证质量，只是能观测到认证行业的平均质量；另一方面，认证机构之间不能完全观测到其他认证机构的行为，只能观测到一定距离的认证机构的认证行为。

在博弈中存在三个阶段，声誉合作阶段、同行惩罚阶段和公共惩罚阶段。在声誉合作阶段，每个认证机构都进行诚实认证，消费者选择购买经过认证的产品，行业的集体声誉是好的；当某一认证机构选择进行虚假认证时，虚假认证将触发拥有完全信息的认证机构的冷酷策略，行业开始进行同行惩罚阶段，这一阶段消费者并没有预期到行业的平均质量下降，行业的集体声誉仍然是好的；当消费者识别行业的集体声誉下降，行业就进入公共惩罚阶段，此时，消费者不再愿意购买认证产品，博弈结束。然后，我们捕获了均衡条件下隐性契约惩罚机制治理虚假认证的条件及难度。

一 模型基本假设

本节的模型建立在萨克（2012）关于地理标志产品集体声誉治理的基础之上。本模型与其不同之处在于，针对中国认证产业中认证机构之间的分布特征，对模型中认证机构的信息结构进行了特殊设计。考察在认证行业中存在 n 家同质且风险中立的认证机构颁发认证证书给企业需要认证的产品，企业的产品销售给风险中立的消费者。在每期期初，每个认证机构为认证证书设定的价格为 p_{it}，认证机构间同时选择认证行为，诚实认证 e_h 和虚假认证 e_f，其认证成本分别为 c_h 和 c_f，由于诚实认证需要必要的人力和机器设备的投入，因此，对于认证机构而言，诚实认证成本 c_h > 虚假认证成本 c_f，诚实认证证书质量 > 虚假认证证书质量。消费者决定是否购买经过认证的产品，如果消费者不购买，认证机构和消费者的效用都为零；如果消费者选择购买，消费者的效用依赖于认证证书的质量，购买诚实认证机构认证的产品，期望收益为 v_h，购买虚假认证机构认证的产品，期望收益为 v_f，假定 $v_h - c_h > 0 > v_f - c_f$。在同一时期中，消费者和认证机构同时行动。时间是离散且无限期的，贴现系数为 δ。

中国的认证产业存在着特殊的制度背景，认证体系不像美国、德国等发达国家那样以自下而上的方式在市场演进的过程中自发生成，认证标准的制定、执行、监督和认可等工作都是由市场完成，政府只起到规范行业发展的作用，而是在转轨过程中依靠政府的力量自上而下的方式纵向建立起来的。在这种政府主导的认证产业发展模式下，绝大部分认证标准都是由政府制定，然后以授权的方式委托给取得资质的多家认证机构同时执行，这导致同一种认证证书有众多不同的认证机构在发放，或者说多家认证机构在共同生产某一认证信息，而且，产品上只显示统一的认证标志而没有指明是哪家认证机构具体进行的认证。这就意味着，认证机构在市场上变成了"隐形人"的角色，消费者无法直接识别每个认证机构的认证质量和认证行为。在这种特殊的制度背景下，中国的认证机构不像美国UL、MET 等认证机构拥有独立的品牌声誉，而实际上成为一种集体声誉行业。那么，在中国认证产业存在集体声誉约束下，消费者并不能直接观测认证机构出具的认证证书质量，而是仅能识别到行业的平均质量，将其表示为：

$$y_t = \frac{1}{n}(\sum_{i=1}^{n} e_{it} + \varepsilon_{it}) \quad (6.1)$$

其中，e_{it} 是认证机构 i 在 t 时期的认证证书质量水平，ε_{it} 是噪声，假定服从 $(0, \sigma^2)$ 的正态分布。y_t 是认证行业平均质量的公共信号，也即行业集体声誉的强度。将认证行业平均质量的公共信号 y_t 划分为两个维度，临

第六章 集体声誉下虚假认证治理的内部惩罚机制

界值为 $\tilde{y}$，$y_t > \tilde{y}$ 意味着行业的集体声誉是好的，反之集体声誉是不好的。博弈的公共历史信息 H_t 包括公共信号的集合 $\{y_s\}_{s=1}^{t-1}$ 和价格集合 $\{p_s\}_{s=1}^{t-1}$，其中 $p_t = \{p_{i,t}\}_{i=1}^n$，假定消费者的购买决策依赖于公共历史信息和价格 (H_t, p_t)。只要认证行业的集体声誉水平 $y_t > \tilde{y}$，以及认证证书的溢价小于或者等于期望收益 v_h，消费者就会选择购买；如果认证行业的集体声誉水平 $y_t < \tilde{y}$，消费者就不会购买溢价高于 v_f 的产品。那么，消费者的购买策略可以表示为：

$$customer = \begin{cases} buy & if\ p_{it} \leq v_h, and\ y_s \geq \tilde{y}, s = 1, \cdots, t-1, or\ p_{it} \leq v_f \\ don't\ buy & otherwise \end{cases}$$

(6.2)

在制度性的背景下，中国的认证产业存在着外生的集体声誉约束的特征。事实上，与天然集体声誉约束的区域农产品、地理标志产品等相比，外生集体声誉约束的认证产业存在着独特的特征，一方面，集体声誉内的成员具有特殊的散点式的地域分布特征，认证行业的 175 家认证机构分布在全国 30 个省、市、自治区，有的个别省份只有一家认证机构，相隔最远的两家认证机构的直线距离达到数万公里，而不像在天然集体声誉约束下，所有的成员密集地分布在某一特定的区域；另一方面，认证机构间的所有制存在着差异，由于各个区域的市场化水平存在巨大差异，在市场化程度低的地区中，有些认证机构还隶属于体制之内，或者属于自收自支的事业性单位，而在市场化程度高的地区中，认证机构基本上都已经完成改制，或者在其成立之初已经是市场化运行。这两个特征导致了分享集体声誉的部分认证机构并不能有效或者有意愿地识别到其他认证机构的认证行为。

结合这样的实际特殊背景，我们考虑了一种特殊的认证机构之间的信息结构，将中国认证机构的散点式分布特征视为一个闭合的圈子，假定每个认证机构之间是等距离的分布，每个认证机构只能完美观测到与其距离在 z 内的认证机构的行为，而不能观测到距离大于 z 的认证机构行为。那么，对于每一个认证机构 $j \in \{|i-z|_n, \cdots, |i+z|_n\}$，$z \in \{1, \cdots, n-1\}$，其满足当 $i - z \leq 0$ 时，则 $|i-z|_n = n - x$，当 $i - z \geq n + 1$ 时，则 $|i-z|_n = x - n$。认证机构 i 的私人信息是与其距离在 z 内的认证机构行为的

序列 $\{e_{i,s}^z\}_{s=1}^{t-1}$，其中，$e_{i,s}^z = \{e_{|i-z|_n,s},\cdots,e_{i,s},\cdots,e_{|i+z|_n,s}\}$。假定认证机构首先制定认证证书的价格，然后决定其认证的行为。每个认证机构的价格决定依赖于历史公共信息和与其相距 z 的认证机构努力程度 $(H_t, \{e_{i,s}^z\}_{s=1}^{t-1})$，认证机构的努力决定依赖于 $(H_t, \{e_{i,s}^z\}_{s=1}^{t-1}, p_{i,t})$。

假定集体内存在诚实认证的行为规范，每一个认证机构将集体规范内化于每一期的认证行为中，认证机构之间遵循诚实认证的隐性契约。如果单一认证机构不采取维护集体声誉的认证行为，其他认证机构会执行惩罚策略。在博弈模型中，集体内部隐性契约的实质是无限次重复博弈中冷酷到底的触动策略（赵骅等，2010），也即，在认证行业中，拥有完全信息的认证机构会对执行虚假认证的认证机构执行冷酷到底的触动策略。那么，认证机构 i 的认证策略可以表示为，只要质量公共信号 y_t > 临界值 $\tilde{y}$，并且与其距离在 z 内的认证机构在 t 期以前选择诚实认证，认证机构 i 在 t 期会选择诚实认证；一旦公共信号 y_t < 临界值 $\tilde{y}$，或者在其可观测范围之内的认证机构选择虚假认证后，认证机构 i 从 t 期开始都会选择虚假认证，即：

$$e_{it} = \begin{cases} e_h, if\ y_s \geq \tilde{y}\ and\ e_{i,s}^z = \{e_h,\cdots,e_h\}, s = 1,\cdots,t-1 \\ e_l, otherwise \end{cases}$$

（6.3）

二 均衡分析

我们将无限期的重复博弈演变划分为三个阶段，声誉合作阶段、同行惩罚阶段和公共惩罚阶段。在声誉合作阶段，行业的集体声誉是好的（$y_t > \tilde{y}$），所有的认证机构都进行诚实认证，此时，消费者愿意支出 v_h 的价格购买认证产品。当某一认证机构在 t 时期开始进行虚假认证时，拥有完全信息的认证机构在 $t+1$ 期执行冷酷到底的触动策略，那么行业就进入同行惩罚阶段。由于触动策略只有在 z 范围的认证机构之间执行，这不足以使得行业的公共信息下降到 $\tilde{y}$ 以下，此时行业的集体声誉仍然是好的，消费者仍然愿意支出 v_h 的价格购买认证产品。当虚假认证的公共信息开始大范围传递时，行业的公共信息下降到 $\tilde{y}$ 以下，集体声誉开始真正变坏，那么消费者就没有意愿购买认证产品，将这一阶段称为公共惩罚阶

第六章 集体声誉下虚假认证治理的内部惩罚机制

段。由于在集体声誉合作中每个认证机构都执行诚实认证,所以我们将集体声誉合作阶段视为有效的认证阶段。

在集体声誉合作阶段,认证机构的平均效用为:

$$\pi_{n,0} = (1-\delta)(p-c_h) + \delta(1-\Phi(\tilde{k}))\pi_{n,0} \qquad (6.4)$$

其中,π 指认证机构的效用,下标 n 指认证机构的数量,下标 0 指进行虚假认证的机构数量,$\tilde{k}$ 表示标准化临界公共信号,$k = (y-e_h)\sqrt{n}/\sigma$,$k \sim N(0,1)$。$1-\Phi(\tilde{k})$ 为认证行业声誉持续合作的概率,Φ 为标准正态分布函数。

当某一认证机构开始进行虚假认证时,那么,声誉合作阶段终止,认证行业进入集体声誉的内部惩罚阶段。随着这一阶段的开始,至多存在 $2z$ 距离内的认证机构不会再相信声誉合作阶段会持续。如果 m 个距离相近的认证机构在 t 时期进行虚假认证,那么至少有 $\min[m+2z,n]$ 认证机构在 $t+1$ 期将会进行虚假认证,这个过程持续到同行惩罚阶段结束。那么,虚假认证机构的平均效用为:

$$\pi_{n,m} = (1-\delta)(p-c_l) + \delta(1-\Phi(\tilde{k}+\frac{e_h-e_f}{\sigma\sqrt{n}}m))\pi_{n,\min[m+2z,n]}$$
$$(6.5)$$

在公共惩罚阶段,由于行业的集体声誉是坏的,消费者没有意愿购买认证产品,那么认证机构的平均效用为 0。

在博弈的三个阶段中,一旦行业进入同行惩罚阶段,这就意味着集体内部隐性契约在认证行业中失效,只有当行业始终处于声誉合作阶段时,集体内部隐性契约才能得到有效实施。因此,我们需要捕获声誉合作均衡的条件。在集体声誉合作阶段,认证机构之间需要满足两个标准的约束条件,个人理性约束和激励相容约束。事实上,在外生集体声誉约束下,集体声誉可以视为强制合同设计,个体成员均无法剥离集体声誉的制度设计,因此,成员理性约束是既定满足的。激励相容约束条件为每个认证机构通过选择诚实认证比选择虚假认证获得更多的支付,其表达式为:

$$(1-\delta)(p-c_h) + \delta(1-\Phi(\tilde{k}))\pi_{n,0} \geq (1-\delta)(p-c_l) +$$
$$\delta(1-\Phi(\tilde{k}+\frac{e_h-e_f}{\sigma\sqrt{n}}))\pi_{n,\min[1+2z,n]} \qquad (6.6)$$

此外,为捕获"质量卡特尔"均衡条件,我们需要确定消费者和认证机构之间冷酷到底的触动策略是否为可置信威胁。对消费者而言，只要消费者不能观测某一认证机构在以前时期的认证行为，消费者就会忽视集体声誉中个体认证机构的质量信号。那么，当一个认证证书不能被追溯到原始的认证机构，而且认证机构的私人信息无法有效观测时，消费者对虚假认证的认证机构执行触发策略是一个可置信威胁。对认证机构而言，只有认证机构通过虚假认证的低成本投入而获得的效用水平大于诚实认证的平均效用时，拥有完全信息的成员对其实施触动策略是可置信的。那么，认证机构的可置信条件为：

$$(1-\delta)(p-c_l) + \delta(1-\Phi(\tilde{k} + \frac{e_h - e_f}{\sigma\sqrt{n}}m))\pi_{n,\min[m+2z,n]} \geq (1-\delta) \cdot$$

$$(p-c_h) + \delta(1-\Phi(\tilde{k} + \frac{e_h - e_f(m-1)}{\sigma\sqrt{n}}))\pi_{n,\min[m+2z-1,n]}$$

(6.7)

三　隐性契约治理虚假认证的条件

那么，为评价认证行业集体声誉合作均衡是否可以得到满足，我们仅需检查满足 $\pi_{1,0} \leq \pi_{n,0}$ 的激励相容和可置信威胁的条件。由方程（6.4）可知，$\pi(\tilde{k}) = (1-\delta)(p-c_h)/\delta(1-\Phi(\tilde{k}))$，标准公共信号 k 和认证机构效用之间存在相反的关系，产生最大化平均效用的标准公共信号 $\tilde{k}$ 是最小的，标记为 k_n，那么，满足 $\pi_{1,0} \leq \pi_{n,0}$ 的条件可以转化为当 $n > 1$ 时，$k_n \leq k_1$ 成立的条件。为简化计算，我们假定中国认证产业包括 $n = [\sigma k_1/(e_h - e_f)]^2$ 家认证机构，公共信号临界点 $\tilde{k} = k_1$，与每个认证机构距离在 z 之内的认证机构家数为 2 家，根据前文的设定，这意味着一个认证机构的私人信息只能被其相邻的左右各 1 家认证机构所完美观测。根据这样的设定，我们得到的第一个重要的结论是：

结论1：存在一个贴现因子的门槛值 $\tilde{\delta} < 1$，对于所有的 $\delta > \tilde{\delta}$，认证行业的集体声誉合作均衡是存在的，认证行业集体声誉的制度设计优于个体声誉的制度设计，分享集体声誉的最优认证机构数量为 $n*$，$n* > 0$。

证明：

将方程（6.6）重新改写为：

第六章 集体声誉下虚假认证治理的内部惩罚机制

$$(1-\delta)(v_h - c_l) + \sum_{t=1}^{\infty} \delta^t \prod_{s=0}^{t} [1 - \Phi(\tilde{k} + \min(1+2s, n))]$$
$$(1-\delta)(v_h - c_l)$$
$$< \frac{(1-\delta)(v_h - c_l)}{1 - \delta(1 - \Phi(\tilde{k}))} (1 - (^{\delta}(1 - \Phi(\tilde{k}))))[(n-1)/2] \cdot$$
$$(1 - \frac{\delta(1 - \Phi(\tilde{k} + \sqrt{n}\frac{e_h - e_f}{\sigma}))}{1 - \delta(1 - \Phi(\tilde{k} + \sqrt{n}\frac{e_h - e_f}{\sigma}))}) \qquad (6.8)$$

将 $n = [\sigma k_1/(e_h - e_f)]^2$ 和 $\tilde{k} = k_1$ 带入方程（6.8），可以将激励相容约束条件转化为：

$$\frac{1}{1+\tau} \geq 1 - (\delta(1 - \Phi(k_1)))^{[((\frac{\sigma}{e_h - e_f}k_1)^2 - 1)/2]}(1 - \frac{\delta(1 - \delta(1 - \Phi(k_1)))}{2 - \delta})$$
$$(6.9)$$

在行业中不存在集体声誉时，由于同行惩罚将不产生任何收益，完美公共信息均衡（虚假认证，不购买）将产生最大的平均支付和福利水平。在这个均衡中，临界公共信号 $k_1 < 0$ 是激励相容约束的最小限制条件 $\pi_{n,0} = (1-\delta)(p - c_l) + \delta(1 - \Phi(k_1 + \frac{e_h - e_f}{\sigma}))\pi_{n,0}$。认证机构越是重视未来的声誉越是仍然值得信赖，换言之，$\lim_{\delta \to 1} k_1 = -\infty$。然后，对下面的等式使用一阶洛必达法则：

$$\lim_{\delta \to 1}\ln((^{\delta}(1 - \Phi(k_1)))\frac{1}{2}(\frac{\sigma}{e_h - e_f}k_1)^2) = \lim_{\delta \to 1}\frac{1}{2}\frac{\ln(\delta(1 - \Phi(k_1)))}{(\frac{\sigma}{e_h - e_f}k_1)^{-2}}$$

$$= -\lim_{\delta \to 1}\frac{1}{4}\left(2\frac{\frac{d\delta}{dk_1} - \frac{1}{\sqrt{2\pi}}e^{-\frac{1}{2}k_1^2}}{k_1^{-3}}\right)$$

$$= \lim_{k_1 \to \infty}\frac{1}{4}(\frac{\sigma}{e_h - e_f})2\frac{1}{\sqrt{2\pi}}\frac{v_h - c_h}{c_h - c_l}\frac{e^{-\frac{1}{2}(k_1 + \frac{e_h - e_f}{\sigma})^2} - e^{-\frac{1}{2}k_1^2}}{k_1^{-3}} = 0$$
$$(6.10)$$

那么，$\lim_{\delta \to 1}\delta(1 - \Phi(k_1))^{[((\frac{\sigma}{e_h - e_f}k_1)^2 - 1)/2]} = 1$，同理可以得到 $\lim_{\delta \to 1}\delta(1 - \Phi(k_1)) = 1$。将其带入方程（6.9）右边不等式中，可以得到：

$$\lim_{\delta \to 1}[1-(\delta(1-\Phi(k_1)))^{[((\frac{\sigma}{e_h-e_f}k_1)^2-1)/2]}(1-\frac{\delta(1-\delta(1-\Phi(k_1)))}{2-\delta})] = 0$$

，那么，激励相容约束条件成立。

接着，我们来考虑可置信威胁满足的条件。将方程（6.7）重新改写为：

$$\sum_{t=0}^{\infty}\delta^{t+1}(\prod_{s=0}^{t}(1-\Phi(\tilde{k}+\min[m-1+2s,n]\frac{e_h-e_f}{\sigma\sqrt{n}}))) -$$

$$\prod_{s=0}^{t}(1-\Phi(\tilde{k}+\min[m+2s,n]\frac{e_h-e_f}{\sigma\sqrt{n}})) \leq \frac{\tau}{1+\tau} \quad (6.11)$$

对于每一个 $m=\min[3,n],\cdots,n$，将 $n=[\sigma k_1/(e_h-e_f)]^2$ 和 $\tilde{k}=k_1$ 带入方程，不等式变成如下形式：

$$\sum_{t=0}^{[((\frac{\sigma}{e_h-e_f}k_1)^2-m)/2]}\delta^{t+1}(\prod_{s=0}^{t}(1-\Phi(k_1-\frac{(m-1+2s)(e_h-e_f)^2}{\sigma^2 k_1}))) -$$

$$\prod_{s=0}^{t}(1-\Phi(k_1-\frac{(m+2s)(e_h-e_f)^2}{\sigma^2 k_1})) + \delta^{[((\frac{\sigma}{e_h-e_f}k_1)^2-m)/2+1]} \cdot$$

$$\prod_{s=0}^{[((\frac{\sigma}{(e_h-e_f)}k_1)^2-m)/2]}(1-\Phi(k_1-\frac{(m-1+2s)(e_h-e_f)^2}{\sigma^2 k_1})) -$$

$$\prod_{s=0}^{[(\frac{\sigma}{e_h-e_f}k_1)^2-m)/2]}(1-\Phi(k_1-\frac{(m+2s)(e_h-e_f)^2}{\sigma^2 k_1}))\frac{\delta}{2-\delta} \leq \frac{\tau}{1-\tau}$$

$$(6.12)$$

对于每一个 $m=\min[3,n],\cdots,n$，随着 $\delta\to 1$，不等式左边的极限为0。因此，这意味着存在一个最优的公共信号临界点 $k_n < k_1$，使得当 $n=[\sigma k_1/(e_h-e_f)]^2$ 和 $\tilde{k}=k_1$ 时，可置信威胁条件能够满足。

激励相容条件反映了两个相反的制约因素：一方面，当同行惩罚阶段需要经历很长的时期时，也就是当 $n\to\infty$，相当一部分比例的认证机构需要很长的一段时间才能观测到认证机构的虚假认证信息，这个趋势增加了集体成员"搭便车"的动机，同时也降低了集体成员实施惩罚的威胁。另一方面，与个体声誉相比，集体声誉下同行惩罚将最终降低集体长期存续的概率；当 $\delta\to 1$ 时，合作均衡长期存续的概率 $1-\Phi(\tilde{k}+\sqrt{n}(e_h-e_f)/\sigma)\approx 1-\Phi(0)=1/2$，这一存续概率显著地小于个体声誉最优均衡中认证机构虚假认证的存续概率。而且，最终降低的存续概率足以弥补大部分认证机构识别虚假认证机构所需要的时间。贴现因子 δ 的增加同时影响未来租金的重要性和共享集体声誉的成员数量，这两个方面对可置信的限制条件影响存在相反的关系，集体声誉规模效应使得可置信威胁更容易得到满足。随着共享集体声誉的成员数量变得越来越大，每个认证机构对惩罚阶段演变的影响力越来越小，在市场演变过程中，没有认证机构能够单方面阻碍惩罚阶段的实施。未来租金的重要性使得可置信威胁的限制条件难以满足，不过，由于个体认证机构对存续概率的影响是暂时的且可以忽略不计（$1/n \approx (\sigma k_1 / e_h - e_f)^2 \rightarrow 0$），即使贴现因子趋向于 1（$\delta \rightarrow 1$），规模效应仍然占主导地位。

结论 1 所隐含的政策启示是，中国认证产业集体声誉特征的认证制度背景要想获得集体声誉的合作均衡，维持认证机构之间"质量卡特尔"协议的前提是认证机构对未来足够的重视，而不是注重于眼前的虚假认证收益。在这个前提下，认证行业集体声誉的制度设计是要优于个体声誉的制度设计，认证机构的虚假认证能够得到有效的治理，集体声誉能够增加社会福利。

事实上，对处于市场化转轨的中国而言，大多数认证机构刚刚从体制内分离出来，部分认证机构还隶属于体制内，认证机构显然无法且没有能力独立完成认证标准的制定，从而像高度市场化国家的认证机构那样建立独立的个体声誉。显然，集体声誉的制度设计是符合中国当前实际的一种制度设计，能够使得中国的认证行业尽快与国际标准接轨。

不过，我们的结论表明仅依靠隐性契约的自我履行机制规范认证行业的认证行为需要非常高的条件，认证机构需要对未来有足够的重视，否则隐性契约的机制将失去效力。然而，如前文所述，中国认证市场的恶性低价竞争使得认证机构只注重于眼前利益，不进行质量投资，不考虑消费者对认证产品的反馈信息，那么，这就意味着中国认证市场的主体行为会与集体声誉的制度设计产生错配，这种错配将直接导致认证机构"搭便车"动机和进行虚假认证行为等认证有效性不高的问题，仅仅依靠隐性契约机制来治理认证机构虚假认证行为将很难得到有效的执行。已有文献同样表明，如戴伯等（Dreber et al.，2008）和奥苏凯等（Ohtsuki et al.，2009）的实验研究认为，当惩罚者的力量太单薄时，对"搭便车"者的惩罚常会引发连锁报复式反应，这无疑会加大惩罚的成本和执行难度，极易导致惩罚行为的无效。赫尔曼等（2008）认为规范的内化在实际执行过程中存在很高的条件，只有在社会合作规范或法律意识较强的集体中才能正常发挥作用。

而且，这种条件在目前的事后反馈机制中并没有得到充分体现。在政府、认证机构、认证企业和消费者的信号循环反馈系统中，消费者似乎总是被排除在这一信号的传递过程之中，认证机构的认证信号在市场中很难发送传递到消费者一侧。基于成本利益的考虑，消费者在市场中接受认证信号的动机也不足，个体消费者往往不愿意对认证机构的规模、资质、诚信等条件进行主动搜索，消费者很难参与到这种认证过程之中，那么消费者对认证产品溢价的购买愿望也就显得不足。前一部分的研究已经表明，认证溢价与认证机构虚假认证存在直接的正相关关系，这就意味着仅依靠社会规范的同行监督惩罚机制来激励认证机构诚实认证将很难得到有效的执行。

结论2：在声誉合作均衡中，分享集体声誉的最优认证机构数量 $n*$ 是有界限的。

证明：我们使用反证法，由于：

$$\lim_{n \to \infty} \sum_{t=0}^{\infty} \delta^{t+1} (\prod_{s=0}^{t}(1 - \Phi(\tilde{k}))) - (1 + \tau) \prod_{s=0}^{t}(1 - \Phi(\tilde{k} + \min[1 + 2s, n]\frac{e_h - e_f}{\sigma\sqrt{n}})) - \tau = -\frac{\tau}{1 - \delta(1 - \Phi(\tilde{k}))} < 0$$

(6.13)

所以，对于充分大的认证机构数量，激励相容限制条件（6.6）不能得到满足，分享集体声誉的认证机构数量是有限制的。

结论2反映了集体内部隐性契约机制治理虚假认证的另外一个附加条件，集体内部成员数量同样有限制，对于数量规模很大的集体，隐性契约的治理机制将失去效力。其所隐含的政策内涵是，中国认证产业内共享集体声誉的成员数量不应很多，在这个前提下，隐性契约的自动履行机制才能够发挥效力。如果行业中认证机构的数量过多，那么，唯一的均衡是每个阶段（虚假认证，不购买）的重复。在认证机构之间不完全信息条件下，当分享集体声誉的认证机构数量趋向无穷大时（$n \to \infty$），同行惩罚阶段需要经历很长的时期，相当一部分比例的认证机构需要很长的一段时间才能观测到认证机构的虚假认证信息，这个增加了集体成员"搭便车"

的动机。这与本书第四章第三节的研究结论是一致的。菲什曼（Fishman et al.，2010）的研究也表明当行业的成员数量很多时，个体成员投资品牌声誉的边际贡献变得非常小以至于不能弥补"搭便车"的激励。总之，这一结论在一定程度上加大了隐性契约惩罚机制的治理难度。

事实上，目前中国认证产业的认证机构数量已经远远超过外生集体声誉所承载的容量。截至 2014 年 12 月，分布在全国的认证机构数量达到 175 家，而且每年以 10% 的增长率增长，与其他类似的第三方中介平台，如信贷评级机构、房地产价格评估机构等相比，认证机构的数量则要多很多。在外生集体声誉约束下，政府赋予认证机构执行认证标准的权利，中国认证产业应该是一个卖方主导权的行业。然而，当认证机构数量过多时，认证企业可以从众多的认证机构中进行自由选择，这直接导致认证机构在与认证企业业务沟通过程中失去主导权，处于不利位置。

结论 3：集体声誉合作均衡的最优机构数量 $n*$ 随着贴现因子 δ 的增加而增加，随着违约收益 τ 的增加而减少。

证明：引理 1：假设函数 $g(t)$，$t = 0, 1, 2, \cdots$，是单交叉的，即，如果 $g(t) \geq 0$，那么对于所有的 $t' > t$，$g(t') > 0$；$\sum_{t=0}^{\infty} \delta^t g(t) = 0$，$d(\sum_{t=0}^{\infty} \delta^t g(t))/d\delta > 0$。

这两个条件意味着存在 $\tilde{t} \geq 1$，对于所有的 $t = 0, 1, 2, \cdots \tilde{t}$，$g(t) \leq 0$，对于所有的 $t = \tilde{t} + 1, \tilde{t} + 2, \cdots$，我们可以得到：

$$\frac{d(\sum_{t=1}^{\infty} t\delta^{t-1} g(t))}{d\delta} = \sum_{t=1}^{\infty} t\delta^{t-1} g(t) > \sum_{t=0}^{\infty} \delta^t g(t) = 0 \quad (6.14)$$

最大化声誉合作均衡的认证机构的效用等价于最小化公共信号，这意味着，我们仅需解决如下的问题：

$$\min_{n \geq 2} \tilde{k} \text{ s.t. } (6) - (7) \quad (6.15)$$

将方程（6.6）重新改写为：

$$(1 - \delta(1 - \Phi(\tilde{k})))(1 + \sum_{t=0}^{\infty} \delta^{t+1} \prod_{s=0}^{t}(1 - \Phi(\tilde{k} + \min[1 + 2s, n] \frac{e_h - e_f}{\sigma \sqrt{n}}))) \leq \frac{1}{1 + \tau} \quad (6.16)$$

其中，

$$\sum_{t=0}^{\infty} \delta^{t+1} (\prod_{s=0}^{t} (1 - \Phi(\tilde{k} + \min[m - 1 + 2s, n] \frac{e_h - e_f}{\sigma \sqrt{n}})) - \prod_{s=0}^{t} (1 - \Phi(\tilde{k} + \min[m + 2s, n] \frac{e_h - e_f}{\sigma \sqrt{n}})))$$

与 τ 正相关，$(1 - \delta(1 - \Phi(\tilde{k})))(1 + \sum_{t=0}^{\infty} \delta^{t+1} \prod_{s=0}^{t} (1 - \Phi(\tilde{k} + \min[1 + 2s, n] \frac{e_h - e_f}{\sigma \sqrt{n}})))$ 与 τ 负相关，那么，对于充分大的 τ，只需求解出 (6.16) 的约束条件。为简化计算，令：

$$f(t, k, n; \tau, (e_h - e_f)/\sigma)$$
$$= \frac{1}{1 + \tau}(1 - \Phi(^k)t + 1) - \prod_{s=0}^{t}(1 - \Phi(k + \min[1 + 2s, n] \frac{e_h - e_f}{\sigma \sqrt{n}}))$$
(6.17)

$$G(k, n; \delta, \tau, (e_h - e_f)/\sigma) = -\frac{\tau}{1 + \tau} + \sum_{t=0}^{\infty} \delta^{t+1} f(t, k, n; \tau, (e_h - e_f)/\sigma)$$
(6.18)

那么，我们可以将 (6.15) 的最优化问题改写为：

$$\min_n k \text{ subject to } G(k, n; \delta, \tau, (e_h - e_f)/\sigma) = 0 \quad (6.19)$$

那么，问题的最优条件为：

$$G(k_{n*}, n*; \delta, \tau, (e_h - e_f)/\sigma) = 0, \ G_n(k_{n*}, n*; \delta, \tau, (e_h - e_f)/\sigma) = 0$$
(6.20)

将方程 (6.20) 进行偏微分：

$$\frac{dn*}{d\delta} = \frac{G_{nk}G_\delta - G_k G_{n\delta}}{G_k G_{nn}}, \ \frac{dn*}{d\tau} = \frac{G_{nk}G_\tau - G_k G_{n\tau}}{G_k G_{nn}} \quad (6.21)$$

接下来，我们通过确定上述方法每一项的符号来确定 $\frac{dn*}{d\delta}$ 和 $\frac{dn*}{d\tau}$ 的符号。对于所有的 $s \geq 0$，$1 - \Phi(k_{n*}) > 1 - \Phi(k_{n*} + \min[1 + 2s, n*] \frac{e_h - e_f}{\sigma \sqrt{n*}})$，函数 $f(t, k_{n*}, n*; \tau, (e_h - e_f)/\sigma)$ 随着 t 的变动是单交叉的。因此，联合 (6.14) 和 (6.20)，可以得到 $G_\delta(k_{n*}, n*; \delta, \tau, (e_h - e_f)/\sigma) > 0$。同样的，由于 k_{n*} 是 $G(k_{n*}, n*; \delta, \tau, (e_h - e_f)/\sigma) = 0$ 的最小解，以及 $G(\infty, n*; \delta, \tau, (e_h - e_f)/\sigma) < 0$，那么，$G_k(k_{n*}, n*; \delta, \tau, (e_h - e_f)/\sigma) > 0$。

第六章 集体声誉下虚假认证治理的内部惩罚机制

为识别 $G_{n\delta}(k_{n*}, n*; \delta, \tau, (e_h - e_f)/\sigma)$ 的符号，我们首先要注意到对于所有 $t \leq \dfrac{n*-2}{2}$，在同行惩罚开始阶段的存续概率随着 n 的增加而增加：

$$\frac{\partial \prod_{s=0}^{t}[1 - \Phi(k_{n*} + \dfrac{(1+2s)(e_h - e_f)}{\sigma \sqrt{n*}})]}{\partial n}$$

$$= \sum_{s=0}^{t}(\dfrac{1}{\sqrt{2\pi}} e^{-\frac{1}{2}(k_{n*} + \frac{(1+2s)(e_h - e_f)}{\sigma \sqrt{n*}})^2} \dfrac{(1+2s)(e_h - e_f)}{2\sigma(n*)^{3/2}}$$

$$\prod_{t}[1 - \Phi(k_{n*} + \dfrac{(1+2x)(e_h - e_f)}{\sigma \sqrt{n*}})] > 0 \quad (6.22)$$

将同行惩罚阶段的长期存续概率对 n 求偏导：

$$\frac{\partial \prod_{s=0}^{t}[1 - \Phi(k_{n*} + \min(1+2s, n*)\dfrac{(e_h - e_f)}{\sigma \sqrt{n*}})]}{\partial n}$$

$$= [1 - \Phi(k_{n*} +)](t - n*/2) \cdot$$

$$\sum_{s=0}^{n*/2-1} \dfrac{1}{\sqrt{2\pi}} e^{-\frac{1}{2}(k_{n*} + \frac{(1+2s)(e_h - e_f)}{\sigma \sqrt{n*}})^2} \dfrac{(1+2s)(e_h - e_f)}{2\sigma(n*)^{3/2}} \cdot$$

$$\prod_{\frac{n*}{2}-1}(1 - \Phi(k_{n*} + \dfrac{(1+2s)(e_h - e_f)}{\sigma \sqrt{n*}})) \cdot$$

$$(1 - \Phi(k_{n*} + \dfrac{\sqrt{n*}(e_h - e_f)}{\sigma})) - (t - \dfrac{n*}{2} + 1) \prod_{s=0}^{\frac{n*}{2}-1}(1 -$$

$$\Phi(k_{n*} + \dfrac{(1+2s)(e_h - e_f)}{\sigma \sqrt{n*}})) \dfrac{1}{\sqrt{2\pi}} e^{-\frac{1}{2}(k_{n*} + \frac{\sqrt{n*}(e_h - e_f)}{\sigma})^2} \dfrac{(e_h - e_f)}{2\sigma \sqrt{n*}}$$

$$(6.23)$$

由于 $\dfrac{\partial(t - \dfrac{n*}{2} + 1)\prod_{s=0}^{\frac{n*}{2}-1}(1 - \Phi(k_{n*} + \dfrac{(1+2s)(e_h - e_f)}{\sigma \sqrt{n*}})) \dfrac{1}{\sqrt{2\pi}} e^{-\frac{1}{2}(k_{n*} + \frac{\sqrt{n*}(e_h - e_f)}{\sigma})^2} \dfrac{(e_h - e_f)}{2\sigma \sqrt{n*}}}{\partial t}$

< 0，那么，一定存在 $\hat{t} \geq \dfrac{n*-2}{2}$，当且仅当 $t \geq \hat{t}$，

$$\frac{\partial \prod_{s=0}^{t}[1 - \Phi(k_{n*} + \min(1+2s, n*)\dfrac{(e_h - e_f)}{\sigma \sqrt{n*}})]}{\partial n} < 0$$

那么,$-\dfrac{\partial \prod_{s=0}^{t}[1-\Phi(k_{n*}+\min(1+2s,n*)\dfrac{(e_h-e_f)}{\sigma\sqrt{n*}})]}{\partial n}$ 是 t 的单交叉函数。联合(6.14)和(6.20),可以得出 $G_{n\delta}(k_{n*},n*;\delta,\tau,(e_h-e_f)/\sigma)>0$。

为识别 $G_{nk}(k_{n*},n*;\delta,\tau,(e_h-e_f)/\sigma)$ 的符号,将(6.20)重新改写为:

$$G_n = \psi' - \psi'' + \psi''' = 0 \qquad (6.24)$$

其中,$\psi' = -\sum_{s=0}^{n*/2-1}\delta^{t+1}\sum_{s=0}^{t}(\dfrac{1}{\sqrt{2\pi}}e^{-\frac{1}{2}(k_{n*}+\frac{(1+2s)(e_h-e_f)}{\sigma\sqrt{n*}})^2}\dfrac{(1+2s)}{2(n*)^{3/2}}\prod_{t}(1-\Phi(k_{n*}+\dfrac{(1+2x)(e_h-e_f)}{\sigma\sqrt{n*}}))$,$\psi''=\delta^{n*/2}\sum_{s=0}^{n*/2-1}\dfrac{1}{\sqrt{2\pi}}e^{-\frac{1}{2}(k_{n*}+\frac{(1+2s)(e_h-e_f)}{\sigma\sqrt{n*}})^2}\dfrac{(1+2s)}{2(n*)^{3/2}}\prod_{n*/2-1}(1-\Phi(k_{n*}+\dfrac{(1+2x)(e_h-e_f)}{\sigma\sqrt{n*}}))\dfrac{\delta[1-\Phi(k_{n*}+\frac{\sqrt{n*}(e_h-e_f)}{\sigma})]}{1-\delta[1-\Phi(k_{n*}+\frac{\sqrt{n*}(e_h-e_f)}{\sigma})]}$,$\psi'''=\delta^{n*/2}\prod_{s=0}^{n*/2-1}(1-\Phi(k_{n*}+\dfrac{(1+2s)(e_h-e_f)}{\sigma\sqrt{n*}}))\dfrac{\delta\frac{1}{\sqrt{2\pi}}e^{-\frac{1}{2}(k_{n*}+\frac{(1+2s)(e_h-e_f)}{\sigma\sqrt{n*}})^2}}{1-\delta[1-\Phi(k_{n*}+\frac{\sqrt{n*}(e_h-e_f)}{\sigma})]^2}\dfrac{1}{2\sqrt{n*}}\cdot\dfrac{(e_h-e_f)}{\sigma}$

将其对 k 求偏导:

$$G_{nk} = \xi' + \xi'' + \xi''' + \omega' + \omega'' + \omega''' + \zeta' + \omega'' \qquad (6.25)$$

其中,$\xi'=\sum_{t=0}^{n*/2-1}\delta^{t+1}\sum_{s=0}^{t}(\dfrac{1}{\sqrt{2\pi}}e^{-\frac{1}{2}(k_{n*}+\frac{(1+2s)(e_h-e_f)}{\sigma\sqrt{n*}})^2})(k_{n*}+\dfrac{(1+2s)(e_h-e_f)}{\sigma\sqrt{n*}})\cdot\dfrac{(1+2s)(e_h-e_f)}{2\sigma(n*)^{3/2}}\prod_{t}[1-\Phi(k_{n*}+\dfrac{(1+2x)(e_h-e_f)}{\sigma\sqrt{n*}})]$ $\xi''=\delta^{n*/2}\sum_{s=0}^{n*/2-1}\dfrac{1}{\sqrt{2\pi}}e^{-\frac{1}{2}(k_{n*}+\frac{(1+2s)(e_h-e_f)}{\sigma\sqrt{n*}})^2}(k_{n*}+\dfrac{(1+2s)(e_h-e_f)}{2\sigma\sqrt{n*}})\dfrac{(1+2s)(e_h-e_f)}{2\sigma(n*)^{3/2}}\prod_{n*/2-1}[1-$

第六章 集体声誉下虚假认证治理的内部惩罚机制

$$\Phi(k_{n*} + \frac{(1+2x)(e_h - e_f)}{\sigma\sqrt{n*}})]\frac{\delta[1-\Phi(k_{n*}+\frac{\sqrt{n*}(e_h-e_f)}{\sigma})]}{1-\delta[1-\Phi(k_{n*}+\frac{\sqrt{n*}(e_h-e_f)}{\sigma})]}\xi''' =$$

$$-\delta^{n*/2}\prod_{s=0}^{n*/2-1}[1-\Phi(k_{n*}+\frac{(1+2s)(e_h-e_f)}{\sigma\sqrt{n*}})]$$

$$\frac{\delta\frac{1}{\sqrt{2\pi}}e^{-\frac{1}{2}(k_{n*}+\frac{\sqrt{n*}(e_h-e_f)}{\sigma})^2}}{1-\delta[1-\Phi(k_{n*}+\frac{\sqrt{n*}(e_h-e_f)}{\sigma})]^2}\frac{(e_h-e_f)}{2\sigma\sqrt{n*}}(k_{n*}+\frac{\sqrt{n*}(e_h-e_f)}{\sigma})$$

$$\omega' = -\sum_{t=0}^{n*/2-1}\delta^{t+1}\sum_{s=0}^{t}(\frac{1}{\sqrt{2\pi}}e^{-\frac{1}{2}(k_{n*}+\frac{(1+2s)(e_h-e_f)}{\sigma\sqrt{n*}})^2}\frac{(1+2s)(e_h-e_f)}{2\sigma(n*)^{3/2}}$$

$$\frac{\partial\prod_t[1-\Phi(k_{n*}+\frac{(1+2x)(e_h-e_f)}{\sigma\sqrt{n*}})]}{\partial k})$$

$$\omega'' = -\delta^{n*/2}\sum_{s=0}^{n*/2-1}(\frac{1}{\sqrt{2\pi}}e^{-\frac{1}{2}(k_{n*}+\frac{(1+2s)(e_h-e_f)}{\sigma\sqrt{n*}})^2}\frac{(1+2s)(e_h-e_f)}{2\sigma(n*)^{3/2}}\cdot$$

$$\frac{\partial\prod_{n*/2-1}[1-\Phi(k_{n*}+\frac{(1+2x)(e_h-e_f)}{\sigma\sqrt{n*}})]}{\partial k})$$

$$\frac{\delta[1-\Phi(k_{n*}+\frac{\sqrt{n*}(e_h-e_f)}{\sigma})]}{1-\delta[1-\Phi(k_{n*}+\frac{\sqrt{n*}(e_h-e_f)}{\sigma})]}\omega''' =$$

$$\delta^{n*/2}\sum_{s=0}^{n*/2-1}(\frac{1}{\sqrt{2\pi}}e^{-\frac{1}{2}(k_{n*}+\frac{(1+2s)(e_h-e_f)}{\sigma\sqrt{n*}})^2}\frac{(1+2s)(e_h-e_f)}{2\sigma(n*)^{3/2}})\prod_{n*/2-1}(1-\Phi(k_{n*}+$$

$$\frac{(1+2x)(e_h-e_f)}{\sigma\sqrt{n*}}))\frac{\delta\frac{1}{\sqrt{2\pi}}e^{-\frac{1}{2}(k_{n*}+\frac{\sqrt{n*}(e_h-e_f)}{\sigma})^2}}{1-\delta[1-\Phi(k_{n*}+\frac{\sqrt{n*}(e_h-e_f)}{\sigma})]^2}\zeta' = \delta^{n*/2}\cdot$$

$$\frac{\partial\prod_{n*/2-1}[1-\Phi(k_{n*}+\frac{(1+2x)(e_h-e_f)}{\sigma\sqrt{n*}})]}{\partial k}\times$$

$$\frac{\delta \frac{1}{\sqrt{2\pi}} e^{-\frac{1}{2}(k_{n*} + \frac{\sqrt{n*}(e_h - e_f)}{\sigma})^2}}{1 - \delta[1 - \Phi(k_{n*} + \frac{\sqrt{n*}(e_h - e_f)}{\sigma})]^2} \times \frac{(e_h - e_f)}{2\sigma\sqrt{n*}}$$

$$\zeta'' = -\delta^{n*/2} \prod_{s=0}^{n*/2-1} [1 - \Phi(k_{n*} + \frac{(1+2s)(e_h - e_f)}{\sigma\sqrt{n*}})] \cdot$$

$$\frac{\delta \frac{1}{\sqrt{2\pi}} e^{-\frac{1}{2}(k_{n*} + \frac{\sqrt{n*}(e_h - e_f)}{\sigma})^2}}{1 - \delta[1 - \Phi(k_{n*} + \frac{\sqrt{n*}(e_h - e_f)}{\sigma})]^2} \frac{(e_h - e_f)}{2\sigma\sqrt{n*}}$$

由于 $\xi' + \xi'' + \xi''' < 0$，对于充分小的 $n*$，可以得到：

$$\lim_{n* \to 1} \varphi' + \varphi'' + \varphi''' < 0 \qquad (6.26)$$

其中，$\varphi' = \delta^{n*/2} \sum_{s=0}^{n*/2-1} (\frac{1}{\sqrt{2\pi}} e^{-\frac{1}{2}(k_{n*} + \frac{(1+2s)(e_h - e_f)}{\sigma\sqrt{n*}})^2} \frac{(1+2s)(e_h - e_f)}{2\sigma(n*)^{3/2}}$

$$\varphi'' = \delta^{n*/2} \frac{\partial \prod_{n*/2-1}[1 - \Phi(k_{n*} + \frac{(1+2x)(e_h - e_f)}{\sigma\sqrt{n*}})]}{\partial k} \frac{\delta \frac{1}{\sqrt{2\pi}} e^{-\frac{1}{2}(k_{n*} + \frac{\sqrt{n*}(e_h - e_f)}{\sigma})^2}}{1 - \delta[1 - \Phi(k_{n*} + \frac{\sqrt{n*}(e_h - e_f)}{\sigma})]^2}$$

$$\frac{\delta \frac{1}{\sqrt{2\pi}} e^{-\frac{1}{2}(k_{n*} + \frac{\sqrt{n*}(e_h - e_f)}{\sigma})^2}}{1 - \delta[1 - \Phi(k_{n*} + \frac{\sqrt{n*}(e_h - e_f)}{\sigma})]^2} \frac{(e_h - e_f)}{2\sigma\sqrt{n*}}$$

$$\varphi''' = -\delta^{n*/2} \prod_{s=0}^{n*/2-1} \left(1 - \Phi(k_{n*} + \frac{(1+2s)(e_h - e_f)}{\sigma\sqrt{n*}})\right)$$

$$\frac{\delta \frac{1}{\sqrt{2\pi}} e^{-\frac{1}{2}(k_{n*} + \frac{\sqrt{n*}(e_h - e_f)}{\sigma})^2}}{1 - \delta[1 - \Phi(k_{n*} + \frac{\sqrt{n*}(e_h - e_f)}{\sigma})]^2} \frac{(e_h - e_f)}{2\sigma\sqrt{n*}} < 0$$

那么，$G_{nk} < 0$。由其二阶条件，同样可以推导出 $G_{nn} < 0$，那么，$dn*/d\delta > 0$。通过同样的方法，我们可以推导出 $\dfrac{dn*}{d\tau} = \dfrac{G_{nk}G_{\tau}}{G_k G_{nn}} <$

0，证毕。

结论 3 表明在认证产业中，隐性契约惩罚机制的实施效果是动态变化的。市场参数的变动可以优化集体声誉合作均衡的最优认证机构数量，可以提高隐性契约治理虚假认证的实施效果。为了更加直观地描述声誉合作均衡的最优机构数量与市场参数的关系，我们使用数值分析来考察某一特定市场参数对最优认证机构数量的影响，如图 6-1 和 6-2 所示。

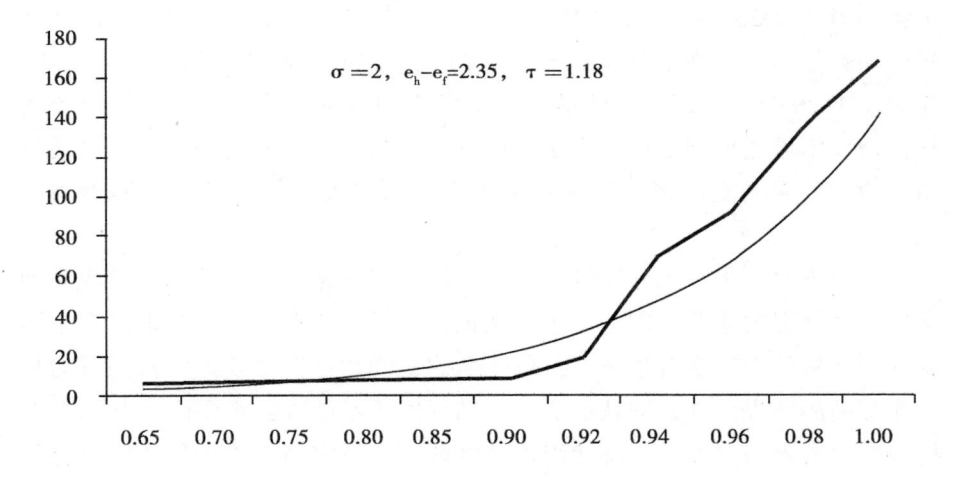

图 6-1　贴现因子对最优认证机构数量影响的数值分析

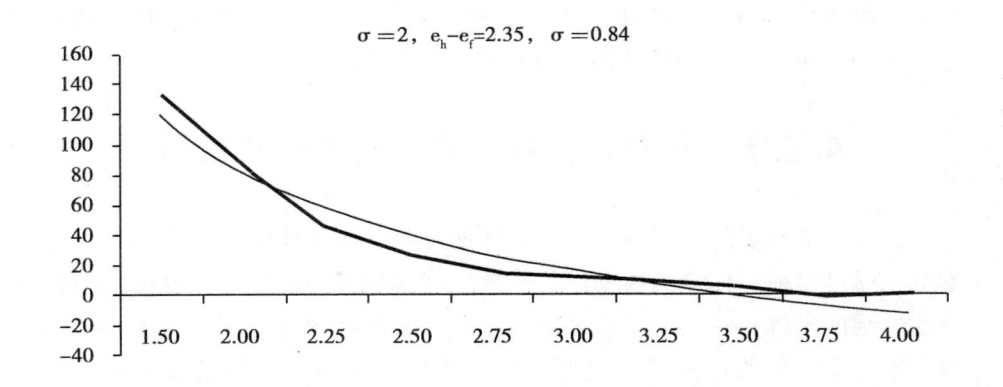

图 6-2　虚假认证收益对最优认证机构数量影响的数值分析

当固定其他因素时（$\sigma=2$，$e_h - e_f = 2.35$，$\tau = 1.18$），贴现因子与最优认证机构数量的正相关性呈现出很强的阶段性特征，当 $\delta < 0.92$ 时，最

优认证机构数量表现出缓慢的增长态势，这种正相关关系并不明显，而当 $\delta \geqslant 0.92$ 时，随着贴现因子的增加，最优认证机构数量增长的速度变得越来越快。这表明当未来变得越来越重要时，认证机构的长期收益大于短期成本的增加，而且这一增幅越来越大，最优认证机构的数量同样增加得越来越快。同样的，当固定其他因素时（$\sigma = 2$, $e_h - e_f = 2.35$, $\delta = 0.84$），虚假认证的成本减低比率与最优认证机构数量负相关关系呈现先急后缓的态势，当 $\tau < 2.75$ 时，随着虚假认证的成本减低比率的增加，最优认证机构的数量出现急剧下降，当 $\tau > 2.75$ 时，这种负相关性逐渐趋于减弱，在 $\tau > 3.26$ 时，认证产业的最优认证机构数量下降到零，集体声誉的合作均衡不可能得到维持。那么，结论3所隐含的政策内涵是，可以通过制度的设计来改变认证市场的参数水平，从而提高隐性契约机制治理的效率。

总的来说，这一部分通过一个改进的双重不完全信息的重复博弈模型来探讨隐性契约惩罚机制治理虚假认证的效果。我们的研究发现，在中国认证产业特殊的制度背景下，仅仅依靠隐性契约惩罚治理虚假认证行为具有非常高的前提条件，即认证机构的贴现因子足够大，否则隐性契约惩罚机制会失去效力。而且，即使隐性契约能够有效实施，维持集体声誉合作均衡认证机构的数量同样是有界限的。认证机构数量过多将降低可置信威胁的承诺效力，行业的集体声誉将难以有效维持。不过，这一认证机构数量是动态变化的，贴现因子的提高和虚假认证收益的降低可以优化认证行业"质量卡特尔"所能容纳的最优认证机构数量。

第三节　模型的扩展：显性契约惩罚机制

第二节考察了隐性契约惩罚治理认证行业虚假认证的效果。那么，在本节，通过对前一部分的模型进行扩展，将隐性契约显性化，考虑了一种显性的制度安排——认证机构之间签订契约的制度设计。那么，第二节的双重不完全信息的重复博弈模型就扩展为单一的不完全信息重复博弈模型，不完全信息仅存在于消费者和认证机构之间。然后分析显性契约惩罚机制对治理认证机构虚假认证行为的效果，以及比较隐性和显性两种惩罚机制治理效率的差异。

一 显性契约惩罚机制设计

上述结论已表明,隐性契约惩罚机制的执行效果需要非常高的条件,而这种高条件在很大程度上是由认证机构之间的信息结构造成的,局部的完全信息结构或者不完全的信息传递使得认证机构的惩罚机制要经历很长一段时间才能完全实施,这延长了同行惩罚阶段在模型中的持续时间,那么,隐性契约惩罚机制的执行效率就会降低。因此,集体内部显性契约的设计思路是改变认证行业的信息结构,尽量缩短同行惩罚阶段的持续时间,降低认证机构虚假认证的期望收益。

认证机构之间的合作协议作为一种显性的制度安排,为企业之间的合作创造了条件,为防止由于无序竞争和过度竞争造成的原材料浪费、重复建设、价格大幅度波动以及市场秩序紊乱等问题,可以就生产标准、市场划分、销售价格和竞争手段等方面对会员进行必要的协调,甚至制定一些法规进行集团的自我约束保证生产和销售秩序,有效解决会员间的利益纠纷,还通过各地的组织网络,促进地区间、行业间和企业间的经济联合。林琳(2010)将集成管理理论引入到集体声誉的管理问题中,建议集体成员可以自发成立行业声誉战略联盟组织,通过签订有形契约和借助声誉机制这一无形契约来维护行业利益。张琥(2008)也认为,全体生产者可以在交易前制定和签署内部协议,对个体的未来行动加以约束,最大限度地维护集团整体利益。

根据中国认证产业的具体分布特征,本书进行了如下的契约设计:第一,在行业内成立一个第三方部门,如行业协会、企业联盟中的治理委员会等,这个部门具有专门的信息收集渠道,专门从事调查和研究工作,由它代替认证机构搜寻信息,这意味着各个认证机构不必为得到可靠的信息而与其他参与人进行频繁的交流,可减少信息搜寻次数,降低信息错误的概率,提高信息收集的质量。第二,这个第三方部门能够及时将每个集体成员的信息,特别是违约信息,如实传递到认证机构一侧,那么,认证机构之间的信息结构不再是局部的完全信息状态,而是对任何一家认证机构都拥有完全信息。第三,如果一家认证机构在 t 时期违反了合作协议,所有的认证机构从 $t+1$ 期开始实施冷酷到底的触动策略。那么,在这样的契约设计下,认证机构之间局部的完全信息特征就变成了滞后一期的完全信息结构,所有的认证机构在 $t+1$ 期就可以实施惩罚机制。

二 均衡分析

在这样的契约设计下,声誉合作均衡的可置信威胁条件就不存在,两个约束条件就变为仅存在激励相容条件的约束。在合作均衡的临界点上,可以将激励相容约束条件(6.6)改写为如下的形式:

$$(1-\delta)(v_h-c_h)+\delta(1-\Phi(\tilde{k}))\frac{(1-\delta)(v_h-c_h)}{1-\delta(1-\Phi(\tilde{k}))}$$
$$\geqslant (1-\delta)(v_h-c_l)+\delta(1-\Phi(\tilde{k}+\frac{\Delta}{\sigma\sqrt{n}}))\frac{(1-\delta)(v_h-c_l)}{1-\delta(1-\Phi(\tilde{k}+\sqrt{n}\frac{\Delta}{\sigma}))}$$
$$(6.27)$$

由于所有的认证机构能在同一时间发现进行虚假认证的认证机构,如果以下条件成立,认证契约的同行监督机制可以实现自我执行(Self-enforcing)。

$$(1-\delta)(v_h-c_l)+\delta(1-\Phi(\tilde{k}+\sqrt{n}\frac{\Delta}{\sigma}))\frac{(1-\delta)(v_h-c_l)}{1-\delta(1-\Phi(\tilde{k}+\sqrt{n}\frac{\Delta}{\sigma}))}\geqslant$$
$$(1-\delta)(v_h-c_h)+\delta(1-\Phi(\tilde{k}+\frac{(n-1)\Delta}{\sigma\sqrt{n}}))\frac{(1-\delta)(v_h-c_l)}{1-\delta(1-\Phi(\tilde{k}+\sqrt{n}\frac{\Delta}{\sigma}))}$$
$$(6.28)$$

如果全体认证机构在每一时期始终进行诚实认证时,每个认证机构的平均收益大于某一认证机构当期和下一期虚假认证收益的总和,即 $\frac{(v_h-c_h)}{(1-\delta)}\geqslant(v_h-c_l)(1+\delta)$,那么,随着 $n\to\infty$,存在 $k_n\leqslant-\frac{1}{2}\sqrt{n}\frac{\Delta}{\sigma}$,使得上述的不等式很容易得到满足。同时,我们可以发现每个认证机构的平均收益与认证机构的数量正相关,

$$\lim_{n\to\infty}\sum_{t=0}^{\infty}\delta^{t+1}(\prod_{s=0}^{t}(1-\Phi(\tilde{k}))-(1+\tau)\prod_{s=0}^{t}(1-\Phi(\tilde{k}+n\frac{e_h-e_f}{\sigma\sqrt{n}})))-\tau$$

$= v_h-c_h$,随着认证机构数量的增加,每个认证机构的平均收益逐渐趋于 v_h-c_h。将 $\frac{(v_h-c_h)}{(1-\delta)}\geqslant(v_h-c_l)(1+\delta)$ 等价转化为 $\tau<\frac{\delta^2}{1-\delta^2}$,其中 $\tau=\frac{c_h-c_l}{p-c_h}$。

结论 4：存在一个成本节约率的门槛值 $\tau*$，对于所有的 $\tau < \tau*$，认证行业的集体声誉合作均衡是存在的，显性契约机制能够有效治理认证行业的虚假认证。

这一结论表明当在认证机构之间进行特定的契约设计情形下，显性契约惩罚机制治理虚假认证的唯一条件是认证机构虚假认证所导致的成本节约比率，当 $\tau < \tau*$ 时，某一个认证机构从虚假认证获得的收益将小于诚实认证的平均收益，那么，认证行业始终处于集体声誉合作均衡的阶段，这也就意味着集体内部的显性契约惩罚机制能够得到有效实施。更为重要的是，显性契约惩罚机制的实施效率与集体声誉内成员数量的规模无关，不受认证机构数量的约束，无论认证产业内的认证机构数量为多少，这种契约的设计可以等效实施。那么，与隐性契约的惩罚机制相比，显性契约的设计优化了治理虚假认证的效率。这一结论所隐含的政策内涵是，在认证行业的惩罚机制设计中，显性机制的设计要比隐性机制更为有效，惩罚机制的设计应该向显性机制倾斜，如发挥行业协会、商盟等的合作治理作用。

三 集体成员之间的重新谈判对惩罚机制有效性的影响

在上述部分的两种惩罚机制中，我们的研究表明两种惩罚机制分别在某种特定前提下才能有效运行，从而发挥治理认证机构虚假认证的效果。一旦这种前提难以被满足时，部分认证机构就会开始尝试进行虚假认证，这一认证策略的改变必然会引起其他认证机构从下一时期开始永远进行虚假认证，而且这是认证机构的最优决策。然而，每一个认证机构始终明白在同行惩罚阶段之后将是消费者对认证机构的公共惩罚阶段，此时，消费者不再愿意购买认证产品，那么，认证产品的溢价也就消失。事实上，每个认证机构都清楚终止声誉合作均衡是不明智的，每个认证机构都有足够的动机进行重新谈判以防止更坏的公共惩罚阶段的出现，使得行业重新恢复到声誉合作均衡阶段。

那么，为检查惩罚机制下认证机构之间重新谈判策略是否构成一个均衡，我们需要重新考虑激励相容条件和可置信威胁条件是否全部得到满足，一旦其中一个条件得不到满足，那么，认证机构的重新谈判策略并非完美均衡。当在均衡中考虑认证机构激励相容的限制条件时，一旦固定消费者的购买策略，依据阿伯等（Abreu 等，1993）的准则，由于激励相容的限制条件已经假定认证机构预见到最坏的贯序最优惩罚策略，认证机构之间没有其他的自我实施的协议给予每一个违约的认证机构在任意违约的时期之后一个更低的存续价值，这也就意味着均衡是反重新谈判的，声誉合作均衡中不存在其他的子博弈完美均衡。

这一结论表明一旦认证行业进入同行惩罚阶段，认证机构之间就会形成一种违约的预期，这种违约预期使得认证行业不可能重新回到集体声誉的合作均衡，即使个体认证机构有足够的动机恢复诚实认证策略，认证行业会遭遇到集体行动的困境，只能被动地让行业进入公共惩罚阶段，使得行业的集体声誉逐渐变坏。这一结论所隐含的政策内涵是，集体内部惩罚机制在治理虚假认证上存在不稳定性，这种机制只能是一种保障机制，将行业中好的集体声誉一直维持下去，而不是一种纠错机制，不能改善行业的集体声誉水平，将坏的集体声誉变成好的。因此，这种机制不能作为一种基准的治理机制，只能作为基准治理机制的补充和支持，那么，这意味着需要引入外部的监管机制来约束认证机构的行为，以执行纠错机制的功能，这将在第七章进行讨论。

本章小结

本章所探讨的问题是如何在认证产业的内部进行非正式的制度安排来治理虚假认证的问题，以及这种机制的治理效果如何。鉴于中国认证机构的地域分布特征，我们分别考虑了隐性契约和显性契约两种惩罚机制。在隐性契约的惩罚机制中，通过构建一个无限期的双重不完全信息重复博弈模型，研究发现，在中国认证产业特殊的制度背景下，仅依靠隐性契约的自我履行机制治理虚假认证行为具有非常高的前提条件，即认证机构的贴现因子足够大，否则隐性契约的惩罚机制会失去效力。而且，即使隐性契约能够有效实施，维持集体声誉合作均衡的认证机构的数量同样是有界限的。认证机构数量过多将降低可置信威胁的承诺效力，行业的集体声誉将难以有效维持。不过，这一认证机构数量是动态变化的，市场参数的变动可以优化认证行业"质量卡特尔"所能容纳的最优认证机构数量。

然后，我们将隐性契约显性化，通过在认证机构之间签订契约的形式对上一部分的双重不完全信息的重复博弈模型进行扩展。研究发现，显性契约治理虚假认证的唯一条件是认证机构虚假认证所导致成本节约的比率，只要其低于某一门槛值，认证行业始终处于集体声誉合作均衡的阶段，显性契约机制能够得到有效实施。更为重要的是，显性契约的惩罚机制的实施效率与集体声誉内成员数量的规模无关，不受认证机构数量的约束。此外，一旦行业进入惩罚阶段时，两种惩罚机制下成员之间均有重新谈判的动机，但重新谈判并不是均衡现象。

第七章

集体声誉下虚假认证治理的政府监管机制

　　第六章分析表明集体成员执行的惩罚机制只能将行业中好的集体声誉一直维持下去，不能执行纠错机制的功能。因此，本章将从行业外部的监管机制入手分析。由于中国认证行业的集体声誉特征只有在消费者和生产企业中存在，而监管当局可以直接识别和监督个体认证机构，因此，可以通过设计政府监管机制来治理认证机构的虚假认证问题。按照这样的思路，我们首先考虑了罚款和浮动监管两种机制，分析两种监管机制治理虚假认证的条件。然后，我们从产业层面探讨行业的准入制度是如何影响认证产业的认证效率的。最后，我们剖析政府对认证产业监管的最优监管水平。

　　需要指出的是，这部分的研究是建立在一个重要的假设之上，即政府是一个公正、公平的监管主体，政府和认证市场中的认证机构并不存在利益输送。

第一节　政府监管机制概述

一　政府监管的内涵

　　由于集体内部自我履行机制的脆弱性，以及存在二阶搭便车的动机，若仅依赖于集体内部的惩罚，可维持的集体数量将很大程度减少。集体成员的持续合作离不开第三方的监管，尤其是政府的监管（南斯，1990）。政府监管是行政机构制定并执行的直接干预市场配置机制或间接改变企业和消费者的供需决策的一般规则或特殊行为。认证行业政府监管是相关的监管主体以治理虚假认证行为、矫治认证市场失灵为目的，依法对认证机构进行直接的经济、社会干预或控制的活动,由政府部分代替市场的一种正式制度安排。

为了更好地理解认证行业的政府监管,需要掌握以下4个特征:第一,官方监管的主体是行政部门,包括行政机关和法律法规授权的组织,国家立法机关和司法机关不在此列。第二,官方监管的直接对象是微观经济主体,即认证机构。它不同于声誉约束通过市场手段间接影响信用评级机构行为的调控,官方监管是直接的、个量的,它借助有关法律和规章直接作用于认证机构,规范、约束和限制认证机构的行为。第三,官方监管的依据是有关的法律法规。政府监管是基于规则的活动,是按照合法的程序和透明的规则对微观经济主体活动进行的干预,监管机构的设置、监管的范围、监管的手段、监管的程序等都应有相应的法律依据。换言之,官方监管的制度基础是法治。第四,官方监管的目的是矫治市场失灵。市场机会主义提供了微观市场主体集体行动的困境,这种困境不仅破坏了社会公共利益,而且也提高了市场交易成本。官方监管就是通过对微观经济主体行为的监管均衡或缓解个体理性与集体理性之间的冲突,弥补市场缺陷,促进社会资源的有效利用,维护公共利益。

一般而言,按照激励方式不同,可以将政府监管的手段分为激励型监管手段与强制型监管手段两大类。其中,激励型监管手段是20世纪30年代以后才得以快速发展的,目前在实际中的应用还没有得到完全的认同并且尚存在着法理上的争论。因此,本书只探讨强制型监管手段。总的来说,传统的政府监管手段主要有以下几种。

①处罚,处罚是最为常见的监管手段,是指监管部门对违法的企业做出的惩罚措施,其具体方式包括警告、罚款、择期整改、没收、封存或扣留,许可要求的取消或中止、刑罚等。

②价格和费率控制,是指对市场中的企业所生产的商品或服务的价格水平和结构进行管理和监管。价格和费率控制是监管部门最直接和干预力度最大的监管手段,目的在于遏制混乱的市场竞争行为,规范市场竞争秩序。现存的3种主要的价格监管方法是收益率方法、价格上(下)限方法和标尺定价方法。

③行业准入机制,监管机构通过授予许可权或剥夺许可权,批准企业主体进入行业从事某种商品生产经营的监管手段。准入监管可以分为一般准入和特许准入两类。特许准入的方式是授予特许经营权,多适用于供应

稀缺商品的行业，如自然垄断行业。特许准入的一般程序是申报—资格审查—公开竞标—听证会—准许进入；一般准入的方式就是予以登记批准，适用于除自然垄断行业外的其他行业，一般准入的程序是申报—审核—注册登记—准许进入。

④标准控制，监管机构通过对产品的某个属性设定一个具体的标准，企业在进行生产时必须得到规定标准才能在市场中交易。标准控制是前置性的监管手段，具有相对隐蔽的特点。标准控制的监管方法在经济性监管领域和社会性监管领域均得到了广泛的使用，尤其是在社会性监管领域还没有直接有效的监管手段时，标准控制在其中发挥了很重要的作用，如在环境污染防治、职业健康与安全等领域一般都是采用标准控制的方法对存在的问题进行规制。

如前文所述，虽然《认证认可条例》详细规定了认证机构违法条例的具体监管处罚措施，如申请人以欺骗、贿赂等不正当手段获得认证机构设立等审批事项批准证书的，国家认监委应当撤销其批准证书，申请人在3年内不得再次申请设立认证机构，但是，就现阶段而言，监管部门的监管力度仍然是很弱的，监管部门几乎不采用停业整顿、吊销执照、市场禁入等严厉的惩罚手段。

认证行业的政府监管目标是矫正市场失灵问题和履行公共管理职能。这就决定了在监管方式上，一方面，监管部门要以价值最大化的方式来实现监管的目标，不断降低监管成本，提高监管的效率；另一方面，监管部门要尽可能地提高监管的覆盖比率，扩大监管的范围。鉴于此，本书进行了三种监管机制的设计，一是罚款机制，分析惩罚强度的变化对认证行业内认证机构认证策略的演化，在何种惩罚强度下，认证机构的认证行为能够得到有效的约束；二是浮动监管机制，监管部门根据对认证机构的声誉评分动态调整监管概率，分析这种监管设计对治理虚假认证的效果；三是行业准入制度，分析行业准入制度是如何优化认证行业的认证效率的。

二 罚款机制

罚款惩罚是监管部门对集体内部认证机构虚假认证行为的直接制裁措施，通过对虚假认证的认证机构处以一定的罚金达到约束认证机构的行为。大量文献已指出，监管部门的罚款惩罚是企业约束机会主义行为的基本工具（费尔和弗斯巴赫，2004）。马尔德（Mulder，2008）的实验研究表明，惩罚比奖励更能够规范个体的合作行为，实验中对不合作者的惩罚能有效地提升个体的合作行为，但对合作者的奖励却没有做到这一点。他们认为惩罚行为传达了一种义务原则，而奖励行为传达的是一种自愿原则，因此惩罚行为相比于奖励行为，对个体的影响更大。

不过，对于个体成员所组成的集体而言，已有文献大多聚焦于非政府的惩罚，比如安德森和普特曼（Anderson 和 Putterman，2006）、卡彭特（Carpenter，2012）以及金蒂斯等（Gintis 等，2001）等。并没有较多文献对集体中的成员违约行为实施罚款惩罚。在为数不多的文献中，伯恩哈德等（Bernhard 等，2006）通过比较集体内部和外部第三方的行为研究了惩罚行为的偏向性。结果发现，惩罚保护集体内受害者的程度远高于保护集体外受害者的程度。也有文献指出罚款惩罚对合作行为的负面作用（马尔德等，2006）。费尔和罗肯巴赫（Fehr 和 Rockenbach，2005）认为外部惩罚的存在让个体合作行为的动机从自发为之变成了逃避惩罚而不得不为之。这个过程实际上是一个内部动机被外部动机排挤的过程。

总而言之，将罚款惩罚应用于集体成员的文献不管在数量上还是在内容上都很薄弱。更为重要的是，现有文献还未将罚款惩罚机制应用于认证机构所构成的集体或者认证产业中。那么，第二节中将分析罚款机制对治理中国认证产业虚假认证的有效性，以及怎样的罚款强度能够有效地规制虚假机构的认证行为，维护每一个认证机构所组成的集体声誉。

三 浮动监管机制

浮动监管是监管主体依据监管对象的不同而实施的差别化监管手段。已有研究表明，除了信息结构和信息能力的影响外，固定或常规监管同样会导致社会福利的损失，使监管无法实现帕累托效率，而浮动监管则可以提高监管的效率，降低信息非对称条件下的道德风险问题（蒋海，2001）。

目前，浮动监管在金融业的监管中较为常见，比如以风险管理为核心的加拿大金融监管手段。依据加拿大的监管框架，监管部门将金融企业的风险和安全等级划分为"0"至"4"共5个级别，然后确定监管的方式和手段。风险等级为"0"级的金融企业属于稳健经营的企业，监管部门对此类型的企业适当减少监管的频率，进行宽松的监管。风险等级为"1"级的金融企业，表明其金融风险总体可控，但也出现了总体上的不稳定因素，监管部门对其进行常规监管。风险等级处于"2"至"4"级的金融企业，表明这类企业存在较大的安全隐患甚至面临破产倒闭的风险，监管部门要进行严格的监管，提高监管的强度以及监管的频率。比如通过各种现场监管的措施，扩大审计范围、监控专用资产使用、提高与监事的沟通频率甚至与企业签订契约等。在安全等级评级上，监管部门对安全等级评级为"0"级和"1"级的金融企业每个季度进行一次评估。监管部门对安全等级评级为"2"至"4"级的金融企业则需要每个月重新进行一次评估，而且需要与企业的管理层沟通，进行各种现场监管。这种浮动监管机制不仅节约了监管成本，减少了不必要的人力、物力的浪费，提高了监管效率，而且使监管有的放矢、对症下药，更加有利于防范风险。

就现阶段而言，浮动监管还未应用到金融业以外的其他领域。我们将这种监管思路应用到中国的认证产业中。由于认证行业集体声誉的特征只存在于消费者和生产企业之中，而监管部门对某一特定的认证证书可以准确地追溯到相应的认证机构，因此，监管部门对每一个认证机构的风险等级进行一个大致的判断在理论上是可行的。那么，我们将在第三节考虑浮动监管机制对虚假认证治理的有效性。

第二节 罚款机制对集体声誉下虚假认证治理的有效性分析

一 模型基本假设

在博弈过程中，一般假定各个参与人是完全理性的，行为人具有全知全能的本领，其决策方案可以实现最优化。在实际情况中，认证机构在决策时受到员工专业程度、业务能力、心理素质等方面的影响从而很难处于完全理性的状态。那么，在有限理性下分析认证机构之间的策略行为更符合现实情形。一般而言，认证机构不会在其一创立时就与生产企业合谋进行虚假认证，认证机构会不断地观察其他认证机构的认证质量、认证行为以及试探监管部门的监管尺度，从而在行业中进行学习并不断地在试错的过程中寻找最优的认证策略。演化博弈借鉴了生物进化论中"物竞天择，适者生存"的原理，将物种的演化逻辑与参与人的博弈策略联合起来，在不同个体组成的群体反复的随机配对博弈过程中，研究群体策略行为的演变过程以及策略行为的稳定性。由此，本节在演化博弈的框架下分析监管部门的罚款机制对虚假认证治理的有效性。

考虑在认证市场中，行业的所有认证机构分享同一集体声誉。为简化模型，将行业内的认证机构数量设定为2家，认证机构1和2。在每一时期，两个认证机构的行为策略均有两种选择，其策略选择集合为｛诚实认证，虚假认证｝。

诚实认证意味着维护行业的集体声誉，虚假认证则意味着侵蚀行业的集体声誉，是一种质量"搭便车"的行为。假定在博弈开始阶段，认证机构1进行诚实认证策略的频率为 x，实施虚假认证策略的频率为 $1-x$。认证机构2进行诚实认证策略的频率为 y，实施虚假认证策略的频率为 $1-y$。

认证机构实施诚实认证和虚假认证策略分别获得的收益为 R_i 和 T_i，如果每个认证机构都实施诚实认证，那么，认证机构不仅可以获得各自的期望收益 R_i，而且，诚实认证使得行业的集体声誉得以强化，可以给每个认证机构带来额外收益为 $\alpha\Delta R$、$(1-\alpha)\Delta R$，α 为声誉分享系数。认证机构选择成为集体声誉的成员时，需要付出的一次性准入成本为 c_1；行业为维护集体声誉所产生的必要成本为 c_2，认证机构1和2分担的成本分别为 βc_2、$(1-\beta)c_2$，β 为成本分担系数。监管部门会对认证机构的虚假认证行为进行惩罚，会采取罚款、向公共披露、吊销营业执照等措施，这会导致认证机构产生的损失为 P。那么，根据假设，认证机构行为策略的收益矩阵如表7-1所示。

表7-1　　　　　　　　认证机构认证策略的收益矩阵

认证机构1和2	诚实认证（y）	虚假认证（1-y）
诚实认证（x）	$R_1 + \alpha\Delta R - c_1 - \beta c_2$, $R_2 + (1-\alpha)\Delta R - c_1 - (1-\beta)c_2$	$P - c_1 - \beta c_2$, $T_2 - P - c_1$
虚假认证（1-x）	$T_1 - P - c_1$, $P - c_1 - (1-\beta)c_2$	$-c_1$, $-c_1$

二　演化博弈的均衡分析

如果在认证行业中，某个个体认证机构选择策略所得到的收益大于认证产业的平均收益，那么随着博弈过程的不断演变，选择这种策略的认证机构在行业中的比例逐渐增加，反之亦然。如果某个个体认证机构选择策略所得到的收益等于认证产业的平均收益，那么随着博弈过程的不断演变，选择这种策略的认证机构数量在行业中的比例不会有所变化。在演化过程中，参与人选择的策略类型在行业中所占的比例的变动速度由行业中学习对象数量的大小和学习对象成功的程度决定。那么，我们可以对其进行动态复制分析，令复制动态方程 $F(x) = 0$ 得到均衡点 x，如果 $F'(x) < 0$，那么 x 是演化稳定策略（ESS）。

由表 7-1 的收益矩阵可知，认证机构 1 进行诚实认证和虚假认证的期望收益分别为：

$$U_{1h} = y[R_1 + \alpha\Delta R_1 - c_1 - \beta c_2] + (1-y)[P - c_1 - \beta c_2]$$
$$= y(R_1 + \alpha\Delta R_1 - P) - c_1 - \beta c_2 + P \quad (7.1)$$

$$U_{1f} = y(T_1 - c_1 - P) - (1-y)c_1 = y(T_1 - P) - c_1 \quad (7.2)$$

因此，认证机构 1 采取混合策略，即采取诚实认证和虚假认证的平均期望收益为：

$$\bar{U}_1 = xU_{1h} + (1-x)U_{2f} \quad (7.3)$$

同样的，由表 7-1 的收益矩阵可知，认证机构 2 进行诚实认证和虚假认证的期望收益分别为：

$$U_{2h} = x[R_2 + (1-\alpha)\Delta R - (1-\beta)c_2 - c_1] + (1-x)[-c_1 - c_2 + P]$$
$$= x[R_2 + (1-\alpha)\Delta R - P] - (1-\beta)c_2 - c_1 + P \quad (7.4)$$

$$U_{2f} = x[T_2 - c_1 - P] - (1-x)c_1 = x(T_2 - P) - c_1 \quad (7.5)$$

因此，认证机构 2 采取混合策略，即进行诚实认证和虚假认证的平均期望收益为：

$$\bar{U}_2 = yU_{2h} + (1-y)U_{2f} \quad (7.6)$$

根据演化博弈的原理，构建认证机构 1 和认证机构 2 策略的复制动态方程为：

$$F(x) = \frac{dx}{dt} = x(U_{1h} - \bar{U}) = x(1-x)[y(R_1 + \alpha\Delta R - T_1) - \beta c_2 + P] \quad (7.7)$$

$$F(y) = \frac{dy}{dt} = y(U_{2h} - \bar{U}_2) = y(1-y)\{x[R_2 + (1-\alpha)\Delta R - T_2] -$$

$(1-\beta)c_2 + P\}$ (7.8)

我们可以使用方程 (7.7) 和 (7.8) 组成的动态系统的动态复制方程来刻画认证机构间的演化路径。令 $F(x) = 0$，$F(y) = 0$，可知该演化系统存在 5 个均衡点，分别为 $E_1(0,0)$、$E_2(0,1)$、$E_3(1,0)$、$E_4(1,1)$ 和 $E_5(\alpha_1, \alpha_2)$，其中 $\alpha_1 = \dfrac{-(1-\beta)c_2 + P}{T_2 - [R_2 + (1-\alpha)\Delta R]}$，$\alpha_2 = \dfrac{-\beta c_2 + P}{T_1 - (R_1 + \alpha\Delta R)}$。

雅可比矩阵（Jacobian Matrix）是微分动力系统一阶偏导数以一定的方式排列而形成的矩阵。在某个给定点的雅可比行列式则提供了演化系统在靠近该点时，表现出最优线性逼近稳定性趋势的一些重要信息。已有研究表明，对于一个由微分方程系统描述的群体动态，其均衡点的稳定性是由该系统得到的雅可比矩阵的局部稳定性分析的。于是，可以得出动态系统的雅可比矩阵为：

$$J = \begin{bmatrix} (1-2x)[y(R_1 + \alpha\Delta R - T_1) - \beta c_2 + P]x(1-x)(R_1 + \alpha\Delta R - T_1) \\ y(1-y)[R_2 + (1-\alpha)\Delta R - T_2](1-2y)\{x[R_2 + (1-\alpha)\Delta R - T_2] - (1-\beta)c_2 + P\} \end{bmatrix}$$
(7.9)

然后，我们利用雅可比矩阵的局部稳定性分析法对五个均衡点进行稳定性分析，即当且仅当 $det(J) > 0$ 和 $tr(J) < 0$ 满足时，该均衡点为 ESS 稳定。由此，表 7 - 2 报告了各个均衡点雅可比矩阵的 $det(J)$ 和 $tr(J)$。由表 7 - 2 可知，$det(J)$ 和 $tr(J)$ 的符号难以直接确定，由此我们进行分情况讨论。

表 7 - 2　　　　各个均衡点雅可比矩阵的 $det(J)$ 和 $tr(J)$

平衡点	$det(J)$	$tr(J)$
$E_1(0, 0)$	$(-\beta c_2 + P)[P - (1-\beta)c_2]$	$-c_2 + 2P$
$E_2(1, 0)$	$(\beta c_2 - P)[R_2 + (1-\alpha)\Delta R - T_2 - (1-\beta)c_2 + P]$	$R_2 + (1-\alpha)\Delta R - T_2 + (2\beta - 1)C_2$
$E_3(0, 1)$	$(R_1 + \alpha\Delta R - T_1 - \beta c_2 + P)[(1-\beta)c_2 - P]$	$(R_1 + \alpha\Delta R - T_1) + (1 - 2\beta)c_2$
$E_4(1, 1)$	$(R_1 + \alpha\Delta R - T_1 - \beta c_2 + P) \times [R_2 + (1-\alpha)\Delta R - T_2 - (1-\beta)c_2 + P]$	$-(R_1 + R_2\Delta R - T_1 - T_2 - c_2 + 2P)$
$E_5(\alpha_1, \alpha_2)$	$-\alpha_1\alpha_2(1-\alpha_1)(1-\alpha_2)(R_1 + \alpha\Delta R - T_1) \times [R_2 + (1-\alpha)\Delta R - T_2]$	0

（一）情形 1

将 $0 < P < (1-\beta)c_2$，$0 < P < T_2 - R_2 - (1-\alpha)\Delta R + (1-\beta)c_2$，

$0<P<\beta c_2$,$0<P<T_1-R_1-\alpha\Delta R+\beta c_2$ 的条件同时满足时定义为情形 1。求解得到 $E_5\notin(0,1)$，可知 E_5 不是演化均衡点。这种情形的演化稳定性结果如表 7-3 所示。可知，该系统存在 4 个演化均衡点 $E_1(0,0)$、$E_2(1,0)$、$E_3(0,1)$ 和 $E_4(1,1)$，其中 $E_4(1,1)$ 不是稳定点，$E_2(1,0)$ 和 $E_3(0,1)$ 是鞍点，$E_1(0,0)$ 是唯一的 ESS。

这意味着虽然监管部门对认证机构进行了一定程度的惩罚监管，但由于惩罚的强度 P 足够小，完全起不到约束认证机构行为的作用。同时，认证机构维护行业集体声誉所带来的额外收益完全不能弥补认证机构虚假认证所带来的超额收益。那么，这个动态系统从最初的不稳定点 $E_2(1,0)$、$E_3(0,1)$ 和 $E_4(1,1)$ 向稳定点 $E_1(0,0)$ 演化的可能性逐渐增加，认证机构诚实认证的策略将逐渐会被摒弃，最终演化为每个认证机构都实施虚假认证的策略并稳定下来。此时，每个认证机构都不存在维护行业集体声誉的动机，每个认证机构都侵蚀行业的集体声誉，行业的集体声誉逐渐变坏，博弈陷入典型的"囚徒困境"。这种情形下监管部门的罚款机制并没有起到规范认证机构行为和提高认证机构诚实认证激励的效果。

表 7-3　　　　　　　情形 1 各个平衡点局部稳定性分析

平衡点	det(J)	tr(J)	局部稳定性
E_1 (0, 0)	+	-	稳定节点
E_2 (1, 0)	-	不确定	鞍点
E_3 (0, 1)	-	不确定	鞍点
E_4 (1, 1)	+	+	非稳定节点

（二）情形 2

将 $(1-\beta)c_2<P<T_2-[R_2+(1-\alpha)\Delta R-(1-\beta)c_2]$，$\beta c_2<P<T_1-R_1-\alpha\Delta R+\beta c_2$ 的条件同时满足时定义为情形 2，情形 2 的监管惩罚强度 P 要大于情形 1。求解得到 $E_5\in(0,1)$，可知 E_5 是演化均衡点。这种情形的演化稳定性结果如表 7-4 所示。可以发现，这个演化系统存在 5 个演化均衡点 $E_1(0,0)$、$E_2(1,0)$、$E_3(0,1)$、$E_4(1,1)$ 和 $E_5(\alpha_1,\alpha_2)$，其中 $E_1(0,0)$ 和 $E_4(1,1)$ 不是稳定点，$E_5(\alpha_1,\alpha_2)$ 是鞍点，$E_2(1,0)$ 和 $E_3(0,1)$ 是 ESS。这意味着，随着监管部门的惩罚强度 P 逐渐增加，这个演化系统的稳定点从情形 1 的 $E_1(0,0)$ 变为 $E_2(1,0)$ 和 $E_3(0,1)$。

当认证行业内每个认证机构都从虚假认证策略的初始非稳定点 $E_1(0,$

第七章 集体声誉下虚假认证治理的政府监管机制

0) 开始演化时,此时惩罚强度 P 足以抵消其他认证机构采取虚假认证策略所获得的额外收益,即 $P > \min\{\beta c_2, (1-\beta)c_2\}$。这表明,在保持其他认证机构认证策略不变的前提下,认证机构选择与其相反的认证策略会获得更多的收益,如果对方采取虚假认证策略不变时,认证机构自身实施诚实认证策略的概率会逐渐增大,那么,两个认证机构从 $E_1(0,0)$ 分别演化至 $E_2(1,0)$ 和 $E_3(0,1)$。另外,当认证行业从诚实认证的初始非稳定点 $E_4(1,1)$ 开始演化时,此时惩罚强度 P 不足以抵消自身实施诚实认证而对方实施虚假认证所获得的额外收益抵减其合作收益后的净收益,即

$P < \min\{T_2 - [R_2 + (1-\alpha)\Delta R - (1-\beta)c_2], T_1 - R_1 - \alpha\Delta R + \beta c_2\}$,这意味着自身在实施诚实认证的策略不变时,其他认证机构实施虚假认证将会获得更多的额外收益,那么,对方采取虚假认证策略的概率会增加。如果是认证机构 1,那么动态系统从 $E_4(1,1)$ 演化至 $E_3(1,0)$,如果是认证机构 2,那么动态系统从 $E_4(1,1)$ 演化至 $E_2(0,1)$。

在这种情形下,鞍点 E_5 偏离 $E_1(0,0)$ 的强度并没有出现明显的变化,E_2、E_3、E_4 和 E_5 所组成的面积并没有出现逐渐变大的趋势,两个认证进行相机的演化过程,行业的集体声誉不能得到有效维持,这种情形下监管部门的罚款机制同样没有起到规范认证机构行为和提高认证机构诚实认证激励的效果。

表 7-4   情形 2 各个平衡点局部稳定性分析

平衡点	$\det(J)$	$tr(J)$	局部稳定性
$E_1(0,0)$	+	+	非稳定节点
$E_2(1,0)$	+	−	稳定节点
$E_3(0,1)$	+	−	稳定节点
$E_4(1,1)$	+	+	非稳定节点
$E_5(\alpha_1, \alpha_2)$	−	无	鞍点

(三) 情形 3

将 $T_2 - R_2 - (1-\alpha)\Delta R + (1-\beta)c_2 < P < (1-\beta)c_2$,$T_1 - R_1 - \alpha\Delta R + \beta c_2 < P < \beta c_2$ 的条件同时满足时定义为情形 3。求解得到 $E_5 \in (0, 1)$,可知 E_5 不是演化均衡点。这种情形的博弈演化稳定性结果如表 7-5 所示。可知,该系统存在 5 个演化均衡点 $E_1(0,0)$、$E_2(1,0)$、$E_3(0,1)$、

$E_4(1,1)$ 和 $E_5(\alpha_1,\alpha_2)$，$E_2(1,0)$ 和 $E_3(0,1)$ 不是稳定点，$E_1(0,0)$ 和 $E_4(1,1)$ 是唯一的 ESS，$E_5(\alpha_1,\alpha_2)$ 是鞍点。这意味着，随着监管部门的惩罚强度 P 逐渐增加，这个演化系统的稳定点从情形 2 的 $E_3(1,0)$ 演变为 $E_1(0,0)$ 和 $E_4(1,1)$。

当在认证行业中，一个认证机构实施虚假认证而另外一个认证机构实施诚实认证的初始不稳定点 $E_3(1,0)$ 和 $E_3(0,1)$ 开始演化时，此时惩罚强度 P 不足以抵消其他认证机构采取虚假认证策略所获得的额外收益，即 $P < \min\{\beta c_2,(1-\beta)c_2\}$。这表明，在其他认证机构认证策略保持不变的前提下，认证机构选择与其相同的认证策略会获得更多的收益，如果对方采取虚假认证策略不变时，认证机构实施虚假认证策略的概率会逐渐增大，如果是认证机构 1，那么动态系统从 $E_2(1,0)$ 演化至 $E_1(0,0)$，如果是认证机构 2，那么动态系统从 $E_3(0,1)$ 演化至 $E_1(0,0)$。

另外，当认证行业从诚实认证的初始非稳定点 $E_4(1,1)$ 开始演化时，此时惩罚强度 P 足以抵消自身实施诚实认证而对方实施虚假认证所获得的额外收益抵减其合作收益后的净收益，即

$P > \max\{T_2 - [R_2 + (1-\alpha)\Delta R - (1-\beta)c_2], T_1 - R_1 - \alpha\Delta R + \beta c_2\}$，这意味着自身在实施诚实认证的策略不变时，其他认证机构同样会实施诚实认证以获得更多的额外收益，那么，对方采取诚实认证策略的概率会增加，如果是认证机构 1，那么动态系统从 $E_3(0,1)$ 演化至 $E_4(1,1)$，如果是认证机构 2，那么动态系统从 $E_2(1,0)$ 演化至 $E_4(1,1)$。

在这种情形下，动态系统最终演化为 $E_1(0,0)$ 和 $E_4(1,1)$，取决于惩罚强度 P 的具体数额，当 $P > \max\{T_2 - [R_2 + (1-\alpha)\Delta R] + 2(1-\beta)c_2/2, T_1 - R_1 - \alpha\Delta R + 2\beta c_2/2\}$，博弈双边同时选择诚实认证策略的概率超过 50%，鞍点接近帕累托最优解 $E_4(1,1)$ 的概率进一步增大，E_2、E_3、E_4 和 E_5 所组成的面积将持续缩小，认证机构维护集体声誉的动力继续增强，博弈模型最终演化为牡鹿博弈情形，这种情形下监管部门的惩罚机制部分起到规范认证机构行为和提高认证机构诚实认证激励的效果。

表 7-5　　　　　　　情形 3 各个平衡点局部稳定性分析

平衡点	det(J)	tr(J)	局部稳定性
E_1 (0, 0)	+	+	稳定节点

续表

平衡点	$det(J)$	$tr(J)$	局部稳定性
E_2 (1, 0)	+	−	非稳定节点
E_3 (0, 1)	+	−	非稳定节点
E_4 (1, 1)	+	−	稳定节点
E_5 (α_1, α_2)	−	无	鞍点

（四）情形 4

将 $P > T_2 - R_2 - (1-\alpha)\Delta R + (1-\beta)c_2$，$P > (1-\beta)c_2$，$P \geq T_1 - R_1 - \alpha\Delta R + \beta c_2$，$P > \beta c_2$ 的条件同时满足时定义为情形 4。求解得到 $E_5 \notin (0, 1)$，可知 E_5 不是演化均衡点。这种情形的博弈演化稳定性结果如表 7-6 所示。可知，该系统存在 4 个演化均衡点 $E_1(0,0)$、$E_2(1,0)$、$E_3(0,1)$ 和 $E_4(1,1)$，其中 $E_1(0,0)$ 不是稳定点，$E_2(1,0)$ 和 $E_3(0,1)$ 是鞍点，$E_4(1,1)$ 是 ESS。随着监管部门惩罚强度 P 的大幅度增加，认证机构虚假认证策略的超额收益将不复存在，虚假认证将无利可图，认证机构虚假认证的动机在逐渐下降，此时，这个动态系统从最初的不稳定点 $E_2(1,0)$、$E_3(0,1)$ 和 $E_1(0,0)$ 向 $E_4(1,1)$ 点演化的概率逐渐增加，认证机构的虚假认证策略将逐渐被摒弃，最终演化为博弈双方均采取诚实认证策略并稳定下来，由此形成共赢的局面。这种情形下监管机构的罚款机制起到了维护认证行业的集体声誉以及治理行业的虚假认证行为的效果。

表 7-6   情形 4 各个平衡点局部稳定性分析

平衡点	$det(J)$	$tr(J)$	局部稳定性
E_1 (0, 0)	+	+	非稳定点
E_2 (1, 0)	−	不确定	鞍点
E_3 (0, 1)	−	不确定	鞍点
E_4 (1, 1)	+	−	稳定点

三　演化博弈结论

总的来说，基于演化博弈的方法，这部分通过构建带有监管部门罚款强度约束的认证机构间维护行业集体声誉的演化博弈模型，分析不同的罚款强度对认证机构虚假认证行为的影响，研究表明：无论认证机构初始的认证策略如何，罚款强度对认证机构的认证策略演变存在直接的影响。当监管部门的罚款强度很弱时（情形1），惩罚强度完全起不到约束认证机构行为的作用，系统最终演化每个认证机构都实施虚假认证的策略并稳定下来，罚款机制没有起到规范认证机构行为和提高认证机构诚实认证激励的效果。当监管部门的罚款强度介于某一区间时（情形2和情形3），认证机构认证行为的演变是一个相机决策的过程，其最终演化的状态需要依赖于其他认证机构的认证策略，罚款机制部分起到了规范认证机构行为和提高认证机构诚实认证激励的效果。当监管部门的罚款强度很强时（情形4），认证机构虚假认证策略的超额收益将不复存在，最终演化为博弈双方均采取诚实认证策略并稳定下来，监管机构的罚款机制起到了维护认证行业的集体声誉以及治理行业的虚假认证行为的效果。这一研究结论为在特殊制度背景下的中国认证行业的监管提供了可量化的罚款实施参考依据。

这一结论所隐含的政策内涵是，监管部门对认证行业应采用"严监管、重处罚"的监管思路。陈艳莹和鲍宗客（2014）认为集体声誉的制度设计需要严厉的事后监管机制来协调，否则这种制度设计将是低效率的。然而，目前在中国的认证产业中，虽然《认证认可条例》规定了认证机构违反执业道德、触犯条例的罚款、吊销执照，甚至市场禁入等机制，但实际上，如前文所述，目前中国执行的是一套"宽监管、轻处罚"的监管思路。这种"宽监管、轻处罚"的监管思路对认证机构来说似乎是隔靴搔痒，并没有起到敲山震虎的作用，这直接导致了认证机构普遍只注重短期成本收益。

第三节 浮动监管对集体声誉下虚假认证治理的有效性分析

一　浮动监管的机制设计

如前文所述，在中国的认证市场中，认证行业集体声誉的特征只存在于消费者和生产企业之中，而监管部门对某一特定的认证证书可以准确地追溯到相应的认证机构，因此，监管部门可以对每一个认证机构的声誉进行一个大致的判断。为反映监管的效率，如果监管部门在检查中几次都未发现认证机构存在虚假认证的情况，那么，监管部门完全有可能会在下一次降低对这些认证机构的检查力度;相反,如果前几次检查中都发现某一认证机构存在某种违规现象,那么,监管部门在下一次检查中势必加大检查的力度和投入。基于这样的原因,我们进行了浮动监管的机制设计:第一,监管部门在认证机构进入市场时都会赋予一个初始声誉评分;第二,监管部门在每一期都会对认证机构的声誉进行评价并相应调整监管的强度,而且在下一期又会依据监管的结果调整对认证机构的声誉评分。

我们对第五章的三方博弈模型进行了扩展,在模型中引入浮动监管机制。在引入浮动监管机制后,相当于在博弈中考虑了基于监管部门一侧的个体声誉效应,认证机构和监管部门之间的单次博弈也就转变为有限次数的重复博弈,不过,需要指出的是,生产企业和认证机构之间仍然是进行一次博弈。假定在第 t 期,监管部门对认证机构声誉的评价水平为 r_t,$0 \leq r_t \leq 1$。监管部门依据每个认证机构的声誉水平确定监管的概率 γ_t,$0 \leq \gamma_t \leq 1$。认证机构的声誉评分越低,监管部门监管的概率就越大,即 $\partial \gamma_t / \partial r_t < 0$。具体的,我们将监管部门对认证机构声誉在第 t 期的评分 r_t 表示为:

$$r_t = \begin{cases} r_{t-1}, & \gamma_{t-1} = 0; \\ g(r_{t-1}, \psi_{t-1}(\Delta q_{t-1})), & \gamma_{t-1} \neq 0; \end{cases} \quad (7.10)$$

其中,$0 \leq r_t \leq 1$,$t = 1, 2, \cdots, m$。$0 \leq g(r_{t-1}, \psi_{t-1}) \leq 1$。$\psi_{t-1}$ 指在 $t-1$ 期生产企业和认证机构虚假认证披露的产品质量偏离实际质量的程度,$\psi_{t-1} = \Delta q_{t-1} / q_{t-1}^F$。其中,$\Delta q_{t-1} = q_{t-1}^C - q_{t-1}^F$,$\psi_{t-1} \geq 0$。如果生产企业在 $t-1$ 期进行虚假认证获得的质量差距 Δq_{t-1} 越大,意味着认证的偏离程度越严重。如果监管机构在 $t-1$ 期对某一认证机构实施了监管,那么,监管机构会根据 $t-1$ 期认证机构的声誉评分 r_{t-1} 和虚假认证的偏离程度对认证机构第 t 期的声誉进行调整。关于虚假认证的偏离程度指标 ψ_{t-1},若 $\psi_{t-1} = 0$,即认证机构在第 $t-1$ 期进行诚实认证,那么其第 t 期的声誉水平将会提高。否则,第 t 期的声誉将会降低,且 ψ_{t-1} 的值越大,认证机构的声誉降低得越多,即 $\partial r / \partial \psi < 0$。因此,当 $\psi_{t-1} = 0$ 时,$r_t - r_{t-1} > 0$;当 $\psi_{t-1} > 0$ 时,$r_t - r_{t-1} \leq 0$。此外,认证机构的声誉评分 r_t 还受到前期声誉水平的影响。假设在 t 期认证机构虚假认证被监管部门查出导致的声誉评分降低的价值为 ω_t,诚实认证被监管部门核实导致的声誉评分增加的价值为 ν_t。

二 均衡分析

根据上述的相关假设，表7-7报告了认证机构存在双侧声誉效应下生产企业、认证机构和监管部门的收益矩阵。

表7-7 监管部门、生产企业和认证机构三方博弈的收益矩阵

		提出合谋意向		不提出合谋意向
		虚假认证	诚实认证	诚实认证
监管		$\eta\theta\varphi[\beta\varphi(\Delta q) - \lambda(A+B) - C^M]$	$-\eta(1-\theta)\varphi C^M$	$-(1-\eta)\varphi C^M$
		$\theta\gamma\varphi(R^F - B - \alpha_2\varphi(\Delta q))$	$(1-\theta)\gamma\varphi(R^F - R^C)$	$\gamma\varphi(R^F - R^C)$
		$-\eta\gamma\varphi[\alpha_1\varphi(\Delta q) + \xi\omega]$	$\eta\gamma\varphi(R^C - C^C + \xi\nu)$	$(1-\eta)\gamma\varphi(R^C - C^C + \xi\nu)$
不监管		$-\eta\theta(1-\varphi)[C^M + \lambda(A+B)]$	$-\eta(1-\theta)(1-\varphi)C^M$	$-(1-\eta)(1-\varphi)C^M$
		$\theta\gamma(1-\varphi)(R^F + A - B)$	$(1-\theta)\gamma(1-\varphi)(R^F - R^C)$	$\gamma(1-\varphi)(R^F - R^C)$
		$\eta\gamma(1-\varphi)B$	$\eta\gamma(R^C - C^C)$	$(1-\eta)\gamma\varphi(R^C - C^C)$
		$-\eta\theta\lambda(A+B)$	0	0
		$\theta(1-\gamma)(R^F + A - B)$	$(1-\theta)(1-\gamma)(R^F - R^C)$	$(1-\gamma)(R^F - R^C)$
		$\eta(1-\gamma)B$	$\eta(1-\gamma)(R^C - C^C)$	$(1-\eta)(1-\gamma)(R^C - C^C)$

依据表7-7的收益矩阵，认证机构在 t 期选择虚假认证和诚实认证的期望收益分别为：

$$E_t^C(C) = \eta_t B - \eta_t \gamma_t \varphi_t (B + \alpha_1 \varphi(\Delta q_t) + \xi_t \omega_t) \quad (7.11)$$

$$E_t^C(H) = \eta_t (R^C - C^C) + \eta_t \gamma_t \varphi_t \xi_t \nu_t \quad (7.12)$$

那么，认证机构实施虚假认证策略的条件为 $R^C + \gamma_t \varphi_t [B + \alpha_1 \varphi(\Delta q) + \xi_t(\omega_t + \nu_t)] < B + C^C$。当行业内认证机构数量逐渐增多时，认证机构的认证收费 R^C，监管部门的监管概率 γ_t，认证机构的声誉因子 λ_t 和有效查出虚假认证的概率 φ_t 都减小，而认证成本 C^C 增加。为了便于与基准模型进行比较，我们同样求解行业中的临界认证机构数量，令 $g(n)' = B + C^C$，$f(n)' = R^C + \gamma_t \varphi_t [B + \alpha_1 \varphi(\Delta q) + \xi_t(\omega_t + \nu_t)]$，则有，$\partial g(n)^R / \partial n = \partial C^C / \partial n > 0$，$\partial f(n)^R / \partial n = \partial R^C / \partial n + [B + \alpha_1 \varphi(\Delta q) + \xi_t(\omega_t + \nu_t)][(\partial \gamma_t / \partial n)\varphi_t + (\partial \varphi_t / \partial n)\gamma_t] + \gamma_t \varphi_t (\nu_t + \omega_t)(\partial \xi_t / \partial n) < 0$，这意味着随着行业内认证机构数量 n 的增加，$f'(n)$ 表现出逐渐减小的趋势，其最小值为 R^∞，而

$g'(n)$ 则逐渐增加。

我们可以发现 $f'(n)$ 的斜率绝对值比 $f(n)$ 斜率绝对值小，即 $|\partial f'(n)/\partial n|<|\partial f(n)/\partial n|$，这意味着随着行业内认证机构数量 n 的增加，$f'(n)$ 值下降的速度比 $f(n)$ 慢，那就导致了认证机构策略选择的临界点变大，即 $n**>n*$，这一结论表明，在监管部门浮动监管的机制约束下，会部分抵消认证机构在集体声誉约束下的质量"搭便车"动机，能够优化认证行业的合作环境，增加认证行业所能容纳的认证机构数量，在一定程度上治理认证机构的虚假认证行为。这一结论所隐含的政策内涵是，监管部门对认证行业应执行差别化的监管，而不是对每一个认证机构都实行相同的监管强度和力度。

第四节　行业准入制度对行业认证效率的改进

上述两种监管机制探讨了政府监管对个体认证机构虚假认证的治理效率。本节将考虑一种具体的监管制度，即行业准入机制对认证产业诚实认证的激励和认证产业效率的影响。

一　模型基本假设

借鉴鲁维埃和苏贝朗（2008）的研究，我们把集体声誉约束下认证机构的质量选择问题简化为一个两阶段博弈模型，在第一阶段，以利润最大化为目标的认证机构决定是否进入某一集体声誉行业，只要决定进入，它就需要支付固定成本 $F>0$，如申请设立的费用、检测设备、办公产地等；在第二阶段，进入市场的每个认证机构都需要作出自己的认证质量决策 q_i，假定行业中的均衡企业数量为 n，则该行业产品的平均质量为 $\bar{q}=\sum_{i=1}^{n}q_i/n$，由于认证机构没有个体品牌，消费者不可能知道每个认证机构出具认证证书的质量，但能根据以往的购买经验、媒体报道、口碑等途径判断认证行业的平均质量水平。显然，平均质量是决定行业集体声誉的关键因素。假定消费者认为该行业集体声誉为良好的可能性为 $R(\bar{q})$，$0 \leq R(\bar{q}) \leq 1$，$R(\bar{q})$ 会随着产品平均质量的提高而增加，但增长的速率趋于平缓，$R'>0$，$R''\leq 0$。

在生产同质性产品的认证行业中,单个认证机构的产量通常会随着行业规模的扩大而减少曼昆和温斯顿(Mankiw and Whinston, 1986)。这里关注的重点是单个认证机构的质量决策,所以假定每个认证机构只生产一个单位的产品,行业的总产出 Q 等于认证机构的数量 n,市场的泛需求函数可以表示为 $p = p(n)$,由竞争市场的特点可知,产品数量越多,市场价格越低,即 $p'(n) < 0$。就成本而言,一旦认证机构进入市场并支付了固定成本,他们就面临一个与质量有关的成本函数 $C(q_i)$,通常认证证书的质量越高,需要付出的努力就越多,认证机构的成本也越高,且边际成本递增,所以我们假定 $C' > 0$,$C'' > 0$。

此外,对于认证行业而言,在集体规模持续扩大的过程中,行业面临的"拥挤效应"会越来越显著,生产企业对认证机构间的选择会越来越大,这使得生产企业在与认证机构的合作中越来越处于有利地位,由此,我们引入系数 $\beta(n)$ 表示"拥挤效应"对认证机构成本的影响,并且 $\beta(n) > 0$,$\beta'(n) > 0$。综上可知,在博弈的第一阶段,每个认证机构 i 的预期利润可表示为:$\Pi_i = R(q) * p(n) - \beta(n) * C(q_i) - F$。如果是在博弈的第二阶段,则预期利润中将不包括固定成本。

良好的集体声誉会提高认证机构的收费水平,个体认证机构的利润也会随着集体声誉的提高而增加,因此每个认证机构对集体声誉这一"公共资源"都有过分掠夺的动机,在一定程度上会促成集体成员形成质量"卡特尔",在这种情况下,所有认证机构变成了一个有机整体,相当于该行业只存在一家垄断认证机构,那么集体声誉的好坏也就取决于这一垄断认证机构的产品质量。在博弈的第二阶段,垄断认证机构会把产品质量定在 q_M 使其垄断利润最大化,即 $Max\Pi(q_M,1)$,由于质量的提高虽然会增加企业的销量,但同时也会增加企业的成本,所以其与企业利润之间会呈现先增加后减少的倒"U"形关系。我们假定如果垄断企业一直提高产品质量,最终它将无法盈利,所以我们假定 $\lim_{q_M \to \infty} \Pi(q_M,1) \leq 0$。在博弈的第一阶段,垄断企业的预期利润可以表示为 $\Pi(q_M,1) = R(q_M) * p(1) - \beta(1) * C(q_M) - F$,假定垄断认证机构总会决定进入市场,即 $\Pi(q_M,1) \geq 0$。

二 自由进入的博弈分析

首先考虑行业处于自由进入状态时的情况。在博弈中的第二阶段,集

第七章 集体声誉下虚假认证治理的政府监管机制

体中的每个企业独立做出自己的质量决定 q_i，目标是在不减少销量的情况下使利润达到最大，即

$$Max\Pi_i = Max\{R(\bar{q})*p(n) - \beta(n)*C(q_i)\} \quad (7.13)$$

对式（7.13）进行一阶求导可得到单个认证机构的最佳质量选择 q_i 满足 $R'(\bar{q})*p(n)/n = \beta(n)*C'(q_i)$，它是关于行业平均质量水平 $\bar{q}$ 和认证机构数量 n 的隐函数，因为 $R'' < 0$，$C' > 0$，所以平均质量的提高会使 R' 变小，为使等式成立，C' 也要变小，那么单个认证机构的认证质量就会降低，进而又降低了平均质量。由此可得，当集体内部达到均衡时，每个企业的质量选择将趋于一致，即 $q_i = \bar{q} = q*(n)$。因此，非合作均衡时每个认证机构选择的质量水平 $q*$ 满足下式：

$$\frac{1}{n}R'(q*)*p(n) = \beta(n)*C'(q*) \quad (7.14)$$

如果事前预期利润为正，企业就会进入市场，而利润会随行业当中企业数量的增加而减少，当企业利润减少为 0 时，就不会再有新的企业进入。由此可得到非合作均衡状态下进入市场的最大企业数量 $n*$ 满足：

$$R(q*(n*))*p(n*) - \beta(n*)C(q*(n*)) = F \quad (7.15)$$

如果有 n 家同质企业进入市场，它们将在第二阶段选择非合作均衡质量 $q*$。假设消费者效用曲线是拟线性的，那么消费者剩余可以表示为：

$$CS(q*, n) = R(q*)\left[\int_0^n P(x)dx - P(n)n\right] \quad (7.16)$$

拥有集体声誉的所有企业的预期总利润可以表示为：

$$n\Pi(q*, n) = n[R(q*)*p(n) - \beta(n)*C(q*) - F] \quad (7.17)$$

其中，$\Pi(q*, n)$ 为认证机构在第一阶段的均衡利润。那么，联立方程可得到自由进入下的社会福利为：

$$W(q*, n) = R(q*)\int_0^n p(x)dx - n[\beta(n)C(q*) + F] \quad (7.18)$$

将式（7.18）表示的社会福利对非合作均衡时的最大企业数量 $n*$ 求微分得到下式：

$$\frac{dW}{dn}(q*,n*) = [R'(q*)\int_0^{n*} p(x)dx - n*\beta(n*)C'(q*)]_2 * \frac{\partial q*}{\partial n} \quad (7.19)$$

由于 $\frac{\partial q*}{\partial n} = \frac{[\frac{1}{n}p'(n) - \frac{1}{n^2}p(n)]R'(q*) - \beta'(n)C'(q*)}{C''(q*)\beta(n) - \frac{1}{n}R''(q*)p(n)} < 0, \frac{\partial W}{\partial q} =$

$R'(q*)\int_0^{n*} p(x)dx - n*[\beta(n*)C'(q*)] > R'(q*)n*p(n*) - n*\beta(n*)C'(q*)] > 0$，由此得到 $\frac{dW}{dn}(q*,n*) < 0$，这说明集体声誉行业的社会福利在非合作均衡点的边际变化为负，并不是社会福利的最高点。

三 行业准入制度对认证行业的影响

我们以质量准入标准为例来分析行业准入门槛的提高对认证行业社会福利变化的影响。首先假设在博弈的第二阶段存在一个合作均衡质量 q_c 能使行业中所有的认证机构集体利润最大化，即 $Max\{R(q)p(n) - \beta(n)C(q)\}$，那么 q_c 满足一阶条件：

$$R'(q_c)p(n) - \beta(n)C'(q_c) = 0 \quad (7.20)$$

结合假设 $R'' < 0$ 和 $C'' > 0$ 我们可以得到，当认证证书质量低于 q_c 时，方程的符号为正；当认证证书质量高于 q_c 时，上述符号为负。所以，认证机构的利润随证书质量的提高先增加后减少，在 q_c 点达到最大。

现在假设政府设定了行业的最低质量标准 q_s，所有的认证机构都必须遵守这个标准来做出进入市场和质量选择的决定，其产品质量不能低于这一标准水平，即 $q_i \geq q_s$。很显然，当最低质量标准的要求低于自由进入下的非合作均衡质量，即 $q_s \leq q*$，这项规制措施是无效的，因为企业仍会选择使其自身利益最大化的非合作均衡质量 $q*$，此时进入集体声誉行业的最大认证机构数量仍为 $n*$，无异于自由进入下市场自发形成的非合作均衡状态。

当最低质量水平的要求高于自由进入下的非合作均衡质量，即 $q_s > q*$ 时，假设此时最多有 n_s 家认证机构按照要求的质量水平 q_s 进入市场，那么在行业当中的认证机构数量达到最大时，每个认证机构的利润均为

0，即 $\Pi(\hat{q}_s, n_s) = 0$。对该式全微分可得，

$d\Pi = (\partial\Pi/\partial n_s)dn_s + (\partial\Pi/\partial q_s)dq_s = 0$，从等式的右半部分可知 $-(\partial\Pi/\partial q_s)/(\partial\Pi/\partial n_s)$。通常情形下 $\partial\Pi/\partial n_s < 0$，所以 dn_s/dq_s 与 $\partial\Pi/\partial q_s$ 符号保持一致。前文已知 $\partial\Pi/\partial q_s$ 的符号先正后负，在 $q_s = q_c$ 点为 0，因此 dn_s/dq_s 符号也遵循相同的变化规律。由此可得，当最低质量标准低于合作均衡质量，$q* < q_s \leq q_c$ 时，行业所能容纳的最大企业数量 n_s 随着最低质量标准的提高而增加，在 q_c 点达到最大；当最低质量标准高于合作均衡质量，即 $q_s > q_c$ 时，最大企业数量 n_s 随着最低质量标准的提高而减少。

接下来，再来看政府进行最低质量标准规制对集体声誉行业社会福利的影响。由于所有企业在自由进入达到非合作均衡时利润都为 0，即 $R(q*)P(n*) = \beta(n*)C(q*) + F$，结合方程可得到认证行业在自由进入下的社会福利为：

$$W(q*, n*) = R(q*)\left[\int_0^{n*} p(x)dx - n*p(n)\right] \quad (7.21)$$

如果政府设置的最低质量标准介于非合作均衡 $q*$ 与较高质量水平 q' 之间，即 $q* < q_s < q'$，那么社会福利可以表示为：

$$W(q_s, n_s) = R(q_s)\left[\int_0^{n_s} p(x)dx - n_s p(n_s)\right] \quad (7.22)$$

我们可以发现 $W(q_s, n_s) \geq W(q*, n*)$，当政府最低质量标准设置在非合作均衡 $q*$ 与较高质量水平 q' 之间，实施质量规制可以提高社会福利。

当政府制定的最低质量标准 q_s 高于企业自发选择的质量水平 q_c 时，在企业质量提高的同时，集体声誉行业中的企业数量并不必然减少。相反，只要 q_s 不超过 q'，规制实施后的企业数量 n_s 都会超过自由进入时的企业数量 $n*$。出现这种现象的原因是由于最低量标准的实施降低了消费者对产品质量的信息不对称程度，在规制能够有效执行的情况下，高标准直接提高了消费者对该行业产品平均质量的预期，进而使其调高了该行业集体声誉为良好的概率，从而会增加对该行业产品的需求，需求的增加使市场能够容纳更多的企业，所以会吸引更多企业进入。只有当最低质量标准设置在很高的水平，即 q_s 大于 q' 时，标准引入才会因为大幅度增加企业的成本而使行业当中的企业数量低于自由进入时的均衡企业数量，也只有在这种情况下，政府对集体声誉行业进行最低质量标准规制才会降低行业的

竞争程度。

第五节 集体声誉约束下认证产业政府
监管最优水平分析

本节通过构建认证机构、生产企业和监管部门的三方博弈模型，假定市场上分别存在两种类型生产企业和认证机构，诚信度较高和较低的生产企业，有可能提供虚假认证和完全诚实认证的认证机构，认证机构采用"评级型"的认证方式对申请认证的生产企业进行评级，分析政府的最优监管水平及其影响因素。

一 模型基本假设

博弈的参与人为认证机构、生产企业和监管机构。认证机构和生产企业是理性经济人，主观上追求自身利益的最大化。假定市场上存在两种类型生产企业：虚假申请认证概率较高的企业和虚假申请认证概率较低的企业，分别记为 a 和 b 类型，a 类型企业的诚信度要比 b 类型的企业好，虚假申请认证的概率分别为 X_a 和 X_b，$0 < X_a < X_b < 1$。m 代表市场中 a 类型生产企业的比重，$m \in (0,1)$。假定在认证行业中也存在两种类型的认证机构，一种是可能会和生产企业合谋进行虚假认证，另一种是提供诚实认证。

目前，中国很大一部分比例的自愿性认证都采用"通过型"的认证方式，企业的管理体系或产品达到一定的标准，就可获得相应的认证证书，获准使用相关的认证标识。采用"评级型"方式披露信息的认证类型较少，在常见的自愿性认证中，只有酒店星级认证、测量管理体系认证、良好农业规范认证、软件过程及能力成熟度评估以及食品质量（酒类）认证属于"评级型"的认证，而且个别认证只有在申请企业要求评级时会给出等级，并不是完全意义上的"评级型"认证方式。

不过，"评级型"认证的企业参与率却明显高于"通过型"认证，以"通过型"认证中的绿色食品认证和"评级型"认证中的酒店星级认证为例，截至 2014 年底，全国共有 13480 家企业获得绿色食品证书，监测面积为六万五千多万亩，占行业的比值为 12.5%；而同期，全国共有星级酒店 42642 家，占住宿业企业总数的 26.3%，绿色食品认证的行业覆盖

第七章 集体声誉下虚假认证治理的政府监管机制

率还不到星级酒店评定的一半。陈艳莹和李响（2011）指出与"通过型"认证相比，"评级型"认证方式能够最大限度地吸引企业参与认证，是推动中国认证产业发展的一个新思路。

鉴于此，我们假定认证机构采用"评级型"的认证方式对申请认证的生产企业进行评级。认证机构可以在认证过程中自行选择执行国家认证标准的程度 m_i，$m_i \in [0,1]$。在 m_i 的左侧，认证机构提供的评级为 A，在 m_i 的右侧，认证机构提供的评级为 B，$A > B$。由于生产企业和认证机构都是理性经济人，认证机构不会给 a 类型的生产企业提供 B 等级的评级，因此，$m_i \geq m$。如果 $m_i = m$，认证机构 i 就会给 a 类型的生产企业 A 类型的评级，给 b 类型的企业 B 等级的评级，这意味着认证机构给出的是公正、客观的评级。如果 $m_i > m$，认证机构 i 就会给 b 类型的生产企业提供 A 等级的评级，就会出现虚高评级的情况。出现这种情况的原因有两个：一是认证机构技术投资水平下降导致认证机构"非有意"的错误；二是认证机构和企业的合谋会"故意"产出错误的认证信息。为了使得产品获得市场的准入和消费者的认可，生产企业存在很大的动机提出虚假认证的申请。假定 F_i 表示虚高的评级水平：

$$F_i = \begin{cases} a(m_i - m), & m_i > m \\ 0, & m_i = m \end{cases} \quad (7.23)$$

F_i 与评 A 等级和 B 等级的费用成比例关系。如果几个认证机构对生产企业评为 A 等级时索要相同的费用，那么生产企业就会随机选择认证机构。如果认证机构对一个 b 类型的生产企业提供了 a 类型的评级，虚高的评级带来的额外收益与虚假的程度 $(m_i - m)$ 成正比，比例系数为 a，虚假认证造成的总收益为 $a(m_i - m)$，其中 $a > 0$。认证机构所占的比例为 k，$k \in (0,1)$，k 越大意味着认证机构通过虚假认证带来的收益越大。监管机构对认证机构和生产企业同时进行监督，假设监管机构查出虚假认证的概率为 p。

二 动态博弈分析

（一）认证机构的策略分析

认证机构进行虚假认证的成本包括两个部分：第一，认证机构虚假认证行为被监管部门查出的损失。假定监管部门根据认证机构虚假认证的收益 $ak(m_i - m)$ 进行处罚，处罚程度与虚假认证收益的平方成正比，比例

系数为 $\lambda(\lambda > 0)$，那么认证机构虚假认证被发现的损失为 $\lambda[k(m_i - m)]^2$，由于监管机构查出虚假认证的概率为 p，那么认证产业所遭遇到的平均损失为 $p\lambda[k(m_i - m)]^2$。设 δ_1 为认证机构的贴现因子，$0 < \delta_1 < 1$，这意味着认证机构对虚假认证收益的重视程度，如果认证机构更加看重短期的收益，重视眼前的利益，存在不会被查处的侥幸心理，那么 δ_1 较小；如果认证机构注重长期的收益，则 δ_1 较大。那么，认证机构被查处损失的现值可以表示为 $C_1 = \delta_1 p\lambda[k(m_i - m)]^2$。

第二，如果认证机构和生产企业合谋进行虚假认证，最终在产品市场上爆发大规模的产品质量问题，那么认证机构会受到监管机构严厉的惩罚。我们使用声誉成本 C_r 来表示，$C_r = \zeta e\varphi k(m_i - m)$，其中 ζ 为常数，e 为市场反应函数，$0 < e \leq 1$，指市场对认证机构认证结果偏差的容忍程度，e 越大意味着市场对认证结果的忍受程度越低。φ 是认证机构一直诚实认证获得未来利润的折现加总。

那么，认证机构的效用函数为：

$$E_1 = ak(m_i - m) - \delta_1 p\lambda[k(m_i - m)]^2 - \zeta e\varphi k(m_i - m) \tag{7.24}$$

对认证机构的效用函数关于 k 求偏导，得到：

$$\frac{\partial E_1}{\partial k} = a(m_i - m) - 2\delta_1 p\lambda k(m_i - m)^2 - e\varphi(m_i - m) \tag{7.25}$$

令 $\frac{\partial E_1}{\partial k} = 0$ 可以得到最优分成比例 $k*$ 为：

$$k* = \frac{a - e\varphi}{2p\lambda\delta_1(m_i - m)} \tag{7.26}$$

可以发现，认证机构的分成比例与市场反应函数成反比，与贴现因子成反比。将 $k*$ 代入到声誉成本公式可以得到：

$$C_r = \frac{a\varphi e - \varphi^2 e^2}{2p\lambda\delta_1} \tag{7.27}$$

$$p = \frac{\varphi e(a - \varphi e)}{2C_r\lambda\delta_1} \tag{7.28}$$

在式（7.28）中对 e 求偏导得到：

$$\frac{\partial p}{\partial e} = \frac{a\varphi - 2\varphi^2 e}{2C_r\lambda\delta_1} \tag{7.29}$$

令 $\frac{\partial p}{\partial e} = 0$ 可以得到最优的市场反应函数 $e*$ 为：

$$e* = \frac{a}{2\varphi} \quad (7.30)$$

将式 (7.30) 带入到 (7.28) 得到：

$$p* = \frac{a^2}{8C_r\lambda\delta_1} \quad (7.31)$$

由式 (7.31) 可知，在监管成本一定的情况下，最优监管水平与认证机构共谋收益比例的平方成正比，与认证机构一直公正评级获得的未来利润贴现 φ 成反比，与自身的监管成本成反比。

(二) 生产企业的策略分析

生产企业申请虚假认证被查处的概率为 p，若生产企业虚假认证没有被查处，则生产企业的收益为 $a(1-k)(m_i-m)$，若生产企业虚假认证被查处，查处的损失与合谋收益的平方成正比，$p\lambda\delta_2(1-k)^2(m_i-m)^2$，$0 < \delta_2 < 1$。那么，生产企业的效用函数为：

$$E_2 = a(1-k)(m_i-m) - p\lambda\delta_2(1-k)^2(m_i-m)^2 \quad (7.32)$$

由于合谋的程度是由生产企业决定的，将生产企业的效用函数对 (m_i-m) 求偏导得到：

$$\frac{\partial E_2}{\partial(m_i-m)} = a(1-k) - 2p\lambda\delta_2(1-k)^2(m_i-m) \quad (7.33)$$

令式 (7.33) 等于 0，得到：

$$(m_i-m)* = \frac{a}{2p\lambda\delta_2(1-k)} \quad (7.34)$$

联立方程可以得到均衡状态的 $k**$ 和 $(m_i-m)**$：

$$k** = \frac{(a-e\varphi)\delta_2}{a\delta_1 + (a-e\varphi)\delta_2} \quad (7.35)$$

$$(m_i-m)** = \frac{1}{2p\lambda}\left(\frac{a}{\delta_2} + \frac{a-e\varphi}{\delta_1}\right) \quad (7.36)$$

以上结论是否成立，要取决于认证机构和生产企业效用函数的约束条件，因此需要进行检验，把式 (7.26) 和式 (7.35) 带入式 (7.24) 和式 (7.32)，可以得到：

$$E_1 = \frac{a(a-e\varphi)}{2p\lambda\delta_1} - \frac{e\varphi(a-e\varphi)}{2p\lambda\delta_1} - p\lambda\left(\frac{a-e\varphi}{2p\lambda\delta_1}\right)^2\delta_1 = \frac{(a-e\varphi)^2}{4p\lambda\delta_1} \geq 0 \tag{7.37}$$

$$E_2 = \frac{a^2}{2p\lambda\delta_2} - p\lambda\delta_2\left(\frac{a}{2p\lambda\delta_2}\right)^2 = \frac{a^2}{4p\lambda\delta_2} \geq 0 \tag{7.38}$$

式 (7.38) 均是大于等于 0，这意味着认证机构和生产企业会选择在均衡点采取行动，以增加自己的效用。

（三）监管机构策略分析

监管机构的效用函数是基于认证机构和生产企业的收益作出的。假定监管机构一定实施监管，设监管力度为 p，即查出认证机构和生产企业合谋的概率。假设监管机构的监管成本为 C，δ_3 为监管机构的贴现因子，$0 < \delta_3 < 1$，贴现因子表达了监管机构对监管成本的注重程度。因此，监管机构的效用函数为：

$$E_3 = -a(m_i - m) + \{p\lambda[^k(m_i - m)]2 + p\lambda[^{(1-k)}(m_i - m)]2\}\delta_3 - pC\delta_3 = \frac{(a-e\varphi)^2\delta_3\delta_2^2 + a^2\delta_3\delta_1^2 - 2\delta_1\delta_2[a^2\delta_1 + a(a-e\varphi)\delta_2]}{4p\lambda\delta_1^2\delta_2^2} - pC\delta_3 \tag{7.39}$$

将式 (7.39) 对监管水平 p 求导，得到：

$$\frac{\partial E_3}{\partial p} = \frac{2\delta_1\delta_2[a^2\delta_1 + a(a-e\varphi)\delta_2] - [(a-e\varphi)^2\delta_3\delta_2^2 + a^2\delta_3\delta_1^2]}{4p^2\lambda\delta_1^2\delta_2^2} - pC\delta_3 \tag{7.40}$$

令 $\frac{\partial E_3}{\partial p} = 0$，可以得到监管机构效用函数的极值点：

$$p^2 = \frac{2\delta_1\delta_2[a^2\delta_1 + a(a-e\varphi)\delta_2] - [(a-e\varphi)^2\delta_3\delta_2^2 + a^2\delta_3\delta_1^2]}{4\lambda C\delta_1^2\delta_2^2\delta_3} \tag{7.41}$$

为求监管者的最优监管水平，就要判断式 (7.41) 是否存在最大值点。对其求 2 阶偏导，可得：

$$\frac{\partial^2 E_3}{\partial p^2} = -\frac{2\delta_1\delta_2[a^2\delta_1 + a(a-e\varphi)\delta_2] - [(a-e\varphi)^2\delta_3\delta_2^2 + a^2\delta_3\delta_1^2]}{2p^3\lambda\delta_1^2\delta_2^2} \tag{7.42}$$

要使社会获得最大收益，必须满足其利益函数的二阶偏导小于 0，故有不等式 $(a-e\varphi)^2\delta_3\delta_2^2 + a^2\delta_3\delta_1^2 < 2\delta_1\delta_2[a^2\delta_1 + a(a-e\varphi)\delta_2]$ 成立。

第七章 集体声誉下虚假认证治理的政府监管机制

即当 $\delta_3 < \dfrac{2\delta_1\delta_2[a^2\delta_1 + a(a-e\varphi)\delta_2]}{(a-e\varphi)^2\delta_2^2 + a^2\delta_1^2}$ 时，监管机构存在最优监管水平。最优监管水平为：

$$p* = \sqrt{\dfrac{2\delta_1\delta_2[a^2\delta_1 + a(a-e\varphi)\delta_2] - [(a-e\varphi)^2\delta_3\delta_2^2 + a^2\delta_3\delta_1^2]}{4\lambda\delta_1^2\delta_2^2\delta_3}}$$

(7.43)

三　最优监管水平的影响因素分析

经简化可得出监管水平 p^2 与市场反应系数 e 之间的关系为 $p^2 = \alpha + \beta e - \gamma e^2$，其中 α、β 和 γ 均大于 0。这意味着最优监管力度和市场反应系数之间呈现先升后降的抛物线形状，即在一定范围内，随着市场反应系数增加，最优监管力度也会增大，最优监管力度与市场反应系数成正比。当超过一定范围时，随着市场反应系数的增加，最优监管力度就会减少，最优监管力度与市场反应系数成反比。其中的原因可能是当 e 没有到达临界点时，市场对信用评级结果偏差的忍受程度逐渐降低，市场对监管机构信任度增强，监管力度逐渐变大，直到达到最优监管水平。当 e 超过临界点时，市场对信用评级结果偏差的忍受程度发生质变，越来越不能忍受细微的偏差，市场对监管者的信任程度逐步降低，则监管者也会采取怠工的态度实施监管，监管者有所作为的力度会逐渐变小。

最优监管力度与监管成本 C 之间成反比关系。即监管成本 C 越大，最优监管水平就越小，反之越大。理性经济人认为，若监管机构实施行政监管的成本越大，认证机构被查出违法的概率越大，监管力度越大。本书得出相反的结论，这其中的原因可能是监管机构提高监管成本，努力打击认证机构和生产企业违法违纪行为，认证机构和生产企业有理性预期，认为监管机构加大监管成本，重在打击违法行为，认证机构和生产企业为避免被查处的风险，就会减少违法交易，因此会使得违规被查出的概率变小，即最优监管力度变小。

最优监管力度和认证机构共谋收益比例系数 λ 之间成反比关系。即认证机构共谋收益比例系数 λ 越大，最优监管水平越小。如果认证机构做出了不公正的评级行为，监管者有权对其处以一定金额的罚款，认证机构共谋收益比例系数 λ 越大，惩罚力度越大，贴现因子越大，则意味着认证机构对监管者的处罚愈加看重，合谋利益对其吸引力相对越小，则监管者的力度可以适当放宽。

在分析最优监管力度与监管机构贴现因子 δ_3 的关系时，将方程化简可得：

$$p^2 = \frac{2[a^2\delta_1 + a(a-e\varphi)\delta_2]}{4C\lambda\delta_1\delta_2\delta_3} - [(a-e\varphi)^2\delta_2^2 + a^2\delta_1^2] \quad (7.44)$$

可以发现，最优监管力度与监管机构的贴现因子 δ_3 成反比关系。即监管机构的贴现因子 δ_3 越小，最优监管力度越大。也就是说，如果监管机构越看重短期的社会效益，那么监管机构的最优监管水平就会越高，查处违法的概率就越大，短期社会效应明显。

在分析最优监管力度与认证机构和生产企业贴现因子 δ_1 和 δ_2 的关系时，将方程化简可得：

$$p^2 = \frac{2a^2\delta_2 - a^2\delta_3}{4C\lambda\delta_2^2\delta_3} + \frac{a(a-e\varphi)}{2C\lambda\delta_1\delta_3} - \frac{(a-e\varphi)^2}{4C\lambda\delta_1^2} \quad (7.45)$$

$$p^2 = \frac{a(a-e\varphi)}{2C\lambda\delta_1\delta_3} - \frac{4C\lambda\delta_1^2\delta_2^2\delta_3}{4C\lambda\delta_1^2} + \frac{a^2}{2C\lambda\delta_2\delta_3} - \frac{a^2}{4C\lambda\delta_2^2} \quad (7.46)$$

可以发现，最优监管力度与认证机构和生产企业贴现因子 δ_1 和 δ_2 没有直接的相关关系。

本章小结

这一章所探讨的问题是，在集体内部通过自我惩罚机制的制度安排无法有效地治理虚假认证前提下，如何通过政府监管的外在干预来治理产业的虚假认证行为。针对中国认证行业的特点，我们设计了三种监管机制，罚款、浮动监管和行业准入制度。在罚款机制中，通过构建带有监管部门罚款强度约束的认证机构间维护行业集体声誉的演化博弈模型，分析不同的罚款强度对治理虚假认证的有效性。研究发现，一方面，无论认证机构初始的认证策略如何，罚款强度对认证机构的认证策略演变存在直接的影响；另一方面，随着监管部门罚款强度的逐渐增强，罚款机制对治理认证产业虚假认证的有效性也逐渐增强，当监管部门的罚款强度很强时（情形4），罚款机制能够有效地治理认证产业的虚假认证问题。这一研究结论为在特殊制度背景下的中国认证行业的监管提供了可量化的惩罚实施参考依据。

在浮动监管机制中，监管部门依据对个体认证机构的声誉评分调整对其监管概率。研究发现，浮动监管机制会部分抵消认证机构在集体声誉下的"搭便车"动机，能够优化认证行业的合作环境，增加认证行业所能容纳的认证机构数量，在一定程度上治理认证机构的虚假认证行为。在行业准入制度中，当政府设置的最低质量标准在某一区间时，行业准入制度的设计可以提高认证行业的认证效率，提高消费者的福利水平。而且，这并不必然导致认证行业中企业数量的减少。

最后，本章以监管部门为主体，探讨监管部门对认证产业的最优监管水平及其影响因素，研究发现，当监管机构的监管因子小于某一门槛值时，监管机构存在最优监管水平。最优监管水平与监管成本、合谋收益比例、监管机构贴现因子均存在直接的关系。

第八章

研究结论与政策建议

第一节 研究结论

认证产业是衡量一国市场体系健全程度的重要标志，是推动中国市场化顺利转轨的重要技术基础设施。由于认证市场拥有的巨大潜在利润、认证过程的信息不对称以及认证监管机制的不健全，中国认证市场上的虚假认证现象日趋严重，虚假认证的治理势在必行。尽管政府已经采取了很多措施，但治理效果并不明显。本章在虚假认证的研究中引入集体声誉这一新视角，由中国认证产业集体声誉的特征和成因入手，研究集体声誉特征下中国认证产业虚假认证的形成机理，并在集体声誉的框架下设计治理认证产业虚假认证的问题，包括集体内部的惩罚机制和政府的监管机制，得到了一些有意义的研究结论：

①中国认证产业的集体声誉问题存在特殊性，一是制度外生性，认证产品的自然属性不能天然地形成集体声誉，而是宏观的制度性框架外生地嵌入了集体声誉特征；二是行业的双边性，在消费者和生产企业两侧都存在着集体声誉的特征。消费者一侧的集体声誉特征来源于宏观制度层面的影响，属于一种"被动"的无法追溯个体认证机构；而生产企业一侧的集体声誉则来源于生产企业申请认证的动机，属于一种"主动"的不愿追溯个体认证机构。

②在集体声誉下技术型虚假认证的形成模型中，我们使用基于连续时间框架的跨期动态最优化过程来分析集体声誉下技术型虚假认证的形成，研究发现，一方面，在个体声誉、集体声誉以及个体声誉和集体声誉并存三种类型下，当认证行业中只存在集体声誉时的均衡技术投入水平是最低的，这种技术投入水平的不足将很容易诱发行业的技术型虚假认证；另一

方面，认证行业所属声誉类型的差异比认证机构的市场行为更加容易引发行业技术投入的不足，使得认证行业出现技术型虚假认证的可能性。

③在集体声誉下合谋型虚假认证的形成模型中，我们构建了认证机构、消费者和生产企业的三方序贯博弈模型来分析集体声誉与合谋型虚假认证的形成。研究发现，一方面，生产企业进行诚实认证和虚假认证的费用之差和认证证书的认证溢价越大，认证机构进行合谋型虚假认证的动机就越强；另一方面，在中国认证行业存在集体声誉特征的情形下，增加了认证机构和消费者之间的信息不对称程度，消费者识别认证机构虚假认证的概率非常低，这使得认证机构的合谋型虚假认证条件很容易就能得到满足，以至于基本上可以忽视证书溢价和诚实认证与虚假认证的费用之差对认证机构实施虚假认证策略的激励。这就意味着，认证行业的集体声誉特征强化了市场的合谋型虚假认证。

④在共享集体声誉的成员数量结构与虚假认证的强度模型中，我们通过构建生产企业、认证机构和监管机构的三方博弈模型来分析共享集体声誉的成员数量对虚假认证策略的影响。随着集体声誉内成员数量的增加，认证机构虚假认证的期望收益会越来越大，认证机构实施虚假认证的激励也会越来越大。那么，在集体声誉的临界数量规模 n^* 时，认证机构的认证策略开始从诚实认证向虚假认证转变。

⑤在集体声誉下虚假认证治理的内部惩罚机制中，分别考虑了隐性契约和显性契约两种惩罚机制。在隐性契约惩罚机制的治理中，仅依靠隐性契约的自我履行机制治理虚假认证行为具有非常高的前提条件，而且，维持集体声誉合作均衡的认证机构的数量同样是有界限的，认证机构数量过多将降低可置信威胁的承诺效力，集体声誉合作均衡将难以有效维持。在显性契约惩罚机制的治理中，认证机构虚假认证所导致成本节约的比率低于某一门槛值，显性契约机制能够得到有效的实施。而且，显性契约的惩罚机制的实施效率与集体声誉内成员数量的规模无关，不受认证机构数量的约束。总体而言，这两种惩罚机制在治理虚假认证上均存在不稳定性，只能将行业中好的集体声誉一直维持下去，而不是一种纠错机制，不能将虚假认证的行为直接纠正为诚实认证，从而改善行业的集体声誉水平。

⑥在分析集体声誉下虚假认证治理的政府监管机制中，首先考虑了罚款惩罚和浮动监管两种针对企业个体的惩罚机制。在罚款惩罚机制中，通过构建带有惩罚强度约束的认证机构间维护行业集体声誉的演化博弈模

型，分析不同的惩罚强度对治理认证产业虚假认证的有效性。研究发现，一方面，无论认证机构初始的认证策略如何，惩罚强度对认证机构的认证策略演变存在直接的影响；另一方面，随着监管部门罚款强度的逐渐增强，惩罚机制对治理认证产业虚假认证的有效性也逐渐增强，当监管部门的惩罚强度很强时，罚款惩罚机制能够有效治理认证产业的虚假认证问题。

在浮动监管的机制中，通过对生产企业、监管部门和认证机构三方序贯博弈的模型进行扩展，研究发现，在监管部门浮动监管的机制约束下，会部分抵消认证机构在集体声誉约束下的质量"搭便车"动机，能够优化认证行业的合作环境，增加认证行业所能容纳的认证机构数量，在一定程度上治理认证机构的虚假认证行为。

其次，探讨行业层面的准入制度对产业认证效率的影响，我们的研究发现，在相当大的范围内，最低质量标准的引入在改善认证机构认证证书质量、规制认证机构诚实认证的同时，对认证产业的效率存在实质性的改进，促进了行业社会福利的提高。更为重要的是，这种规制制度并未如传统观点认为的其会成为行业的进入壁垒，对市场存在进入阻止的作用，这意味着这种效率的改进并没有以牺牲行业的认证机构数量、削弱行业的竞争效应为代价。

最后，我们通过构建认证机构、生产企业和监管部门的三方博弈模型，分析政府的最优监管水平的影响因素，我们发现，第一，最优监管水平与市场反应强度存在直接的关系，两者之间呈现先升后降的抛物线关系；第二，最优监管水平和监管成本、惩罚的比例系数以及监管主体的贴现因子都负相关。

第二节 集体声誉下治理虚假认证的政策建议

一 总体思路

本书的研究结论将可能为中国认证产业虚假认证的治理提供指导性的建议。从前文的分析可以看出，一方面，认证产业虚假认证的治理不能单纯地依靠行业的非正式制度安排，行业的自治机制要想有效发挥作用需要极高的条件；另一方面，在特殊的转轨背景下，中国认证产业集体声誉的制度设计是符合中国当前实际的一种制度设计，然而，中国政府对认证产业主要采取"低准入、轻监管"的政策思路会与集体声誉的制度设计产生机制错配，这种错配将直接导致认证机构"搭便车"动机和进行虚假认证行为等认证有效性不高的问题。

那么，中国认证产业政策规制的总体思路为：第一，在集体声誉特征下，不能单独地将认证体系、准入制度以及监管机制分离开来，而是将其作为一个整体的宏观制度框架协调来考虑。与其他国家的认证产业相比，中国认证产业集体声誉所隐含的双重信息不对称需要更加严厉的事前准入制度和事后监管机制及时的补充，否则集体声誉的制度设计只能导致认证的有效性不足。

第二，准入制度、监管机制等协调机制设计的重点是增加行业的信号传递效率和虚假认证的惩罚力度。增加行业的信号传递效率意味着，一方面，认证机构的触动策略将可以得到更加有效的实施；另一方面，消费者能够及时更新行业集体声誉的强度，从而增加其决策的效率。增加虚假认证的惩罚力度能直接增加认证机构的违约成本，从源头上控制认证机构的认证行为。

那么，结合本书的研究结论，具体从以下四个方面提出规制中国认证产业发展的政策建议：一是从宏观上掌控行业的发展方向，引导行业合理发展；二是加大行业的监管力度，增加认证机构的违约成本；三是建立认证行业的自律机制，从行业内部对认证机构的行为进行激励和约束；四是优化认证行业的市场结构，增加认证机构在市场中的追溯性；五是建立认证行业的反馈机制，从供应链的终端对认证机构的行为进行约束。

二 把握行业发展方向，引导其合理发展

拓展认证及相关机构的业务范围，促进认证机构壮大，力争形成结构合理的认证行业组织结构，培育几个具有较强国际竞争力的知名认证机构，认证机构能够充分发挥市场主体作用，独立、客观、公正。形成具有较高国际声誉和权威性的国家认可机构。

第一，推进有关发展循环经济、建设资源节约型和环境友好型社会的认证认可工作；促使认证认可在保护生命、健康、安全等方面发挥重要的作用。加强认证认可对农业的服务作用，尽快建立起国家节水、节能、可再生资源等领域的产品认证制度，加强节水、节能、可再生能源等领域的

认证技术规范和标准及合格评定程序的制定；全国各地要积极努力推动政府采购、财税减免等相关方面采信认证结果。引导绿色建筑评估认证，推动施行建筑行业节能认证的标准和技术规范，推动住宅和建筑行业节能认证。发展使用节能交通运输工具的需求，让 GB/T 12545-1（汽车燃料消耗量试验方法第1部分：乘用车燃油消耗量试验方法）成为企业产品类认证的强制性实施规则，推进清洁能源汽车的认证标准、技术规范及技术合格评定程序的完善，开展机动车零部件的强制认证，推动增强机动车零部件的循环回收利用率。开展建立交通基础设施材料和机动车节能产品的强制性产品认证、车辆维修和售后的服务体系认证。

第二，积极研究推动生态认证和环保的国际标准。增强对环境友好型产品的认证行为，完善法律法规，制定统一认证产品标准、定价标准、收费标准、认证过程中合格的评定程序和产品认证成功后的认证标志标准，并同有关部门协商大力宣传和推广环境标志认证产品；推行环境管理体系（ISO14000）的认证工作。

第三，积极引导第三方认证向资源节约型和环境友好型方向发展，将环保、能耗指标纳入第三方认证管理体制，尽量减少排放检测过程中所产生的对环境造成损害的有毒、有害物质。加强有关涉及安全、健康、生命等方面的认证机构和检查机构的认可资格条件评价工作，为政府、司法部门履行行政管理、行政执法、司法公证等职责提供重要技术支持。加强对节水、节能和环保等领域的第三方认证的扶持。积极发展东北和西部地区认证机构和第三方认证的建设。

第四，大力展开食品和农产品认证。大力推行农业标准化进程，发展具有友好的农业规范（GAP）生产基地，多建设发展无公害产品和绿色食品的产地，发展有机产品、推动具有特色的地方农产品的生产发展、流通以及增加出口服务来促进调整农业产业结构。积极推进实行中国食品和农产品认证、森林认证、花卉认证、GAP 认证、HACCP 认证等的国际互认。提高认证的积极性，进一步提高食品和农产品认证的社会认知程度，开拓认证食品和农产品市场。积极加强农产品质量安全检测系统，推动开发东北、西部地区的特色农产品认证，创新认证模式，引导当地产业发展，促进产业的优化升级。

第五，不断提高认证认可科研水平，推动认证认可向国际先进水平迈进，形成鼓励创新的机制，实现重点领域的跨越式发展和自主创新能力的显著增强。根据国家科学技术创新和产业经济发展及公共管理需要，集中力量建设一批具有国际知名度和国家权威的基准（参考）实验室和生物安全实验室。建立完善全国检验检测资源和检测信息数据收集及审核机制，建立全国检验检测资源信息网，完善和充实检验检测资源信息数据库，实现全国范围内的检验检测资源信息共享。

第六，加强建设和宣传认证认可信息化工作，建立和完善信息网络建设认证认可。建立可以为认证认可机构、企业和从业人员创造通畅信息平台的快捷信息渠道，为第三方认证机构、企业和从业人员创造、建立统一的数据处理交换和信息发布平台，来共享相关方面的数据和信息，为提高认证信用，及时推广单项业务管理软件，实现电子化监管、执法信息化提供技术保障。通过信息化来强化对外宣传工作和认证认可政务公开，及时地为全社会提供可靠的质量、认证认可信息。围绕贯彻认证认可中心工作，开展积极的认证认可宣传活动。创新宣传形式，面向认证认可国际组织、各有关主管部门、地方政府、广大企业和消费者，开展形式多样的宣传，创造良好的舆论氛围。充分利用各界社会媒体，从各方面开展形式多样的宣传。充分协调各地方认证监管部门的积极性，建立上下联动的认证认可工作机制。

三 加大行业监管力度

（一）政企分开，实现规范认证

认证机构与政府机构之间的关系，是历史形成的，有其必然性。但是就目前情况来看，这种关系在一定程度上影响到了监管机构对认证机构的监管，也影响到认证机构的中立性和公正性，进而影响到认证在社会上的信用度。2000年7月修订后的《产品质量法》第二十条规定："从事产品质量检验、认证的社会中介机构必须依法设立，不得与行政机关和其他国家机关存在隶属关系或者其他利益关系。"所以，必须实现政企分开，进一步明确和理顺认证机构和政府部门之间的关系。作为认证认可的主要监管部门，国家认监委要考虑率先进行脱钩改制的工作，以探索经验方法，并对其他部门的脱钩改制工作发挥示范作用。为此，建议成立专门研究小组研究设计可行的操作方案，可以考虑分两步走：

第一步，在近期内，可以与国家质量监督检验检疫总局和国家认监委管理的几个大型的认证机构进行彻底脱钩，作为重点突破口，从根本上改变国家认监委同时承担行业监管者和认证机构出资人职能的局面,把国家并未赋予国家质检总局和国家认监委的国有资产保值增值职能移交出去,实现政府监管部门和认证机构各自独立的角色归位,使国家认监委能够"轻装上阵",集中精力进行行业监管,为公平、公正监管,提高机构认证行为的信用和规范性提供先决条件。要改变这个局面可以考虑几种方案:第一,直接划归地方国资委、引进其他方面的投资者。第二,让所有权多元化,面向大型企业定向募集股份并吸收社会多元化的投资者。第三,让认证机构彻底改制为民营化的机构。无论实施哪一种方案,总体要求是这些政府部门或者行业监管部门的机关服务中心或技术中心,不得持有认证机构的股份。

第二步,在中长期内,可在实现第一步目标的基础上,进一步推动其他政府主管部门和其所属认证机构的彻底脱钩,基本模式可以和第一步类似。对于那些政府职能性质明显且不宜彻底和主管部门脱钩的认证机构,如军事、消防等特殊行业的认证机构,可以界定为政府职能机构,拨足经费,严格限定其业务范围。

(二) 增强认可机构的独立性,实现有效监管

第一,科学合理地界定政府监管和认可监督机构的职能,提高认可机构的权威性,强化认可机构的责任感。明确、合理、科学地界定双方责权,做好各自职能范围内的工作,有效地监管和监督认证机构。国家认监委和CNAS在职责、人员、业务范围、财务等方面,都要明确分开。

根据我国的实际情况,并借鉴国际经验,从国家认监委和CNAS的监管职责范围划分角度来看,今后国家认监委的工作重点应当在两个方面:①抓好由政府信誉担保的强制性认证工作,提高强制性认证的信用。包括强制性产品认证目录的合理确定和调整、强制性认证机构资格的确定或撤销、强制性认证信用的监管和执法等。②根据《认证认可条例》对认可机构进行监管,而不是专注于由认可机构完成对认证机构的资质审查。今后CNAS应在自愿性认证活动信用方面,针对强制性产品认证活动之外的认证业务资质监督审查,发挥更大的作用。为此,需要增强CNAS在机构、财务、人员、职能、责任等方面的独立性建设,以及相应的能力建设。

第二,理顺中央和地方监管机构关系,提高监管的信用。我国认证认可监管机构已经从中央到地方逐步建立起来,作为一个快速增长的制造业

大国，我国未来的认证业务还会继续增多。为进一步改善监管效果，不仅需要加强国家认监委的监管能力、人员、手段建设，还需要调动两方面的积极性：①处理好国家认监委和各地技术监督系统同各地出入境检验检疫系统的认证认可监管机构之间的关系，合理划分国家和地方监管机构的权限，改善监管的实施程序和制度，充分调动监管的积极性；②认真宣传认证认可的重要意义，努力调动广大企业和消费者对监督认证认可活动的积极性，扩大政府监管部门的信息来源，便于政府监管部门找到各个时期和各个地区的问题和监管重点。

第三，监管部门对认证机构应实行差异化的监管。一方面，差异化的监管思路能将监管部门的有限监管精力放在最容易滋生虚假认证的认证机构中，做到有的放矢，提高监管的效率和效果；另一方面，差异化的监管思路也反过来激励监管部门对个体认证机构进行追溯，了解认证机构的规模以及行业中的排名等声誉问题，使得认证机构的认证行为能够被监管部门低成本地识别。

四 依托行业协会，建立第三方监管机制

（一）发挥传播媒体的监督作用

监管作为提高和保证第三方认证的一种制度安排，我国认监委在我国的第三方认证行业中发挥着巨大的作用。监管和媒体来自不同的方面，如果说监管是来自官方，那么媒体更多的是来自民间。

在信息技术高度发达的今天，现实生活中的人们已经高度依赖报纸、杂志、广播、电视、互联网和移动网络等媒体工具，而不再把人际传播作为获取信息的主要渠道，传播媒体已经是人们取得信息的直接的方式方法，现在人们进行社会生活观察判断主要就是依靠新闻媒体报道资源。在现在社会媒体的发展下和有线广播电视网络等普及传输的情况下，所有的违规操作都无处可逃。网络是一个广泛、强大的传播途径，这些都非常不易控制。这些比较先进的科学技术都是需要强有力的理解力、高层次的文化水平来进行掌控，也就是说监督是相互的，媒体也需要监督。以电视广播、报纸杂志网络为代表的传播媒体基本上都含有四个基本属性：政治、科技、经济、文化，其主要的特点是传输各种各样的信息。自然地，在信息不对称条件下以传输各类信息为主要功能的传播媒体对社会经济活动的监督作用显得尤为重要。传播媒体成功发挥功能的一个重要前提，就是传

播媒体的影响力。传播媒体的影响力体现为受众需求和其传播范围，而传播内容则直接决定着受众需求和媒体传播范围。

与其他监督形式不同，大众传播媒体的特殊性在于其是"无处不在的眼睛"，有着其他监督形式没有的优势，如其本身是在公众监督之下的监督，必须公之于众，搞黑箱操作的可能性不大，而且覆盖面广，影响大。很多的传播媒体监督是一种公开性、广泛性和非权力形式的监督，不同于认监委、认可机构、行业协会等的监督，但是大众媒体的监督有利于对被监督者形成威慑，有利于职能部门的顺势介入，促成状态的改善或问题的解决。

为了让传播媒体所传输的信息具真实可靠性，产生强有力的影响，这就需要传播媒体具有公信度。只有传播媒体能建立良好的社会形象，成为可信的社会媒体，才会给自身带来强有力的发展和强大的社会、经济方面的效益。这就是大众媒介发展的现行方式方法。所以，要促进先进的文化制度安排对于传播媒体的健康发展至关重要，这是一种平衡力，传播媒体应该接受以真善美为灵魂的先进文化的监督和检验，才能真正发挥出媒体监督、舆论引导对于社会发展的积极作用。

（二）加强行业协会监督

行业协会不仅是监督行业行为的机构之一，也是行业自律的基础，每个行业都必须要有相应权威的行业协会，否则行业自律就无从谈起。每个行业都需要努力做好本行业自律，这样在行业之间的激烈竞争中才能够将实力保存并生存发展下去，行业自律是随着经济社会不断发展前进的必然需要，只有进行行业自律才会有较好的市场秩序。

各个行业都需要稳定的内外部环境，行业自律能在一定程度上促进行业的健康发展，也有利于市场上产品的安全。现在很多的行业自律都不完善，其作用并未充分展现，行业自律在很多行业只是一种表面现象或者仅是一些形式上的浮夸行为，仅仅是让企业增加声誉、让一些不知名的小企业有了崭露头角、增加知名度的机会，并没有深入体现其价值意义。我们可以把加强行业自律的紧迫性概括为如下几方面。

第一，我国整体的法律法规并不成熟，也不健全，更加缺少对具体的行业进行规定的法规。我们仅仅用了数十年就已经做到了很多发达国家花费好几百年需要完成的发展状况。我国的法律还需要慢慢地一步一步去发展，而且我国的行业法律法规非常不完善，需要努力健全。我国公民的法律意识非常薄弱，需要不断提高。在这种情况下，行业自律对于维护我国的市场秩序就显得极为必要且重要。

第二，行业自律对我国市场经济社会来说已经是一个不可分割的部分，而且目前我国的很多认证标准都不够完善，不管是强制性认证、自愿性认证，还是管理体系的相关认证标准等都需要改进和健全。随着社会主义市场经济的发展，现行的很多法律法规和标准都不能完全适合现在的市场需求和行业发展，许多标准在实用性和科学性方面都不尽如人意，都需要进行更新、完善。随着行业监督重要性的凸显，行业自律也变得越发重要。

第三，在目前行业法律体系不健全，一些生产企业在短期利益的驱动之下，在产品生产中用了一些廉价不符合指标的原材料，而一旦这个产品的质量出现问题，必然会影响到消费者的身体健康甚至是生命安全。如果行业本身对这样的行为不加约束和限制，那么行业的整体形象也无法塑造，更谈不上整个行业的健康和长远发展。为强化行业的自律行为，针对行业中存在的明显问题，认证认可协会制定了《中国认证认可行业自律公约》《认证机构公平竞争规范管理体系认证价格》《认证审核员转换执业机构规定》等自律管理方面的规范，他们主要是解决两个方面的问题，认证机构互相之间采取的不正当竞争和认证机构工作人员的大量流失问题。

从短期来看，认证认可协会在解决好这些问题的基础上还需要发挥积极可靠的作用以推动相关机构和政府部门的分离。从长期来看，认证认可协会需要努力进一步强化改进行业自律的着力点和方法。短期的采取遏制低价竞争的方法虽然有其现实方面的意义，但是从长期来看却未必合适。想要通过遏制低价竞争来提高认证认可的有效性，其需要的前提条件是认证机构不会在收取完所有的费用后在认证过程中"偷工减料"，对于那些希望通过认证，拿到认证标志的企业来说，既然已经付出的费用对于所有的认证机构来说都相差不大，那企业肯定会倾向于选择认证比较严格的机构。但是这样并不会减少那些急需要在短期做出认证的企业，他们会和认证机构在认证过程中"偷工减料"，因为这样对一些企业和个人而言都有利。

不可否认，在认证行业中进行价格自律可能会出现有悖于市场经济规律的现象。所以我们在对低价竞争的自律中得到好的效果时，应将重点向认证过程和认证质量方面转移。对于违反法律法规的行业提高其在传播媒体上的曝光度，在各大媒体、报刊、杂志、网络上对违规的认证机构进行大力度的曝光，降低他们的影响力和在市场上的信誉，进行相关行业的曝光和批评，让他们心存敬畏，行有所止，防止市场违规操作，提高其违规风险。若在检查时抽查到的不合格产品则不仅要依法向社会公布该企业的相关信息，还要公布对该企业提供认证的认证机构信息。建立一个开放、操作流程透明、具有权威性的认证网站，加强社会的监督管理。所有的企业产品需要认证时，其认证机构都会在网络上列出详细的信息，如企业名称、需要检验的产品、认证机构工作人员、认证时间、认证人员、认证机构的信息等。这样可以通过网络进行认证机构和大众的信息交流，让虚假信息能够在第一时间被发现，便利消费者对认证的监督和对有关认证信息的获取。

五　通过确定连带责任，提高第三方认证的风险

（一）制定和完善连带责任的法律规定

认证从本质上来说是一种保证，当消费者选购某种商品是基于对认证机构所提供的保证的信任，第三方认证对消费行为是一种"引导"，如果消费者选择了认证产品却发现是虚假认证或者被劣质商品所伤害，消费者不仅可以向生产者追偿，而且也可向对产品质量做出保证的认证机构追偿，即由认证机构承担一定的风险。落实认证机构的民事法律责任要注意明确质量认证机构连带责任，制定具体的责任判定依据及程序，避免连带责任的无法落实。由于第三方认证专业性很强，可在举证责任上采取举证责任倒置的制度，由认证机构提供证据证明其认证结果符合标准的要求。其次是借鉴美国等发达国家强制认证体制，建立我国认证机构的责任保险制度。这样增强了认证机构的能力，也强化了认证机构连带责任，更好地将连带法律责任落到实处。

法律责任是作为法律体系中的重要组成部分，属于法理学的范畴，是一种对违反义务的纠正机理，也是对履行义务的保证机理，并且对司法实践来说法律责任是一个非常重要的问题。任何的法律规则都必须具有一个法律上的责任，是法律的强制性的表现，也是法律在现实生活中发挥作用的一个先决条件。而且要想在现实生活中发挥法律的强制性作用，不让部门法成为书面上的法律，就必须有相应的可操作的法律责任。法律法规会规定一定的行为或抑制一定的行为，违法者不仅要接受惩罚并且要依法对

行为造成的损害进行赔偿。

认证机构在交易市场中发挥着重要作用,已被赋予了可以发出权威认证的权力,相应的也必须要承担相应的责任。在认证机构承担企业社会责任方面,通常双方会有约束力的合同,所以没有太大的责任争议,争议也比较容易解决。但是在消费者承担的责任方面,认证机构所具有的问题就尤为明显。由于法律法规对此进行的规范并不完善,双方也并不具备直接关系的合同,消费者所遭受的损失和影响也并不是认证机构的直接过失后果,颁发认证证书的认证机构应该承担的法律责任该怎样进行确定?

在这方面,我们必须先要清楚认证本身所具有的性质。质量认证具有以下的特点:第一,对于厂商来说,质量认证要求他们提供的产品质量要可靠,它是建立在厂商和消费者之间的一种契约、规定、担保。第二,质量认证对内来说可以对企业实施生产流程科学化管理提高产品质量,对外来说可以提供证据证明企业的生产过程或者产品是符合某种标准的。第三,厂商在产品质量认证活动中让消费者对其产生信赖,可以加强厂商在消费者心中的形象和声誉,提高企业的品牌信用,所以,质量认证机构所提供的对产品和服务以及管理过程的认证是与品牌信用之间相关的一个重要因素。产品质量认证对于消费者而言是指具有"有此标志的产品是已经过专业认证机构的评价和鉴定,质量符合国家所规定的标准"的质量信息。若经过认证的产品对消费者造成了损害,即使在形式上符合认证要求,在要求企业承担责任的同时,认证机构也应被要求承担相应的赔偿责任。

现行立法中有如下条款对认证机构的法律责任做出了规定:《产品质量法》第21、57、58条对质量认证机构的认证工作及相应的法律责任进行了规定:"产品质量检验机构、认证机构伪造检验结果或者出具虚假证明的,责令改正,对单位处五万元以上十万元以下的罚款,对直接负责的主管人员和其他直接责任人员处一万元以上五万元以下的罚款;有违法所得的,并处没收违法所得;情节严重的,取消其检验资格、认证资格;构成犯罪的,依法追究刑事责任。产品质量检验机构、认证机构出具的检验结果或者证明不实,造成损失的,应当承担相应的赔偿责任;造成重大损失的,撤销其检验资格、认证资格。"

首先,第57条所规定的三种情况,《认证违法行为处罚暂行规定》第7、8、9条分别作了类似规定,《认证认可条例》第60、62、74条也对此进行了规定。国务院办公厅《关于加强认证认可工作的通知》亦明确指出，使用认证标志的产品，因产品不符合认证要求给消费者造成损害的，认证机构要承担连带责任，该连带责任是指民事赔偿责任。然而《产品质量法》第21条、第57条要求只针对产品认证的质量认证。所以假如质量体系认证的企业出现了相关的产品认证机构所出具的不真实的证明或者证书的情况，那样可能实际的企业并没有具备必要的能力。因此，企业和消费者都有可能受害和遭到损失。但《产品质量法》并没有对质量体系管理认证有关问题做出具体的规章制度。同时，现行法律中也没有对服务认证这个认证行业的新星做出法规条例责任方面的具体规定。

其次，《产品质量法》第57条第1款所规定的"出具虚假证明"情形比第57条第1款所规定的"出具的证明不实，造成损失"的情形更加严重，"出具虚假证明"同样可以导致损失的产生，这种情况下，认证机构为何不承担相应的赔偿责任？而只是承担刑事责任、行政责任？对此，《认证认可条例》第62条规定，"认证机构出具虚假的认证结论，造成损害的，认证机构应当承担相应的赔偿责任。"但是，"应当承担的相应的赔偿责任"如何界定？现行立法没有规定。此外，仅规定"应当承担的相应的赔偿责任"，而无连带责任。这样，消费者遭受的损失该怎样得到充分的救济亦没有规定。

最后，《产品质量法》第57条第3款和《认证认可条例》第74条规定，"认证机构因为未对其认证的产品实施有效的跟踪检查，或者发现其认证产品不能持续符合认证要求而不及时暂停或者撤销认证证书和要求其停止使用认证标志而给消费者造成损失的，就要与生产者、销售者承担连带责任"。那么，假如需要进行产品认证的质量认证机构并未对经过他们认证的企业质量体系和服务进行相应可靠及时的反馈，或者当产品认证机构发现了经过他们认证认可的企业的相关质量管理体系或者服务并没有继续符合相关认证，但认证机构并没有要求企业不得继续使用经过他们认证的认证标志，这样让消费者承受坏影响的，认证机构是否应该和生产商、销售者共同承担责任，在这一方面，现在的法律并没有提供明确、可操作的法律法规或规定。

总而言之，《产品质量法》及《认证认可条例》等相关法律规定中对于相关的法律责任规定不充分，如认证机构所认证的相关服务出现了违法行为时，应该需要加强认证机构和认证机构相关人员的责任意识，把认证的相关法律责任写入《认证基本法》的相关规定中去。

第一，应该把进行质量体系认证和对服务认证的认证机构加入法律责任的范围，而不是只有当产品的质量认证机构发出虚假认证时才承担相应的法律责任。第二，应当清楚地规定出企业对于产品质量、服务质量和生产过程所要承担的法律责任，这样可以让企业进行谨慎安全的操作，不违反规定；第三，要通过法律条文明确法律责任；对于进行虚假认证的机构，需要承担相应责任。所以需要在调研的基础上进行进一步的细则实施制定，制定细则认证机构的法律法规，增强法律的可操作性。另外，由于消费者处于信息弱势地位而且消费者又分散，目前的法律规定在发生质量事故时谁主张谁举证的方法非常不利于消费者对认证有效性的监督，在发生产品质量事故时，可以让消费者承担起产品的质量缺陷举报责任，当已经明确了产品具有质量缺陷时，让认证机构举证认证机构无责任，若不能举证则生产企业和认证机构共同承担全部责任。

世界各发达国家和相对发达的国家分别有各自品牌信用极高的第三方认证，比如北美的UL、CSA、FDA、EPA、FCC、ETL，欧洲的GS、CE、VDE、BSI（kite mark），澳洲的C-tiek，亚洲的PSE、VCCI以及中国的CCC、CQC认证等，这些认证有自愿性的，也有强制性的。我们会发现，每一种第三方认证通过某一认证商标向消费者发出该认证通过了哪一方面、哪种标准的认证。那么这种商标作为信号发出的标志就成为消费者购买的依据和利益点，此时第三方认证不仅作为信息而且作为"符号"就承载了诸多的责任，比如这一标志对消费者传达的信息是什么，带有这一标志的产品与该标志共同组成认证产品，那么这一标志就要为认证产品承担相应责任。

（二）提高惩罚力度

认证机构认证行为的规范和信用，取决于不规范认证行为被发现的概率和不规范认证行为一旦被发现后认证机构以及具体的认证人员付出的成本。在概率一定的情况下，查处后付出的成本越高，认证机构和认证人员自我约束的动机越强，其不规范的、无效认证的行为就越少。对认证机构的认证行为的监督，可以依赖于两个渠道：一是政府监管部门的监督，二是社会大众的监督。在我国目前的大环境下，对认证机构的监督主要依靠政府的监管部门，限于监管部门的经费、人员、方法等因素，查处不规范认证行为的概率并不高。

而社会大众对认证行为的监督和举报意识也不强。综合起来，这些因素导致了我国目前对认证机构不规范认证行为发现概率并不高。这种格局之下，在查处不规范的、无效的认证行为之后提高认证机构付出的成本，就显得尤为重要。

首先，要提高对不规范认证机构和人员的惩罚成本，在认证机构和认证行业准入门槛条件中应明确规定：①有不良认证行为的认证人员不能再继续从事认证行业，至少要延长重新注册之前的惩罚时间，这样就等价于让认证人员以其积累的全部人力资本对其认证行为承担责任。②有严重不良认证行为的认证审核员，今后不能再批准其审核员资格。这样，可提高审核员的自我约束能力。要严格准确地落实2000年7月修订后的《产品质量法》和《认证违法行为处罚暂行规定》中的有关处罚规定。《产品质量法》第五十七条规定："产品质量检验机构、认证机构伪造检验结果或者出具虚假证明的，责令改正，对单位处五万元以上十万元以下的罚款，对直接负责的主管人员和其他直接责任人员处一万元以上五万元以下的罚款；有违法所得的，并处没收违法所得；情节严重的，取消其检验资格、认证资格；构成犯罪的，依法追究刑事责任。"

其次，对违法违规的认证从业机构、人员和不诚信企业建立"黑名单"，对其缺乏诚信的行为曝光和宣传，公布失信机构、失信人员和失信企业名单。同时对认证机构、个人和企业加强监管，形成终身信用跟踪机制，强化个人责任，规范其行为。通过建立奖惩机制，建立长效的诚信监控机制来组建起一支职业素质高、业务水平精、技术能力强，具有社会公信力和结构与认证认可事业发展相适应的第三方认证评价队伍。以建设从业人员能力为重点，积极营造认证认可从业人员的教育培训大氛围。建立多层次、多渠道的教育培训体系，培养具有高级管理能力并熟悉认证认可业务知识的政府行政管理人才队伍，培养具有先进管理理念和经营水平的认证认可经营管理人才队伍，培养熟悉贸易规则并精通业务的认证认可专业技术人才队伍。

（三）信息公开和设立赔偿基金

政府应该考虑建立认证机构的长期有效机制，延长认证机构的营业年限，避免认证机构的短期市场行为。恶性竞争能够得以大量存在的主要原因是认证结果体现不出认证企业的差异（特别是在获得消费者认可和扩大市场销售方面），于是很多不良认证行为才有了存在的空间。我们建议要把这种差异直接体现在认证产品上。我们认为应该规定认证机构必须公开相关信息，就是说不仅要让消费者知道这个产品通过了什么认证，还要让消费者知道这个认证具体是哪个认证机构给出的，并且可以通过不同认证机构的信用水平的不同，培养消费者的"看证"消费观念。

信息公开的一个行之有效的方法就是在通过认证的产品包装上著名第三方认证的相关信息，比如产品经过何种认证、该种认证的基本介绍、由哪个认证机构进行的认证、认证机构的详细地址、电话网址等相关联系方式、该批次产品认证的审核员名单等。通过这样的对信息的公开，消费者对该认证的相关信息就能有一个非常具体的了解，这样对消费者维权是很有帮助的。

认证标志必须标明认证机构名称，便于风险意识的建立和连带责任的落实，一旦产品出现问题，不论认证机构是否有责任，同时将生产企业和认证机构予以公布；建立第三方认证的信息平台，将有不良认证行为或者疑似不良认证行为的机构及时向社会公布；通过资信评级机构（国家认监委不适合担任此角色）设计评价体系，搜集可靠的数据和资料，并客观公正地对认证机构进行评级和分类。

建议设立认证行业赔偿基金制度。由国家认监委规定，每年由每个认证机构拿出具体数额的资金组成赔偿基金，类似于银行的法定准备金，由认监委统一调配，专款专用，赔偿过程等都要信息透明。对有不良记录的第三方认证机构规定较高比例的数额，对连续几年无不良记录的认证机构规定较低比例的数额。这样遇到重大质量问题可以由认监委出面进行协调并直接用赔偿基金进行赔偿。

同时举报制度也是一种行之有效的社会监督体制，是建立认证认可社会监督机制的具体措施。举报权利人为"任何单位和个人"；举报受理部门为"国务院认证认可监督管理部门和地方认证认可监督管理部门"；举报的事项为"认证认可违法行为"；所有的单位和个人碰到违反法律法规的认证认可行为都应该向相应的监督管理部门举报。国务院和地方的认证认可监督管理部门都需要根据举报进行及时可靠的调查、处理，并且做好对举报人的保护工作。

（四）提高退出成本

在提高准入门槛的同时，要提高认证机构的退出成本，可以采取如下具体措施：第一，如果在连带责任承担期内，认证机构不得申请退出该行业,等连带责任承担完毕,方可申请退出;第二,有不良记录的认证审核人员取消其注册资格,并且规定不能再从事认证行业,或者至少要延长其重新注册的时间长度,比如5年之内不得再行注册;第三,有严重不良记录的第三方认证机构的出资人、法人代表和管理者今后不能再行申请设立认证机构。

六 优化认证行业市场结构

适度提高行业的准入门槛,优化认证产业的市场结构。集体声誉合作均衡的一个附加条件是集体内成员数量不应很多,否则隐性契约惩罚机制不能有效发挥。优化认证产业的市场结构,一方面,可以在一定程度上遏制目前认证市场的恶性竞争现象,逐步营造良性的竞争环境,部分弱化生产者一侧的集体声誉特征;另一方面,可以在一定程度上提高消费者对认证机构的识别能力,增加消费者对认证机构的可追溯性,部分弱化生产者一侧的集体声誉特征。

第一,深化认证机构改革。为使实施认证行业监管的制度基础就必须加强独立的市场化运行的认证机构。应继续推进深入加强认证机构的国有制改制,使其真正成为独立的市场经济主体。这样使得监管主体可以集中精力对认证行业实施监督,为加强监管效果奠定基础。在认证行业,政府必须清楚有所为,有所不为,认真履行行政的法定职责,从而做到不越位、不缺位和不错位。国有认证机构成为我国认证行业的主体,因此要深入国有认证机构的改革,对于我国认证行业做大做强,提升认证行业在国际同行的竞争力,打造世界认证行业的航空母舰,具有深远的战略意义。从国外的认证行业管理经验来看,大型认证机构对认证行业的认证质量监管、支撑作用和对认证行业发展的引领作用不可忽视。因此,应支持和鼓励国有认证机构上市融资、跨国并购,打进国际认证机构序列,尽快形成几家具有先进认证技术、核心竞争力、大规模、灵活性强,能够参与国际竞争、引领认证行业市场发展的大型权威性认证机构作为行业的桥头堡。

第二,优化认证行业布局。监管部门应推进行政指导下的中资企业战略重组,打破认证行业的条块分割格局,将散布在国家各部门、各个领域的认证业务,通过划拨、联合、兼并、重组、股权置换等手段进行重新组合,以形成"后发优势",提升行业的规模化、集约化和专业化水平,这样既有效地提升认证行业的整体技术实力,优化了资源的配置,也能够使

第八章 研究结论与政策建议

对认证行业的监管行为能够有条理、有秩序地展开，在监管资源有限的情况下，通过与认证机构以及认证企业之间的紧密互动，集中资源可以解决一些以往一流的系统性问题。认证机构数量多，市场竞争激烈是造成认证合谋的一个重要原因。

因此，政府应创造有利的条件促进认证市场的整合，鼓励大型认证机构与小型认证机构进行合并。小型认证机构的业务素质偏低，竞争力较弱，单靠自身的实力很难迅速提高其业务水平。并且，小型认证机构更易受到企业的牵制，是认证合谋的主要参与者。通过认证机构之间的合并，这些问题就能得到有效解决。首先，通过合并，小型认证机构能够在短时间内提高业务素质，得以更好地生存和发展；同时，大型认证机构的网络资源增加，运作成本降低。其次，合并使得认证机构之间各取所长，充分发挥其在某个领域内的优势，调和分歧。而且，合并减少了认证机构的数量，能够有效避免因恶性竞争造成的资源浪费。更重要的是，合并提高了认证市场的集中度，有助于培育出国际知名的认证机构，降低虚假认证发生的概率，提高认证的有效性。另外，合并之后认证机构的地域色彩减弱，还有利于防止地方保护主义，提高认证过程的公平性。

对此，政府应该主动为认证机构"牵线搭桥"，减少机构参与合并需要付出的成本，其中包括寻找到适合合并对象的成本以及合并事宜的谈判成本等。同时，由于合并之后认证机构还要花费一定的时间和金钱进行磨合，因而政府还应制定有效的激励措施，在对合并的认证机构提供经济援助的同时，能够给予相应政策上的倾斜。

第三，强化认证机构的淘汰制度。加强认证机构的淘汰制，严格控制认证机构的数量。政府应通过有效的途径了解认证机构的从业信息，定期审查认证机构的业务质量，取消业务质量差、信用水平低的机构的从业资格。同时，选择符合要求的新机构进入认证市场，增加认证机构的流动性，这样不仅能够提高认证机构参与合谋的风险，还有利于防止企业与认证机构之间形成长期稳定的利益关系。具体而言，政府可以通过以下三个途径监督认证机构，准确获取评估业务质量的信息。

（1）完善有效的检举机制，增加投诉渠道，充分调动广大消费者的积极性，对认证行为进行大众监督。质量认证关系到企业和消费者的切身利益，因而相对于政府而言，他们能够对认证行为做出更有效的监督。尽管中国政府已经在网站上设立了网上投诉与公众留言栏目，但参与程度仍处于较低的水平，主要原因在于没有建立相应的激励和保护措施。鉴于这种现状，政府应对参与监督的企业或个人给予一定的物质奖励，并要公开承诺对检举人的信息保密以保障检举人的人身和财产安全，鼓励消费者对认证机构进行监督，增加监督的力度和有效性。

（2）建立特定的政府职能部门或代理机构定期对认证机构的从业资格进行审查并依据一定的标准评分，并将得分结果通过媒体或网络予以公示，为企业选择认证机构提供有力的依据。目前，出于一些原因的考虑，认证机构的相关信息还处于半透明状态，企业很难事先判断认证机构的业务质量。

（3）增加对认证产品质量的检查力度。认证监管部门应与质量监督部门联手，定期专门对通过认证的产品进行质量抽检，发现问题及时公开并严格追究相应认证机构的责任。

七　建立认证行业的反馈机制

要建立畅通的群众监督渠道，能够及时收集到群众意见并将其整理形成对认证机构监管的有利措施。建立完善认证市场调查机制，以最终建立认证行业的社会诚信体系。

（1）要建立群众共同参与认证市场监管和认证实施有效性的监督机制，完善申诉、投诉程序和处理机制，对群众的投诉做到有效处理。此外，还要设认证义务监督员试点。对群众举报要重视并认真组织核查，对有关投诉要按规定限期予以办理，对提出建设性建议的提供者和提供重大从事违法违规认证实施问题的举报人，要予以相应奖励。

（2）要创立公开、统一、透明的认证实施规则的信息网站，拓宽人民群众监督渠道。将认证行业所有认证机构和相应从事认证的信息放在同一个网站中，及时向外公布获证准确的咨询时间、认证咨询机构、认证咨询人员、实施认证现场审核时间、实施认证人员和企业相关信息等。通过信息公开披露，可使认证机构之间、认证咨询机构之间和获证组织之间能够相互监督。

（3）要及时对认证机构违规行为进行曝光。要强化认证连带责任，提升认证机构的风险防范等级。对认证机构的违规行为，不仅要在认证行业内通报，还应在国内具有影响力的新闻媒体上通报。国家行政机关对获证组织的产品质量抽查不合格的，应及时向社会公布生产企业名单，并且公布该认证组织所通过认证的领域及相应的认证机构名称。

（4）要规定在获证产品或其包装物上必须注明认证机构的名称，以便于加大对认证机构的社会监督。以往在产品上或其包装物上只注明通过某种类型的认证，而不注明认证机构的名称，不利于对认证机构的社会监管。为了加大对认证机构的社会监管，鼓励认证行业内部的公平竞争，要规定在产品或包装物上须注明通过某认证机构的某种认证。

第三节　研究不足与展望

尽管本书获得了关于集体声誉下虚假认证的形成以及治理等方面不少有启发性的结论，但由于研究条件的限制，仍存在诸多的缺陷和不足之处，主要表现在以下几个方面。

第一，中国认证产业的集体声誉具有典型双边性特征。不过，出于简化模型的需要，文章在实际建模中仅考虑了消费者一侧的集体声誉，而忽略了生产者一侧的集体声誉问题。此外，由于难以获得详细的数据，文章并没有比较消费者和生产者这两侧集体声誉的强度、稳定性等问题。

第二，在虚假认证治理机制中，一方面，文章并没有分析具体治理机制对不同类型的虚假认证的治理效果，如某种机制更加适合于治理技术型虚假认证；另一方面，文章仅仅考虑了几种惩罚机制的治理效果，事实上，准入制度、退出制度以及质量规制等机制同样是监管部门普遍采取的治理手段。

第三，受微观数据的可获得性限制，文章并没有对集体声誉对虚假认证的影响，惩罚机制对虚假认证治理的实施效果，以及监管治理执行的政策效果进行进一步实证上的检验。

第四，在研究虚假认证治理的政府监管机制中，本书先验地假定了监管部门是一个公正、公平的监管主体，政府和认证市场中的认证机构并不存在利益输送。不过，这种假设并不是特别符合中国认证市场的实际情形。如果监管部门和认证机构存在千丝万缕的联系，那么，监管部门的监管行为就会受到认证机构的影响，监管行为的公正性、公平性就会受到很大的影响。

鉴于以上的研究不足，结合笔者的研究兴趣和实际背景，本书的后续工作将重点考虑两个方面的内容，一方面，对中国认证产业集体声誉特征形成进行定量的分析，通过对消费者、生产企业、认证机构以及监管部门调研数据的搜集，构建一个认证产业集体声誉特征形成的计量模型，分析各个具体的因素对集体声誉形成的影响，以及测算每个影响指标所占的比例。另一方面，将虚假认证的类型与不同的治理机制进行匹配，考察哪一种治理机制更加适用于治理技术型虚假认证，哪一种治理机制更加适用于治理合谋型虚假认证。

附录 1

认证管理办法

第一章 总则

第一条 为加强对认证机构的监督管理，规范认证活动，提高认证有效性，根据《中华人民共和国认证认可条例》（以下简称认证认可条例）等有关法律、行政法规的规定，制定本办法。

第二条 本办法所称认证机构是指依法经批准设立，独立从事产品、服务和管理体系符合标准、相关技术规范要求的合格评定活动，并具有法人资格的证明机构。

第三条 在中华人民共和国境内从事认证活动，以及对认证机构的监督管理，适用本办法。

第四条 国家质量监督检验检疫总局（以下简称国家质检总局）统一负责认证机构的监督管理工作。

国家认证认可监督管理委员会（以下简称国家认监委）负责认证机构的设立和相关审批及其从业活动的监督管理工作。省、自治区、直辖市人民政府质量技术监督部门（以下简称省级质量技术监督部门）和直属出入境检验检疫机构（以下简称直属检验检疫机构）依照本办法的规定，按照职责分工负责所辖区域内认证活动的监督管理工作。

第五条 认证机构从事认证活动应当遵循公正公开、客观独立、诚实信用的原则，维护社会信用体系。

第六条 认证机构及其人员对其从业活动中所知悉的国家秘密、商业秘密和技术秘密负有保密义务。

第二章　设立与审批

第七条　设立认证机构，应当经国家认监委批准，并依法取得法人资格后，方可从事批准范围内的认证活动。未经批准，任何单位和个人不得从事认证活动。

第八条　设立认证机构，应当具备下列条件：

（一）具有固定的办公场所和必备设施；

（二）具有符合认证认可要求的章程和管理制度；属于认证新领域的，还应当具有可行性研究报告；

（三）注册资本不得少于人民币300万元；出资人符合国家有关法律法规以及相关规定要求，并提供相关资信证明；

（四）具有10名以上相应领域执业资格和能力的专职认证人员；

（五）认证机构董事长、总经理（主任）和管理者代表（以下统称高级管理人员）应当符合国家有关法律、法规以及国家质检总局、国家认监委相关规定要求，具备履行职务所必需的管理能力；

（六）其他法律法规规定的条件。

从事产品认证活动的认证机构，还应当具备与从事相关产品认证活动相适应的检测、检查等技术能力。

第九条　外方投资者在中国境内设立认证机构除应当具备本办法第八条规定的条件外，还应当符合下列要求：

（一）外方投资者为在中国境外具有3年以上相应领域认证从业经历的机构，具有所在国家或者地区有关当局的合法登记，无不良记录；

（二）外方投资者取得其所在国家或者地区认可机构相应领域的认可或者有关当局的承认；

（三）设立中外合资、合作经营认证机构的中国合营、合作者应当为经国家认监委批准的具有3年以上认证从业经历的认证机构或者依法取得资质认定的检查机构、实验室，并无不良从业记录；外方投资者应当符合本条第（一）、（二）项；外方投资者在中国境内设立认证机构还应当符合有关外商投资法律、行政法规和国家有关外商投资产业指导政策等规定。

第十条　设立认证机构的审批程序：

（一）设立认证机构的申请人（以下简称申请人），应当向国家认监委提出申请，并提交符合本办法第八条、第九条规定条件的有效证明文件和材料；

（二）国家认监委应当对申请人提交的申请材料进行初步审查，并自收到申请材料之日起 5 日内作出受理或者不予受理申请的书面决定，对申请材料不齐全或者不符合法定形式的，应当一次性告知申请人需要补正的全部内容；

（三）国家认监委应当自受理认证机构设立申请之日起 90 日内，作出是否批准的决定。决定批准的，向申请人出具认证机构设立通知书，决定不予批准的，应当书面通知申请人，并说明理由；

（四）国家认监委应当根据需要组织有关专家对申请人的认证、检测等技术能力进行评审，并书面告知申请人。专家评审的时间为 30 日，不计算在国家认监委作出批准的期限内；

（五）申请人凭国家认监委出具的认证机构设立通知书，依法办理有关登记手续，凭依法办理的登记手续领取《认证机构批准书》；

（六）国家认监委应当向社会公告，并在其网站上公布依法设立的认证机构名录。国家认监委实施认证机构审批工作中应当遵循资源合理配置、便利高效、公开透明的原则。

第十一条 《认证机构批准书》有效期为 4 年。认证机构需要延续《认证机构批准书》有效期的，应当在《认证机构批准书》有效期届满前 90 日向国家认监委提出申请。国家认监委应当对提出延续申请的认证机构按照本办法规定的设立条件和审批程序进行复查，并在《认证机构批准书》有效期届满前作出是否准予延续的决定。

第十二条 认证机构设立子公司、分公司应当依照认证机构审批程序进行，经国家认监委批准，并依法取得公司登记机关登记后，方可从事批准范围内的认证活动。

第十三条 认证机构设立子公司应当符合下列条件：

（一）认证机构从业 2 年以上，并且 2 年内无违法违规行为；

（二）子公司符合本办法第八条规定的设立条件，同时符合其他法律、行政法规的规定；

（三）子公司由认证机构全资或者控股。

第十四条 认证机构设立分公司应当符合下列条件：

（一）认证机构从业 2 年以上，并且 2 年内无违法违规行为；
（二）分公司具有固定的办公场所和必备设施；
（三）分公司具有 5 名以上相应领域执业资格和能力的专职认证人员；
（四）分公司所在地具有获得本机构认证的组织；
（五）分公司具有符合认证认可的相关管理制度；
（六）其他法律法规规定的条件。

第十五条 认证机构可以设立从事批准范围内的业务宣传和推广活动的办事机构，并自设立之日起 30 日内，中资认证机构向办事机构所在地省级质量技术监督部门备案；外商投资认证机构向办事机构所在地直属检验检疫机构备案。备案内容包括：名称、地址、负责人、业务范围、隶属认证机构等。省级质量技术监督部门和直属检验检疫机构应当公布依法备案的办事机构名录，并向国家认监委报送所辖区域内备案的认证机构所属办事机构的名录。

第十六条 境外认证机构可以在中国境内设立从事其业务范围内的宣传和推广活动的代表机构，并自设立之日起 30 日内向国家认监委备案。备案内容包括：名称、地址、负责人、登记证明文件、国外认可机构证明文件、隶属认证机构等。国家认监委应当公布依法备案的代表机构名录。

第十七条 认证机构通过合约方式分包境外认证机构的认证业务，应当经国家认监委批准，并承担因分包而造成的认证风险和相关责任。申请从事分包业务的认证机构应当首先取得相应认证领域的从业批准。

第十八条 有下列情形之一的，认证机构应当依法向国家认监委申请办理相关变更手续：
（一）认证机构缩小批准业务范围的；
（二）认证机构变更法人性质、股东、注册资本的；
（三）认证机构合并或者分立的；
（四）认证机构变更名称、住所、法定代表人、高级管理人员的；
（五）认证机构发生其他重大事项变更的。

认证机构申请扩大业务范围的，认证机构应当从业 1 年以上，并且 1 年内无违法违规行为。扩大业务范围的申请由国家认监委参照本办法第十条的规定予以办理。

第三章 行为规范

第十九条 认证机构应当公正、独立和客观开展认证活动，建立风险防范机制，对其认证活动可能引发的风险和责任，采取合理、有效措施，并承担相应的社会责任。认证机构及其子公司、分公司、办事机构不得与认证咨询机构和认证委托人在资产、管理或者人员上存在利益关系。

第二十条 认证机构应当建立保证认证活动规范有效的质量体系，按照认证基本规范和认证规则规定的程序实施认证，并作出认证结论。国家认监委尚未制定认证规则的，认证机构可以自行制定认证规则，并报国家认监委备案。

第二十一条 认证机构应当通过网站或者以其他形式公布其认证范围、认证规则、收费标准及其设立的子公司、分公司和办事机构的名称、业务范围、地址等信息内容，并保证信息内容真实、有效。

第二十二条 认证机构及其分公司、子公司同时开展活动时，除应当遵守法律法规规定的责任义务外，还应当遵守以下要求：

（一）认证机构在工商注册登记的地址，为核心办公场所，统一发布和报送认证信息。

（二）认证机构有多个办公场所开展认证活动时，应当确保所有办公场所采用相同质量管理体系和程序，控制所有人员和认证过程。

第二十三条 认证机构应当建立健全认证人员管理制度，定期对认证人员的能力进行培训和评价，保证认证人员的能力持续符合要求，并确保认证审核过程中具备合理数量的专职认证人员和技术专家。认证机构不得聘任或者使用国家法律法规禁止从事认证活动的人员。

第二十四条 认证机构应当对认证委托人委托认证的领域、产品和内容是否符合相关法律法规及其法人资格等资质情况进行核实，根据认证委托人的规模、性质和组织及产品的复杂程度，对认证全过程进行策划，制定具体实施、检测、检查和监督等方案，并委派具有相应能力的认证人员和技术专家实施认证。

第二十五条 认证机构应当按照认证基本规范、认证规则规定的程序对认证全过程实施有效控制，确保认证和产品测试过程完整、客观、真实，并具有可追溯性，不得增加、减少或者遗漏认证程序和活动，并配备具有相应能力和专业的认证人员对上述过程进行评价。认证机构应当制定相应程序对认证结果进行评定和有效控制，并对认证证书发放、暂停或者撤销有明确规定及评价要求。

第二十六条 认证机构应当对认证全过程做出完整记录，保留相应认证资料。记录应当真实、准确，以证实认证活动得到有效实施。记录、资料应当使用中文，归档留存时间应当与认证证书有效期一致。

第二十七条 认证机构及其认证人员应当及时做出认证结论，并保证认证结论客观、真实。认证结论经认证人员签字，由认证机构提供给认证委托人。认证机构及其认证人员应当对认证结果负责并承担相应法律责任。

第二十八条 认证机构对认证结论符合要求的，应当及时向认证委托人出具认证证书、准许使用认证标志，认证证书应当经认证机构授权的人员签发。认证证书应当载明获证组织的名称、地址、覆盖范围或者产品、认证依据的标准或者相关技术规范、有效期等内容，认证证书所含内容应当符合认证实施的实际情况。认证机构的认证证书式样应当在确定后30日内报国家认监委备案。认证机构应当向公众提供查询认证证书有效性的方式。

第二十九条 经合并或者分立的认证机构应当对其发生变更之前出具的认证证书作出处理，并按照规定程序转换相关认证证书。认证机构被注销、撤销批准资格后，持有该机构有效认证证书的获证组织，可以向经国家认监委批准的认证机构转换认证证书；受理证书转换的认证机构应该按照规定程序进行转换，并将转换结果报告国家认监委。

第三十条 认证机构应当要求获证组织在认证范围内正确使用认证证书和认证标志，对误用和未按照规定使用认证证书和认证标志的，应当采取有效的纠正措施。

第三十一条 认证机构应当按照认证基本规范、认证规则的要求对其认证的产品、服务、管理体系实施有效的跟踪监督，确定合理的监督检查频次，以保证通过认证的产品、服务、管理体系持续符合认证要求；对不能持续符合认证要求的，认证机构应当暂停或者撤销其认证证书，及时向社会公布，并采取有效措施避免无效认证证书和认证标志继续使用。

第三十二条 认证机构设立的子公司、分公司应当以认证机构的名义从事其批准范围内的认证活动，并依照本办法的规定和认证基本规范、认证规则的要求开展工作。

认证机构子公司、分公司不得以其他形式设立与认证活动有关的机构或者委托他人从事认证活动。

第三十三条 认证机构设立的办事机构和境外认证机构在中国境内设立的代表机构及人员，不得从事签订认证合同、组织现场审核（检查）、出具审核（检查）报告、实施认证决定、收取认证费用等活动，不得直接或者变相从事认证培训和认证咨询活动。

第四章 监督检查

第三十四条 国家质检总局、国家认监委对认证机构遵守认证认可条例和本办法的情况进行监督。国家认监委负责对认证机构的运行情况进行检查，对认证结果和认证活动进行抽查，并公布检查、抽查结果和相关认证机构及获证组织名单。

第三十五条 国家认监委对认证机构实行认证业务信息报送和年度工作报告审查制度。认证机构应当按照相关规定向国家认监委报送认证业务信息，包括：获得认证的组织详细情况、暂停或撤销认证证书情况以及与认证结果相关的业务信息情况。国家认监委应当及时汇总认证机构报送的相关信息和数据，并予以公布。认证机构应当于每年2月底之前将上一年度工作报告报送国家认监委，报告内容包括：从业基本情况、人员、业务状况、质量分析以及符合国家资质要求的会计师事务所出具的财务会计审计报告等。

第三十六条 各级质量技术监督部门和各地出入境检验检疫机构（以下统称地方认证监督管理部门）应当按照各自职责，定期对所辖区域的认证活动实施监督，查处认证违法行为，并建立相应的监督协调工作机制。

第三十七条 国家质检总局、国家认监委应当对省级质量技术监督部门和直属检验检疫机构认可的认证机构办事机构备案以及认证执法工作进行监督和指导。省级质量技术监督部门应当对所属市、县质量技术监督部门实施的认证执法工作进行监督和指导。直属检验检疫机构应当对其所属分支出入境检验检疫机构实施的认证执法工作进行监督指导。省级质量技术监督部门和直属检验检疫机构应当于每年3月底之前将上一年度所辖区域认证监督管理工作情况报送国家认监委。

第三十八条 国家认监委和地方认证监督管理部门在行政管理中发现下列问题,经调查核实后,应当给予认证机构告诫并责令其改正:

(一)设立的办事机构未向所在地省级认证监管部门备案的;

(二)境外认证机构在中国境内设立的代表机构未向国家认监委备案的;

(三)自行制定的认证规则未向国家认监委备案的;

(四)认证机构的高级管理人员违反本办法有关规定的;

(五)认证证书、认证标志未备案或者向获证组织、产品出具的证书、标志与备案证书、标志不符的。

第三十九条 国家鼓励认证机构通过认可机构的认可,以证明其实施认证的能力符合要求;法律、行政法规规定应当取得认可的,认证机构应当按照法定要求通过认可。认可机构应当对取得认可的认证机构进行有效跟踪监督,对认证结果的符合性进行抽查。对不能持续符合认可要求的认证机构,应当作出暂停或者撤销认可资格的处理。对认可监督中发现的违法违规行为,及时报告国家认监委。

第四十条 认证认可协会应当加强认证机构的行业自律管理工作,对认证机构遵守法律法规、履行行业自律规范的情况进行评议,发现认证机构的违法违规行为,应当及时向国家认监委报告。

第四十一条 认证机构和获证组织应当对国家认监委和地方认证监督管理部门实施的监督检查工作予以配合和协助,对有关事项的询问和调查如实提供相关材料和信息。

第四十二条 对于获证组织出现产品质量安全事故、环境污染或者职业健康安全事故以及经行政机关监督抽查中发现不符合法定要求产品的,认证机构应当根据具体情形依法暂停或者撤销认证证书,及时向国家认监委、地方认证监督管理部门以及相关部门通报,并配合有关行政机关对获证组织进行跟踪监督检查。

第四十三条 认证机构有下列情形之一的,国家认监委应当依法办理《认证机构批准书》注销手续:

(一)《认证机构批准书》有效期届满,未申请延续的;

(二)《认证机构批准书》有效期届满,经复查不符合延续批准决定的;

(三)认证机构依法终止的;

（四）法律法规规定的应当注销的其他情形。

第四十四条 有下列情形之一的，国家认监委根据利害关系人的请求或者依据职权，可以撤销对认证机构作出的批准决定：

（一）国家认监委工作人员滥用职权、玩忽职守作出批准决定的；

（二）超越法定职权作出批准决定的；

（三）违反法定程序作出批准决定的；

（四）对不具备申请资格或者不符合法定条件的申请人准予批准的；

（五）认证机构已经不具备或者不能持续符合法定条件和能力的；

（六）依法可以撤销批准决定的其他情形。

第四十五条 任何单位和个人对认证活动中的违法违规行为，有权向国家质检总局、国家认监委或者地方认证监督管理部门投诉或者举报，国家认监委或者地方认证监督管理部门应当及时调查处理，并为举报人保密。

第五章　　法律责任

第四十六条 申请人隐瞒有关情况或者提供虚假材料申请认证机构设立等审批事项的，国家认监委不予受理或者不予批准，并给予警告；申请人在1年内不得再次申请设立认证机构等审批事项。

第四十七条 申请人以欺骗、贿赂等不正当手段获得认证机构设立等审批事项批准证书的，国家认监委应当撤销其批准证书；申请人在3年内不得再次申请设立认证机构。

第四十八条 认证机构未经批准，擅自设立子公司或分公司从事认证活动的，地方认证监管部门应当责令其子公司或分公司停止认证活动，处10万元以上50万元以下罚款，有违法所得的，没收违法所得；国家认监委给予认证机构停业整顿6个月，对负有责任的认证人员，给予停止执业1年的处罚；情节严重的，国家认监委撤销认证机构批准证书，对负有责任的认证人员，撤销其执业资格，并予公布。

第四十九条 认证机构设立的办事机构从事签订认证合同、组织现场审核（检查）、出具审核（检查）报告、实施认证决定、收取认证费用等认证活动的，地方认证监管部门应当撤销其备案，处10万元以上50万元以下罚款，有违法所得的，没收违法所得；国家认监委给予认证机构停业整顿6个月,对负有责任的认证人员,给予停止执业1年的处罚,并予公布。

第五十条　境外认证机构在中国境内设立的代表机构从事签订认证合同、组织现场审核(检查)、出具审核(检查)报告、实施认证决定、收取认证费用等认证活动的,地方认证监管部门应当责令其停止违法行为,处10万元以上50万元以下罚款,有违法所得的,没收违法所得;情节严重的,国家认监委应当撤销其备案,并予公布。

第五十一条　认证机构设立的子公司、分公司以其他形式设立机构或者委托他人从事认证活动的,地方认证监管部门应当处10万元以上50万元以下罚款,有违法所得的,没收违法所得;国家认监委撤销子公司、分公司的批准资格,并对其认证机构停业整顿6个月,对负有责任的认证人员,给予停止执业1年的处罚;情节严重的,国家认监委撤销认证机构批准证书,对负有责任的认证人员,撤销其执业资格,并予公布。

第五十二条　认证机构未经国家认监委批准,分包境外认证机构认证业务的,国家认监委应当责令其改正,给予警告;情节严重的,给予其停业整顿6个月,并予公布;对负有责任的认证人员,给予停止执业1年的处罚;有违法所得的,没收违法所得。

第五十三条　认证机构有下列情形之一的,国家认监委或者地方认证监管部门应当责令其改正,给予警告,并予以公布:

(一) 专职认证人员发生变更,其数量和执业资格不符合要求的;

(二) 认证机构发生变更事项,未按照规定办理变更手续的;

(三) 未按时提交年度审查报告、获证组织等信息或者提交的材料失实的;

(四) 其他违反本办法规定的。

第五十四条　认证机构有下列情形之一的,国家认监委或者地方认证监管部门应当责令其限期改正,逾期未改正的,可以处3万元以下罚款:

(一) 对已经暂停和撤销的认证证书,未向社会公布的;

(二) 未向认证委托人提供认证审核文件的;

(三) 审核时间严重不足,低于认证基本规范、认证规则规定的;

(四) 从事认证咨询活动的;

(五) 获证组织的产品不符合相关法律法规要求或者产品生产标准未按照法定要求备案,认证机构未按照规定暂停其认证证书或者未采取其他纠正措施的；

（六）在行政机关的监督检查中，拒绝提供反映其从业活动的情况或者隐瞒有关情况、提供虚假材料的；

（七）其他违反本办法规定的。

第五十五条 认证机构有下列情形之一的，地方认证监管部门应当责令其改正，处5万元以上10万元以下罚款，有违法所得的，没收违法所得；情节严重的，国家认监委应当责令其停业整顿6个月直至撤销其批准证书，并予公布：

（一）聘用未经国家注册（确认）的人员或者使用不符合认证要求和能力的人员从事认证审核、检查活动的；

（二）增加、减少、遗漏认证基本规范、认证规则规定程序要求，认证人员未到审核现场或者未对认证委托人的纠正措施进行有效验证即出具认证证书的；

（三）内部管理混乱、多办公场所作出认证决定，导致未按照认证基本规范、认证规则的程序和要求对其认证的产品、服务、管理体系实施有效的认证或者跟踪监督，造成不良社会影响的；

（四）认证的产品、服务、管理体系不能持续符合认证要求，认证机构未按照规定暂停或者撤销认证证书，并对外公布的；

（五）其他违反认证基本规范、认证规则规定的。

第五十六条 认证机构有下列情形之一的，地方认证监管部门应当责令其改正，处10万元以上20万元以下罚款，有违法所得的，没收违法所得；情节严重的，国家认监委应当撤销其批准证书，并予公布：

（一）超出批准范围开展认证活动的；

（二）涂改、伪造《认证机构批准书》，或者以其他形式非法转让批准资格的；

（三）停业整顿期间，继续从事认证活动的；

（四）停业整顿期满后，仍未按照整改要求从事认证活动的。

第五十七条 认证机构存在出具虚假认证结论或者出具的结论严重失实的，国家认监委应当撤销其批准证书，并予公布；对直接负责的主管人员给予警告，对负有直接责任认证人员，撤销其执业资格；构成犯罪的，依法追究刑事责任；造成损失的，依法承担赔偿责任。

第五十八条 对于认证机构的其他违法行为，依照《认证认可条例》

等有关法律法规予以处罚。

第五十九条 国家认监委和地方认证监管部门及其工作人员应当依法对认证活动实施监督,有滥用职权、徇私舞弊、玩忽职守等违法行为的,依法给予行政处分;构成犯罪的,依法追究刑事责任。

第六章 附则

第六十条 香港、澳门和台湾地区的认证机构在大陆设立认证机构或者代表机构,依照本办法第二章关于境外认证机构的规定办理相关审批手续,并遵守本办法的规定。

第六十一条 本办法由国家质检总局解释。

第六十二条 本办法自2011年9月1日起施行。

附录 2

认证证书和认证标志管理办法

第一章 总则

第一条 为加强对产品、服务、管理体系认证的认证证书和认证标志（以下简称认证证书和认证标志）的管理、监督，规范认证证书和认证标志的使用，维护获证组织和公众的合法权益，促进认证活动健康有序地发展，根据《中华人民共和国认证认可条例》（以下简称条例）等有关法律、行政法规的规定，制定本办法。

第二条 本办法所称的认证证书是指产品、服务、管理体系通过认证所获得的证明性文件。认证证书包括产品认证证书、服务认证证书和管理体系认证证书。本办法所称的认证标志是指证明产品、服务、管理体系通过认证的专有符号、图案或者符号、图案以及文字的组合。认证标志包括产品认证标志、服务认证标志和管理体系认证标志。

第三条 本办法适用于认证证书和认证标志的制定、发布、备案、使用和监督检查。

第四条 国家认证认可监督管理委员会（以下简称国家认监委）依法负责认证证书和认证标志的管理、监督和综合协调工作。地方质量技术监督部门和各地出入境检验检疫机构（以下统称地方认证监督管理部门）按照各自职责分工，依法负责所辖区域内的认证证书和认证标志的监督检查工作。

第五条 禁止伪造、冒用、转让和非法买卖认证证书和认证标志。

第二章 认证证书

第六条 认证机构应当按照认证基本规范、认证规则从事认证活动，对认证合格的，应当在规定的时限内向认证委托人出具认证证书。

第七条 产品认证证书包括以下基本内容：

（一）委托人名称、地址；

（二）产品名称、型号、规格，需要时对产品功能、特征的描述；

（三）产品商标、制造商名称、地址；

（四）产品生产厂名称、地址；

（五）认证依据的标准、技术要求；

（六）认证模式；

（七）证书编号；

（八）发证机构、发证日期和有效期；

（九）其他需要说明的内容。

第八条 服务认证证书包括以下基本内容：

（一）获得认证的组织名称、地址；

（二）获得认证的服务所覆盖的业务范围；

（三）认证依据的标准、技术要求；

（四）认证证书编号；

（五）发证机构、发证日期和有效期；

（六）其他需要说明的内容。

第九条 管理体系认证证书包括以下基本内容：

（一）获得认证的组织名称、地址；

（二）获得认证的组织的管理体系所覆盖的业务范围；

（三）认证依据的标准、技术要求；

（四）证书编号；

（五）发证机构、发证日期和有效期；

（六）其他需要说明的内容。

第十条 获得认证的组织应当在广告、宣传等活动中正确使用认证证书和有关信息。获得认证的产品、服务、管理体系发生重大变化时，获得认证的组织和个人应当向认证机构申请变更，未变更或者经认证机构调查发现不符合认证要求的，不得继续使用该认证证书。

第十一条 认证机构应当建立认证证书管理制度，对获得认证的组织和个人使用认证证书的情况实施有效跟踪调查，对不能符合认证要求的，应当暂停其使用直至撤销认证证书，并予以公布；对撤销或者注销的认证证书予以收回；无法收回的，予以公布。

第十二条 不得利用产品认证证书和相关文字、符号误导公众认为其服务、管理体系通过认证；不得利用服务认证证书和相关文字、符号误导公众认为其产品、管理体系通过认证；不得利用管理体系认证证书和相关文字、符号，误导公众认为其产品、服务通过认证。

第三章 认证标志

第十三条 认证标志分为强制性认证标志和自愿性认证标志。自愿性认证标志包括国家统一的自愿性认证标志和认证机构自行制定的认证标志。强制性认证标志和国家统一的自愿性认证标志属于国家专有认证标志。认证机构自行制定的认证标志是指认证机构专有的认证标志。

第十四条 强制性认证标志和国家统一的自愿性认证标志的制定和使用，由国家认监委依法规定，并予以公布。

第十五条 认证机构自行制定的认证标志的式样（包括使用的符号）、文字和名称，应当遵守以下规定：

（一）不得与强制性认证标志、国家统一的自愿性认证标志或者已经国家认监委备案的认证机构自行制定的认证标志相同或者近似；

（二）不得妨碍社会管理秩序；

（三）不得将公众熟知的社会公共资源或者具有特定含义的认证名称的文字、符号、图案作为认证标志的组成部分（如使用表明安全、健康、环保、绿色、无污染等的文字、符号、图案）；

（四）不得将容易误导公众或者造成社会歧视、有损社会道德风尚以及其他不良影响的文字、符号、图案作为认证标志的组成部分；

（五）其他法律、行政法规，或者国家制定的相关技术规范、标准的规定。

第十六条 认证机构自行制定的认证标志应当自发布之日起30日内，报国家认监委备案。

第十七条 认证机构备案时应当提交认证标志的式样（包括使用的符号）、文字、名称、应用范围、识别方法、使用方法等其他情况的书面材料。国家认监委应当自收到备案材料之日起 30 日内，依照本办法有关规定对认证机构提交的材料进行核查，对于符合本办法第十五条规定的，予以备案并公布；不符合的，告知其改正。

第十八条 认证机构应当建立认证标志管理制度，明确认证标志使用者的权利和义务，对获得认证的组织使用认证标志的情况实施有效跟踪调查，发现其认证的产品、服务、管理体系不能符合认证要求的，应当及时作出暂停或者停止其使用认证标志的决定，并予以公布。

第十九条 获得产品认证的组织应当在广告、产品介绍等宣传材料中正确使用产品认证标志，可以在通过认证的产品及其包装上标注产品认证标志，但不得利用产品认证标志误导公众认为其服务、管理体系通过认证。

第二十条 获得服务认证的组织应当在广告等有关宣传中正确使用服务认证标志，可以将服务认证标志悬挂在获得服务认证的区域内，但不得利用服务认证标志误导公众认为其产品、管理体系通过认证。

第二十一条 获得管理体系认证的组织应当在广告等有关宣传中正确使用管理体系认证标志，不得在产品上标注管理体系认证标志，只有在注明获证组织通过相关管理体系认证的情况下方可在产品的包装上标注管理体系认证标志。

第四章 监督检查

第二十二条 国家认监委组织地方认证监督管理部门对认证证书和认证标志的使用情况实施监督检查，对伪造、冒用、转让和非法买卖认证证书和认证标志的违法行为依法予以查处。

第二十三条 国家认监委对认证机构的认证证书和认证标志管理情况实施监督检查。认证机构应当对其认证证书和认证标志的管理情况向国家认监委提供年度报告。年度报告中应当包括其对获证组织使用认证证书和认证标志的跟踪调查情况。

第二十四条 境外认证标志所有人或者其授权的委托人可以向国家认监委办理境外认证标志备案。备案内容包括认证标志的式样（包括使用的符号)、文字、名称、应用范围、识别方法，认证标志持有人，以及使用变更等情况。在中国境内设立的外商投资认证机构自行制定的认证标志应当按照本办法第十六条的规定办理备案。

  第二十五条 认证机构应当公布本机构认证证书和认证标志使用等相关信息，以便于公众进行查询和社会监督。

  第二十六条 任何单位和个人对伪造、冒用、转让和非法买卖认证证书和认证标志等违法、违规行为可以向国家认监委或者地方认证监督管理部门举报。

第五章 罚则

  第二十七条 违反本办法第十二条规定，对混淆使用认证证书和认证标志的，地方认证监督管理部门应当责令其限期改正，逾期不改的处以2万元以下罚款。

附录 3

强制性产品认证目录分类

序号	产品名称	序号	产品名称
1	电线组件	21	电钻
2	交流额定电压 3kV 及以下铁路机车车辆用电线电缆	22	电动螺丝刀和冲击扳手
3	额定电压 450/750V 及以下聚氯乙烯绝缘电线电缆	23	电动砂轮机
4	额定电压 450/750V 及以下橡皮绝缘电线电缆	24	砂光机
5	插头插座（家用和类似用途、工业用）	25	圆锯
6	家用和类似用途固定式电气装置的开关	26	电锤
7	器具耦合器（家用和类似用途、工业用）	27	不易燃液体电喷枪
8	热熔断体	28	电剪刀
9	家用和类似用途固定式电气装置电器附件外壳	29	攻丝机
10	小型熔断器的管状熔断体	30	往复锯
11	漏电保护器	31	插入式混凝土振动器
12	断路器	32	电链锯
13	熔断器	33	电刨
14	低压开关（隔离器、隔离开关、熔断器组合电器）	34	电动修枝剪
15	其他电路保护装置	35	电木铣和修边机
16	继电器	36	电动石材切割机
17	其他开关	37	小型交流弧焊机
18	其他装置	38	交流弧焊机
19	低压成套开关设备	39	直流弧焊机
20	小功率电动机	40	TIG 弧焊机

续表

序号	产品名称	序号	产品名称
41	MIG/MAG 弧焊机	69	电饭锅
42	埋弧焊机	70	总输出功率在 500W（有效值）以下的单扬声器和多扬声器有源音箱
43	等离子弧焊机	71	音频功率放大器
44	等离子弧切割机	72	各种广播波段的调谐接收机、收音机
45	弧焊变压器防触电装置	73	各类载体形式的音视频录制播放及处理设备（包括各类光盘、磁带、硬盘等载体形式）
46	电焊钳	74	以上四种设备的组合
47	焊接电缆耦合装置	75	音视频设备配套的电源适配器（含充/放电器）
48	电阻焊机	76	各种成像方式的彩色电视接收机
49	TIG 焊焊炬	77	监视器
50	MIG/MAG 焊焊枪	78	显像（示）管
51	送丝装置	79	录像机
52	家用电冰箱和食品冷冻箱	80	电子琴
53	电风扇	81	天线放大器
54	空调器	82	微型计算机
55	电动机—压缩机	83	便携式计算机
56	家用电动洗衣机	84	与计算机连用的显示设备
57	电热水器	85	与计算机相连的打印设备
58	室内加热器	86	多用途打印复印机
59	真空吸尘器	87	扫描仪
60	皮肤和毛发护理器具	88	计算机内置电源及电源适配器充电器
61	电熨斗	89	电脑游戏机
62	电磁灶	90	学习机
63	电烤箱（便携式烤架、面包片烘烤器及类似烹调器具）	91	复印机
64	电动食品加工器具［食品加工机（厨房机械）］	92	服务器
65	微波炉	93	灯具
66	电灶、灶台、烤炉和类似器具（驻立式电烤箱、固定式烤架及类似烹调器具）	94	镇流器
67	吸油烟机	95	汽车
68	液体加热器和冷热饮水机	96	摩托车

续表

序号	产品名称	序号	产品名称
97	消防车	126	数据终端（含卡）
98	摩托车发动机	127	多媒体终端
99	汽车安全带	128	火灾报警产品
100	机动车喇叭	129	消防水带
101	机动车回复反射器	130	喷水灭火产品
102	机动车制动软管	131	灭火剂
103	机动车外部照明及光信号装置（汽车用灯具、摩托车用灯具）	132	建筑耐火构件
104	机动车后视镜（汽车后视镜、摩托车后视镜）	133	泡沫灭火设备产品
105	汽车内饰件	134	消防装备产品
106	汽车门锁及门保持件	135	火灾防护产品
107	汽车燃油箱	136	灭火器
108	汽车座椅及座椅头枕	137	消防给水设备产品
109	车身反光标识	138	气体灭火设备产品
110	汽车行驶记录仪	139	干粉灭火设备产品
111	轿车轮胎	140	消防防烟排烟设备产品
112	载重汽车轮胎	141	避难逃生产品
113	摩托车轮胎	142	消防通信产品
114	汽车安全玻璃	143	入侵探测器
115	建筑安全玻璃	144	防盗报警控制器
116	铁道车辆安全玻璃	145	汽车防盗报警系统
117	植物保护机械	146	防盗保险柜
118	轮式拖拉机	147	防盗保险箱
119	调制解调器（含卡）	148	无线局域网产品
120	传真机	149	溶剂型木器涂料
121	固定电话终端及电话机附加装置	150	瓷质砖
122	无绳电话终端	151	混凝土防冻剂
123	集团电话	152	童车类产品
124	移动用户终端	153	电玩具类产品
125	ISDN 终端	154	塑胶玩具类产品

续表

序号	产品名称	序号	产品名称
155	金属玩具类产品	157	娃娃玩具类产品
156	弹射玩具类产品	158	机动车儿童乘员用约束系统

备注：（1）质检总局、公安部、国家认监委2014年第12号公告中的消防产品（2015年9月1日起强制实施）所对应编码已列入本参考表。（2）质检总局、国家认监委2014年第6号公告中的机动车儿童乘员用约束系统产品（2015年9月1日起强制实施）所对应编码已列入本参考表。

附录 4

自愿性认证业务分类目录

序号	认证类别	认证领域		认证项目
1	自愿性产品认证	1. 农林（牧）渔；中药	一般食品农产品认证	绿色食品
2		2. 加工食品、饮料和烟草		有机产品（出口类）
3		3. 矿和矿物；电力、可燃气和水	一般工业产品认证	
4		4. 纺织品、服装和皮革制品		
5		5. 木材和木制品；纸浆、纸和纸制品，印刷品		
6		6. 化工类产品		
7		7. 建材产品		
8		8. 家具；其他未分类产品		
9		9. 废旧物资		
10		10. 金属材料及金属制品		
11		11. 机械设备及零部件		
12		12. 电子设备及零部件		
13		13. 电动机、发电机、发电成套设备和变压器		
14		14. 配电和控制设备及其零件；绝缘电线和电缆；光缆		
15		15. 蓄电池、原电池、原电池组和其他电池及其零件		
16		16. 白炽灯泡或放电灯、弧光灯及其附件；照明设备及其附件；其他电气设备及其零件		
17		17. 仪器设备		
18		18. 陆地交通设备		
19		19. 水路交通设备		
20		20. 航空航天设备		

续表

序号	认证类别	认证领域		认证项目
21	自愿性产品认证	21. 其他（不包含在上述分类中，在 GB/T7635.1、GB/T7635.2 认证内容中其他涉及产品形成过程的）	一般工业产品认证	
22		无公害农产品	国家统一制定认证基本规范、认证规则的自愿性产品认证	
23		有机产品		
24		良好农业规范		
25		食品质量		
26		饲料产品		
27		低碳产品		
28		节能环保汽车		
29		环境标志产品		
30		信息安全产品		
31		电子信息产品污染控制		
32		可扩展商业报告语言（XBRL）软件		
33		光伏产品		
34	服务认证	无形资产和土地	一般服务认证	
35		建筑工程和建筑物服务		
36		批发业和零售业服务		
37		住宿服务；食品和饮料服务		
38		运输服务（陆路运输服务、水运服务、空运服务、支持性和辅助运输服务）		
39		邮政和速递服务		
40		电力分配服务；通过主要管道的燃气和水分配服务		
41		金融中介、保险和辅助服务		非金融机构支付业务设施技术认证
42		不动产服务		

续表

序号	认证类别	认证领域		认证项目
43	服务认证	不配备操作员的租赁或出租服务	一般服务认证	
44		科学研究服务（研究和开发服务；专业、科学和技术服务；其他专业、科学和技术服务）		
45		电信服务；信息检索和提供服务		信息安全服务资质
46		支持性服务		
47		在收费或合同基础上的生产服务		
48		保养和修理服务		防爆电器设备检修服务 汽车玻璃零配件安装服务
49		公共管理和整个社区有关的其他服务；强制性社会保障服务		
50		教育服务		
51		卫生保健和社会福利		
52		污水和垃圾处置、公共卫生及其他环境保护服务		
53		成员组织的服务；国外组织和机构的服务		
54		娱乐、文化和体育服务		
55		其他服务		商品售后服务评价体系
56		家庭服务		
57		体育场所服务		
58		绿色市场	国家统一制定认证基本规范、认证规则的服务认证	
59		软件过程能力及成熟度评估		

续表

序号	认证类别	认证领域	认证项目
60	管理体系认证	质量管理体系	★●质量管理体系 GB/T19001/ISO9001
61			建筑施工行业质量管理特殊要求 GB/T50430
62			汽车行业实施质量管理的特殊要求 TS16949
63			汽车行业实施质量管理的特殊要求 VDA6.X
64			航空产品设计和制造的质量管理体系 AS9100、AS9110、AS9120
65			电讯业质量管理体系 TL9000
66			医疗器械质量管理体系认证 ISO13485
67			国际铁路行业质量管理体系 IRIS
68			电气与电子元件和产品有害物质过程控制管理体系认证 QC080000
69		环境管理体系	★●环境管理体系 GB/T14001/ISO14001
70		职业健康安全管理体系	★●职业健康安全管理体系 GB/T18001
71		信息安全管理体系	★●信息安全管理体系 GB/T22080/ISO27000
72		信息技术服务管理体系	★●信息技术服务管理体系 GB/T24405.1/ISO20000

续表

序号	认证类别	认证领域	认证项目
73	管理体系认证	测量管理体系	★● 测量管理体系 GB/T19022
74		能源管理体系	★● 能源管理体系 GB/T23331
75		知识产权管理体系	★●知识产权管理体系 GB/T29490
76		森林认证	★●中国森林认证 CFCC
77		食品农产品管理体系	★●食品安全管理体系 GB/T22000/ISO22000
78			零售商（和批发商）品牌食品审核标准认证 IFS
79			英国零售商协会全球消费品标准认证（BRC）
80			海洋管理理事会监管链标准认证 MSC
81			★●危害分析与关键控制点 HACCP
82			★●乳制品生产企业危害分析与关键点控制
83			★●乳制品生产企业良好生产规范
84		其他管理体系	商品和服务在生命周期内的温室气体排放评价规范 PAS2050
85			
86			运输资产保护协会 运输供应商最低安全要求（TAPA FSR 2011）
87			
88			静电防护标准 ESD20.20

续表

序号	认证类别	认证领域	认证项目
89			供应链安全管理体系 ISO28000：2007
90			整合管理体系认证 PAS99：2006
91		其他管理体系	温室气体排放和清除的量化和报告的规范及指南 ISO14064-1、-2、-3
92			清洁发展机制（CDM）
93			验证合格评定程序 VCAP
94			企业社会责任 SA8000
95			森林认证 FSC
96			森林认证 PEFC

注：目录中标注 ★ 的，为管理体系认证领域内的基本审批项目；目录中标注 ● 的，为国家统一制定认证基本规范、认证规则的管理体系认证领域。

附录 5

中国认证机构目录

序号	机构名称	序号	机构名称
1	中国质量认证中心	23	深圳市环通认证中心有限公司
2	方圆标志认证集团有限公司	24	北京国建联信认证中心有限公司
3	上海质量体系审核中心	25	北京天一正认证中心
4	华信技术检验有限公司	26	北京中设认证服务有限公司
5	中国船级社质量认证公司	27	北京中安质环认证中心
6	中质协质量保证中心	28	江苏九州认证有限公司
7	广东中鉴认证有限责任公司	29	泰尔认证中心
8	中国新时代认证中心	30	北京三星九千认证中心
9	长城（天津）质量保证中心	31	天津华诚认证中心
10	东北认证有限公司	32	北京航协认证中心有限责任公司
11	北京赛西认证有限责任公司	33	兴原认证中心有限公司
12	广州赛宝认证中心服务有限公司	34	北京神舟时代认证中心
13	浙江公信认证有限公司	35	北京外建质量认证中心
14	中联认证中心	36	北京世标认证中心有限公司
15	杭州万泰认证有限公司	37	北京埃尔维质量认证中心
16	北京新世纪检验认证有限公司	38	深圳华测鹏程国际认证有限公司
17	北京兴国环球认证有限公司	39	上海质量技术认证中心
18	四川三峡认证有限公司	40	北京联合智业认证有限公司
19	北京中大华远认证中心	41	北京中经科环质量认证有限公司
20	华夏认证中心有限公司	42	北京大陆航星质量认证中心有限公司
21	北京国金恒信管理体系认证有限公司	43	北京海德国际认证有限公司
22	北京中建协认证中心有限公司	44	北京国医械华光认证有限公司

续表

序号	机构名称	序号	机构名称
45	北京泰瑞特认证中心	74	中铁检验认证中心
46	广东质检中诚认证有限公司	75	中环联合（北京）认证中心有限公司
47	中电联（北京）认证中心有限责任公司	76	中国绿色食品发展中心
48	上海挪亚检测认证有限公司	77	中饮标（北京）安全饮品认证中心
49	北京中水源禹国环认证中心	78	中环协（北京）认证中心
50	北京恩格威认证中心有限公司	79	中国建材检验认证集团股份有限公司
51	浙江省环科环境认证中心	80	农业部农产品质量安全中心
52	深圳市南方认证有限公司	81	北京中润兴认证有限公司
53	中国安全生产科学研究院	82	北京赛迪认证中心有限公司
54	北京思坦达尔认证中心	83	北京中冷通质量认证中心有限公司
55	北京中物联联合认证中心	84	北京鉴衡认证中心有限公司
56	北京恒标质量认证有限公司	85	中国安全防范产品行业协会
57	北京中油健康安全环境认证中心	86	杭州中农质量认证中心
58	凯新认证（北京）有限公司	87	北京中联天润认证中心
59	北京军友诚信质量认证有限公司	88	山东世通质量认证有限公司
60	中汽认证中心	89	北京华电万方管理体系认证中心
61	公安部消防产品合格评定中心	90	河北英博认证有限公司
62	北京中轻联认证中心	91	青岛中化阳光管理体系认证中心有限公司
63	北京中化联合认证有限公司	92	北京东方纵横认证中心
64	北京东方凯姆质量认证中心	93	北京五洲恒通认证有限公司
65	福建东南标准认证中心	94	北京华思联认证中心
66	中食恒信（北京）质量认证中心有限公司	95	上海英格尔认证有限公司
67	北京科正平机电设备检验所	96	中煤协联合认证（北京）中心
68	合肥通用机械产品认证有限公司	97	中纺标（北京）检验认证中心有限公司
69	黑龙江省农产品质量认证中心	98	辽宁方园有机食品认证有限公司
70	山东科苑环境认证中心	99	辽宁辽环认证中心
71	上海环科环境认证有限公司	100	北京五岳华夏管理技术中心
72	北京国体世纪体育用品质量认证中心有限公司	101	新疆生产建设兵团环境保护科学研究所
73	北京中绿华夏有机食品认证中心	102	西北农林科技大学认证中心

续表

序号	机构名称	序号	机构名称
103	南京国环有机产品认证中心	130	北京九鼎国联汽车管理体系认证有限责任公司
104	中食联盟（北京）认证中心	131	北京创源信诚管理体系认证有限公司
105	北京国检联合认证中心有限公司	132	河北质量认证有限公司
106	中启计量体系认证中心	133	广州威凯认证检测有限公司
107	北京新华节水产品认证有限公司	134	北京中金国盛认证有限公司
108	北京中水润科认证有限责任公司	135	吉林省农产品认证中心
109	北京中水卓越认证有限公司	136	中冶（北京）冶金产品认证中心有限公司
110	中标研国联（北京）认证中心	137	重庆金质节能认证有限公司
111	电能（北京）产品认证中心有限公司	138	吉林松柏森林认证有限公司
112	江苏捷通检验认证有限公司	139	通标标准技术服务有限公司
113	北京华安联合认证检测中心有限公司	140	莱茵检测认证服务（中国）有限公司
114	中交（北京）交通产品认证中心有限公司	141	上海天祥质量技术服务有限公司
115	河北省产品质量监督检验院	142	南德认证检测（中国）有限公司
116	农业部优质农产品开发服务中心	143	劳氏质量认证（上海）有限公司
117	中国建筑科学研究院	144	珂玛认证培训有限公司
118	中国船级社	145	贝尔国际验证技术服务（成都）有限公司
119	中国信息安全认证中心	146	上海恩可埃认证有限公司
120	北京福缘安技术服务有限公司	147	苏州UL美华认证有限公司
121	北京中瑞雅德士技术服务有限公司	148	必维认证（北京）有限公司
122	北京中合金诺认证中心有限公司	149	上海奥世管理体系认证有限公司
123	北京五洲天宇认证中心	150	上海挪华威认证有限公司
124	中林天合（北京）森林认证中心有限公司	151	江苏艾凯艾国际标准认证有限公司
125	中国电子科技集团公司第五十四研究所	152	上海赛瑞质量认证有限公司
126	北京康居认证中心	153	上海达卫师认证有限公司
127	北京东方嘉禾认证有限责任公司	154	杭州汉德质量认证服务有限公司
128	山东鲁源节能认证中心	155	上海凯瑞克质量体系认证有限公司
129	中国建筑标准设计研究院		

参考文献

一 中文文献

1. 陈艳莹、鲍宗客：《行业干中学与中国制造业市场结构：内生性沉没成本的视角》，《中国工业经济》2012 年第 8 期。

2. 陈艳莹、鲍宗客：《行业效应还是企业效应？中国生产性服务企业利润率差异来源分解》，《管理世界》2013 年第 10 期。

3. 陈艳莹、鲍宗客：《外生集体声誉约束下中国认证产业的最优数量结构》，《财经研究》2014 年第 8 期。

4. 陈艳莹、李响、王二龙：《认证机构信誉缺失的低效率均衡及其改进》，《产业经济评论》2012 年第 9 期。

5. 陈艳莹、杨文璐：《集体声誉下最低质量标准的福利效应》，《南开经济研究》2012 年第 1 期。

6. 才国伟：《政府支持、行政干预与行业协会的发展——基于粤、浙两地问卷调查的实证研究》，《经济管理》2010 年第 2 期。

7. 丁绒：《自组织演化视角下的战略联盟企业间合作机制研究》，博士学位论文，华南理工大学，2013 年。

8. 樊红平：《中国农产品质量安全认证体系与运行机制研究》，博士学位论文，中国农业科学院，2007 年。

9. 龚强、余健宁、莫家颖：《行业信任危机下集体声誉机制的探讨——以有机食品认证为例》，工作论文，西南财经大学，2013 年。

10. 高红阳：《不对称信息经济学研究现状评述》，《当代经济研究》2005 年第 10 期。

11. 黄鑫、陶小马、邢建武：《可交易节能证书认证机制合谋防范分析》，《经济管理》2009 年第 11 期。

12. 胡佳：《我国认证行业存在的问题及其法律对策》，硕士学位论文，湖南大学，2009年。

13. 姜君：《我国认证行业的政府监管研究》，硕士学位论文，中央民族大学，2013年。

14. 蒋海：《论弹性监管与金融效率》，《财经研究》2001年第9期。

15. 李响：《中国认证机构信誉缺失的低效率均衡及改进——基于政府关系视角的研究》，硕士学位论文，大连理工大学，2011年。

16. 李军林：《声誉理论及近期发展——一种博弈论视角》，《经济学动态》2004年第2期。

17. 李金波、聂辉华、沈吉：《团队生产、集体声誉和分享规则》，《经济学（季刊）》2010年第9期。

18. 李培功、沈艺峰：《社会规范、资本市场与环境治理：基于机构投资者视角的经验证据》，《世界经济》2011年第6期。

19. 廉永辉、张琳：《质量联盟能维护集体声誉吗》，《经济评论》2014年第4期。

20. 刘宗德：《基于微观主体行为的认证有效性研究》，博士学位论文，华中农业大学，2007年。

21. 刘呈庆：《绿色品牌发展机制实证研究》，博士学位论文，山东大学，2010年。

22. 林琳：《行业企业声誉管理的集成管理模式研究——建立行业声誉战略联盟的构想》，《科技与管理》2010年第1期。

23. 马斌、徐越倩：《社区性产业集群与合作性激励的生成——对温州民间商会生发机制的社会经济学考察》，《中国工业经济》2006年第7期。

24. 孙春伟：《食品安全市场准入制度中的有机食品认证问题及解决》，《哈尔滨商业大学学报》2013年第3期。

25. 孙曰瑶、刘华军：《选择与选择成本——品牌降低选择成本的机制分析》，《财经论丛》2008年第1期。

26. 王丽丽：《认证合谋的成因及规制——基于认证市场结构的研究》，硕士学位论文，大连理工大学，2010年。

27. 王新平、万威武、朱莲：《中国质量认证市场的共谋与防共谋均衡研究》，《科技管理研究》2007年第5期。

28. 王二龙：《集体声誉下地理标志认证的有效性研究》，硕士学位论文，大连理工大学，2014年。

29. 王明琳、徐萌娜：《利他行为的治理机制及效率研究》，《经济学家》2011年第12期。

30. 叶航、汪丁丁、罗卫东：《作为内生偏好的利他行为及其经济学意义》，《经济研究》2005年第8期。

31. 于永娟：《第三方认证信用的品牌经济研究》，博士学位论文，山东大学，2012年。

32. 于海生、赵林度、龙迎红：《考虑声誉激励的供应链合作伙伴演化博弈模型》，《数学的实践与认识》2008年第4期。

33. 朱丽莉、王怀明：《农产品质量认证中信息失真的原因分析——基于信息发布博弈视角》，《江西财经大学学报》2013年第3期。

34. 张佳军：《我国产品认证及其规制研究》，硕士学位论文，西北大学，2009年。

35. 张琥：《集体信誉的理论分析：组织内部逆向选择问题》，《经济研究》2008年第12期。

36. 赵骅、石继东、周洪祥：《企业集群稳定合作的隐形契约与规范机制研究》，《中国管理科学》2010年第2期。

二 英文文献

1. Achrol, R. S, and Gundlach, G. T., "Legal and social safeguards against opportunism in exchange", *Journal of Retailing*, Vol. 75, No. 1, 1999.

2. Akerlof, G. A., "The market for lemons: quality uncertainty and the market mechanism", *the Quarterly Journal of Economics*, Vol. 84, No. 3, 1970.

3. Albano, G. L., and Lizzeri, A., "Strategic certification and provision of quality", *International economic Review*, Vol. 42, No. 1, 2001.

4. Anderson, C. M., and Putterman, L., "Do non-strategic sanctions obey the law of demand? the demand for punishment in the voluntary contribution mechanism", *Games and Economic Behavior*, Vol. 54, No. 1, 2006.

5. Armstrong, M., "Competition in two sided markets", *The RAND Journal of Economics*, Vol. 37, No. 3, 2006.

6. Abreu, D., Pearce, D., Stacchetti, E., "Toward a Theory of Discounted Repeated Games with Imperfect Monitoring", *Econometrica*, Vol. 58, No. 5, 1990.

7. Ashby, W. R., "Principles of the self-organizing dynamic system", *The Journal of General Psychology*, Vol. 37, No. 2, 2004.

8. Balliet, D., Mulder, L. B., and Van, M., "Reward, punishment, and cooperation: A meta-analysis", *Psychological Bulletin*, Vol. 137, No. 4, 2011.

9. Bachmann, R., "Trust, power and control in trans-organizational relations", *Organization Studies*, Vol. 22, No. 1, 2001.

10. Beaver, W., Shakespeare, C., and Soliman, M., "Differential Properties in the Ratings of Certified vs. Non-Certified Bond Rating Agencies", *Journal of Accounting and Economics*, Vol. 42, No. 3, 2006.

11. Bergermann, D., Valimaki, J., "Dynamic common agency", *Journal of Economic Theory*, No. 11, 2003.

12. Bester, S., and Strausz, R., "The contributions of Information to twentieth century economics", *Quarterly Journal of Economics*, Vol. 22, No. 4, 2003.

13. Bernhard, H., Fischbacher, U., and Fehr, E., "Parochial Altruism in Humans", *Nature*, Vol. 442, No. 7105, 2006.

14. Becker, R., and Milbourn, H., "Managerial Incentive Problems: A Dynamic Perspective", *Review of Economic Studies*, Vol. 66, No. 1, 2008.

15. Benabou, R., and Laroque, G., "Using privileged information to manipulate markets: insiders, gurums, and credibility", *Quarterly Journal of Economics*, Vol. 107, No. 3, 1992.

16. Bolton, P., Freixas, X., and Shapiro, J., "The credit ratings game", *Journal of Finance*, Vol. 67, No. 1, 2012.

17. Busch, F. R., "An examination of organizational factors influencing new product success in internal and alliance-based processes", *The Journal of Marketing*, Vol. 64, No. 1, 2005.

18. Carpenter, J. P., and Matthews, P. H., "Norm enforcement: anger, indignation, or reciprocity", *Journal of the European Economic Associa-*

tion, Vol. 10, No. 3, 2012.

19. Cain, L., "The dirt on coming clean: perverse effects of disclosing conflicts of interest", *Journal of Legal Studies*, Vol. 34, No. 1, 2005.

20. Camanho, L., and Deb, K. Z., "Alternative origins to organizational trust: An interdependence perspective on the shadow of the past and the shadow of the future", *Organization Science*, Vol. 19, No. 1, 2008.

21. Carson, S. J., "Uncertainty, opportunism, and governance: the effects of volatility and ambiguity on formal and relational contracting", *Academy of Management Journal*, Vol. 49, No. 4, 2006.

22. Castrota, S., "Inside the black box of collective reputation ", *Working Paper*, 2011.

23. Charles, K., "A general theory of network governance: exchange conditions and social mechanisms", *Academy of Management Review*, Vol. 32, No. 4, 2012.

24. Casari, T., Rahman, N., Vandaele, D., "The dynamics of relational and contractual governance mechanisms in knowledge sharing of collaborative R&D projects", *Knowledge and Process Management*, Vol. 17, No. 4, 2010.

25. Connon, J. P., "Contracts, norms, and plural form governance", *Journal of the Academy of Marketing Science*, Vol. 28, No. 2, 2000.

26. Costanigro, M., Mccluskey, J. J., and Goemans, C., "The economics of nest names: name specificity, reputations and price premia", *American Journal of Agricultural Economics*, Vol. 92, No. 5, 2010.

27. Das, T. K, and Rahman, N., "Determinants of partner opportunism in strategic alliances: a conceptual framework", *Journal of Business and Psychology*, Vol. 25, No. 1, 2010.

28. Das, T. K, "Strategic alliance temporalities and partner opportunism", *British Journal of Management*, Vol. 17, No. 1, 2006.

29. Delmas, M., "The diffusion of environmental management standards in Europe and in the United States: an institutional perspective", *Policy Science*, Vol. 35, No. 1, 2002.

30. Delmas, M., "toffel S. In search of ISO: an institutional perspective

on the adoption of international management standards", *Stanford Graduate School of Business working paper*, 2003.

31. Dyer, J. H, Kale, P., and Singh, H., "When to ally and when to acquire", *Harvard Business Review*, Vol. 82, No. 7, 1997.

32. Deaton, S. J., "Uncertainty, opportunism, and governance: the effects of volatility and ambiguity on formal and relational contracting", *Academy of Management Journal*, Vol. 49, No. 4, 2004.

33. Das, T., teng, N., "Determinants of partner opportunism in strategic alliances: a conceptual framework", *Journal of Business and Psychology*, Vol. 25, No. 1, 2001.

34. Dyer, J., "Effective inter firm collaboration: How firms minimize transaction costs and maximize transaction value", *Strategic Management Journal*, Vol. 18, No. 7, 1997.

35. Dreber, T., Svensson, G., Vandaele, D., "Systems development ambidexterity: explaining the complementary and substitutive roles of formal and informal controls", *Journal of Management Information Systems*, Vol. 27, No. 2, 2010.

36. Durbin, E., "Moody's or the michelin guide? revealing quality through private-sector certification", *Washington University Working Paper*, 2001.

37. Donaldson, T., Piacentino, M., "Principles of the self-organizing dynamic system", *The Journal of General Psychology*, Vol. 37, No. 2, 2012.

38. Emons, W., "Credence goods and fraudulent experts", *The RAND Journal of Economics*, Vol. 28, No. 2, 1997.

39. Elodie, M., and Raphael, S., "Governance mechanisms as substitutes and complements-a dynamic perspective on the interplay between contractual and relational governance", *France: springer-verlag*, 2008.

40. Evans, R. A., and Guinnane, T. W., "Collective reputation, professional regulation and franchising", *Cowles Foundation Discussion Paper*, 2007.

41. Feinstein, J., "The safety regulation of U. S. nuclear power plants: violations, inspections, and abnormal occurrences", *Journal of Political Economy*, Vol. 97, No. 1, 1989.

42. Falk, A., Fehr, E., "Fischbacher U. Driving Forces Behind Infor-

mal Sanctions", *Econometrieca*, Vol. 76, No. 3, 2005.

43. Falk, A., Fischbacher, U., "A Theory of Reciprocity", *Games and Economic Behavior*, Vol. 54, No. 231, 2006.

44. Fehr, E., Gachter, S., "Cooperation and punishment in public goods experiments", *American Economic Review*, Vol. 90, No. 4, 2000.

45. Fleckinger, P., "Collective reputation and market structure: regulating the quality vs quantity trade-off", *Centre National De La Recherche Scientifique*, Working Paper, 2007.

46. Felipe, O. E., "Transaction-cost economics: the governance of contractual relations", *Journal of Law and Economics*, Vol. 22, No. 2, 2010.

47. Ferguson, R. L., "Contractual governance, relational governance and the performance of interfirm service exchanges: the influence of boundary-spanner closeness", *Journal of the Academy of Marketing Science*, Vol. 33, No. 2, 2005.

48. Farhi, E., Lerner, J., Tirole, J., "Fear rejection? tiered certification and transparency", *NBER working paper*, 2008.

49. Faure, G., Peyrache, A. E., Quesada, L., "The ownership of ratings", *RAND Journal of Economics*, Vol. 30, No. 40, 2009.

50. Fudenberg, D., Levine, D., "Maintaining a reputation when strategies are imperfectly observed", *Review of Economic Studies*, Vol. 138, No. 59, 1992.

51. Fame, T., "The dynamics of relational and contractual governance mechanisms in knowledge sharing of collaborative R&D projects", *Knowledge and Process Management*, Vol. 17, No. 4, 2008.

52. Fishman, E., "Order with some law: complementarity versus substitution of formal and informal arrangements", *Journal of Law, Economics, Organization*, Vol. 20, No. 2, 2010.

53. Fehr, E., Fischbacher, U., "Third-party punishment and social norms", *Evolution and Human Behavior*, Vol. 25, No. 2, 2004.

54. Gachter, S., Herrmann, B., "the limits of self-governance when cooperators get punished: experimental evidence from urban and rural Russia", *European Economic Review*, Vol. 55, No. 2, 2011.

55. Glazer, J., McGuire, T., Cao Z., Zaslavsky, A., "Using global ratings of health plans to improve the quality of health care", *Journal of Health Economics*, Vol. 27, No. 5, 2008.

56. Gu, Y., "Imperfect certification", *Ruhr Economic Papers*, Vol. 78, No. 5, 2008.

57. Guerra, G., "Certification disclosure and informational efficiency: a case for ordered rankings of levels", *University of Oxford Department of Economics Discussion Paper Series*, 2001.

58. George, M., Gulati, R., Singh, H., "The architecture of cooperation: Managing coordination costs and appropriation concerns in strategic alliances", *Administrative Science Quarterly*, Vol. 43, No. 4, 2002.

59. Grossman, S., Hart, D., "An Analysis of the Principal Agent Problem", *Econometrica*, Vol. 51, No. 1, 1983.

60. Gergaud, N., Livat, K., "Systems development ambidexterity: explaining the complementary and substitutive roles of formal and informal controls", *Journal of Management Information Systems*, Vol. 27, No. 2, 2010.

61. Gintis, H., Smith, E. A., Bowles, H., "Costly signaling and cooperation", *Journal of Theoretical Biology*, Vol. 213, No. 1, 2001.

62. Grandori, A., "Innovation, uncertainty and relational governance", *Industry and innovation*, Vol. 13, No. 2, 2006.

63. Gulati, R., "The architecture of cooperation: managing coordination costs and appropriation concerns in strategic alliances", *Administrative Science Quarterly*, Vol. 43, No. 4, 1998.

64. Glaeser, E., Scheinkman, J., "Non-market interactions in advances in economics and econometrics: theory and applications", *Cambridge: Cambridge University Press*, 2003.

65. Gintis, H., Fehr, E., "The social structure of cooperation and punishment", *Behavioral and Brain Sciences*, Vol. 35, No. 1, 2012.

66. Hawkins, T., Knipper, M. G, Strutton, D., "Opportunism in buyer-supplier relations: New insights from quantitative synthesis", *Journal of Marketing Channels*, Vol. 16, No. 1, 2009.

67. Hubbard, T., "an empirical investigation of moral hazard in the vehi-

cle inspection market", *RAND Journal of Economics*, Vol. 29, No. 2, 1998.

68. Herrmann, B., Thoeni, C., Gachter, S., "Antisocial punishment across societies", *Science*, Vol. 319, No. 5868, 2008.

69. Hawkins, T., Knipper, M. G., Strutton, D., "Opportunism in buyer-supplier relations: New insights from quantitative synthesis", *Journal of Marketing Channels*, Vol. 16, No. 1, 2009.

70. Huber, T. L., "Governance mechanisms as substitutes and complements-a dynamic perspective on the interplay between contractual and relational governance", *France: Springer-Verlag*, 2011.

71. Hvide, H. K., "Oligopolistic certification", *the B. E. Journal of Theoretical Economics*, Vol. 9, No. 1, 2009.

72. Hvide, H., and Heiftz, A., "Free-entry equilibrium in a market for certifiers", *Working Paper*, 2001.

73. Hong, H., "Kacperczyk M. The price of sin: the effects of social norms on markets ", *Journal of Financial Economics*, Vol. 93, 2009.

74. John, H., "Opportunism in buyer-supplier relations: New insights from quantitative synthesis", *Journal of Marketing Channels*, Vol. 16, No. 1, 2002.

75. John, W. M., "Minimum quality standards as a barrier to innovation", *Economics Letters*, No. 58, 1998.

76. Jin, G. Z., John, A., Andrew, K., "That's news to me. Information revelation in professional certification markets", *Economic Inquiry*, Vol. 48, No. 1, 2010.

77. Jensen, M., Meckling, W. T., "Theory of the firm: Managerial behavior, agency costs, and ownership structure", *Journal of Financial Economics*, No. 3, 1976.

78. Klein, B., Leffer, K., "The role of market forces in assuring contractual performance", *Journal of Political Economy*, Vol. 89, 1981.

79. Kennes, S., "*The value of a reputation system*", *Working Paper*, 2002.

80. Kreps, D., "Reputation and imperfect information", *Journal of Economic Theory*, Vol. 17, No. 27, 1982.

81. Levitt, T., "The contributions of Information to twentieth century eco-

nomics", *Quarterly Journal of Economics*, Vol. 16, No. 4, 1995.

82. Luo, Y., "Structuring inter organizational cooperation: The role of economic integration in strategic alliances", *Strategic Management Journal*, Vol. 29, No. 6, 2008.

83. Lo, G. T., "Legal and social safeguards against opportunism in exchange", *Journal of Retailing*, Vol. 75, No. 1, 2010.

84. Lazzarini, K., "Order with some law: complementarity versus substitution of formal and informal arrangements", *Journal of Law, Economics, Organization*, Vol. 20, No. 2, 2004.

85. Levin, J., "The dynamics of collective reputation", *the B. E. journal of theoretical economics*, Vol. 9, No. 1, 2009.

86. Lyon, T., Maxwell, J., "Voluntary approaches to environmental regulation: a survey", *Indiana University working paper*, 1999.

87. Lizzeri, A., "Information revelation and certification intermediaries", *RAND Journal of Economics*, Vol. 30, No. 2, 1999.

88. Mirrless, R., "The Economic Theory of Agency: The Principal's Problems", *American Economic Review*, No. 63, 1975.

89. Mysen, T., Svensson, G., Payan, J. M., "The key role of opportunism in business relation-ships", *Marketing Intelligence & Planning*, Vol. 29, No. 4, 2011.

90. Macher, J., Mayo, J., Nickerson, J., "Exploring the Information Asymmetry Gap: Evidence from FDA Regulation", *Working Paper*, 2008.

91. Mulder, L. B., "The difference between punishments and rewards in fostering moral concerns in social decision making", *Journal of Personality and Social Psychology*, Vol. 44, 2008.

92. Mulde, L. B., Van, D. E., Cremer, D., Wilke, H., "When sanctions fail to increase cooperation in social dilemmas: considering the presence of an alternative option to defect", *Personality and Social Psychology Bulletin*, Vol. 32, 2006.

93. Mathis, J., Andrews, J., Rochet, J., "Rating the raters: are reputation concerns powerful enough to discipline rating agencies", *Journal of Monetary Economics*, Vol. 56, 2009.

94. Mariano, A., "Innovation, uncertainty, relational governance", *Industry and Innation*, Vol. 13, No. 2, 2011.

95. Miller, N., Resnick, P., Zechhauser, R., "Eliciting Information Feedback: The Peer Prediction Method", *Management Science*, Vol. 51, No. 9, 2005.

96. Martimort, A., Parigi, K., "Power of Incentives in Private versus Public Organization", *European Economic Review*, Vol. 87, No. 1, 2008.

97. Mysen, T., Svensson, G., "Payan J. M. The key role of opportunism in business relationships", *Marketing Intelligence & Planning*, Vol. 29, No. 4, 2011.

98. Mcquade, T., Salant, S. W., Winfree, J., "Market with untraceable goods of unknown quality: a market failure exacerbated by globalization", *Working Paper*, 2011.

99. Miao, C., "Competition in quality standards", *Journal of Industrial Economics Volume LVII*, No. 1, 2009.

100. Mysliveček, J., "How to Price Imperfect Certification", *Working Paper Series*, 2008.

101. North, D. C., "Institutions, institutional change and economic performance", *London: Cambridge University Press*, 1990.

102. Nikiforakis, N., Normann, H., Wallace, B., "Asymmetric enforcement of cooperation in a social dilemma", *Southern Economic Journal*, Vol. 76, No. 3, 2010.

103. Ohtsuki, H., Iwasa, Y., "Nowak M. A. Indirect reciprocity provides only a narrow margin of efficiency for costly punishment", *Nature*, Vol. 451, 2009.

104. Ostrom, E., "Collective action and the evolution of social norms", *The Jounal of Economic Perspectives*, Vol. 14, No. 3, 2000.

105. Olander, h., "The dynamics of relational and contractual governance mechanisms in knowledge sharing of collaborative R&D projects", *Knowledge and Process Management*, Vol. 17, No. 4, 2010.

106. Peters, M., "Negotiation and Take it or Leave it in Common Agency", *Journal of Economic Theory*, Vol. 66, No. 11, 2003.

107. Poppo, L., Zhou, K. Z, Ryu, S., "Alternative origins to inter organizational trust: An interdependence perspective on the shadow of the past and the shadow of the future", *Organization Science*, Vol. 19, No. 1, 2008.

108. Poppo, L., Zenger, T., "Do formal contracts and relational governance function as substitutes or complements", *Strategic Management Journal*, Vol. 23, No. 28, 2002.

109. Peyrache, E., Quesada, L., "Strategic certification", *Working Paper*, 2003.

110. Peyrache, E., Quesada, L., "Monopoly intermediary and information transmission", *Econ WPA*, 2002.

111. Peyrache, E., Quesada, L., "Intermediaries, credibility and incentives to collude", *Journal of Economics and Management Strategy*, Vol. 20, No. 7, 2011.

112. Pierce, B., Sweeney, B., "Cost-quality conflict in audit firms: An empirical investigation", *European Accounting Review*, Vol. 53, No. 14, 2004.

113. Prendergast, C., "The motivation and bias of bureaucrats", *American Economic Review*, Vol. 97, No. 1, 2007.

114. Rouviere, E., Soubeyran, R., "Collective reputation, entry and minimum quality standard", *FEEM Working Paper*, 2008.

115. Ross, S., "The economic theory of agency: the principal's problem", *American Economic Review*, Vol. 63, 1973.

116. Stahl, K., Strausz, R., "Certification and market transparency", *Working Paper*, 2014.

117. Shapiro, C., "Premiums for high quality products as returns to reputations", *Quarterly Journal of Economics*, Vol. 98, 1983.

118. Strausz, R., "Effective inter firm collaboration: how firms minimize transaction costs and maximize transaction value", *Strategic Management Journal*, Vol. 18, No. 7, 2012.

119. Stahl, K., Strausz, R., "Who should pay for certification?", *ZEW Discussion Paper*, 2011.

120. Starobin, S., Weinthal, E., "The search for credible information in social and environmental global governance: the kosher label", *Business and*

Politics, Vol. 12, No. 3, 2011.

121. Stelios, C., "Zyglidopulos. Top of mind cluster reputation as a facilitator in internationalization of small and medium—sized enterprises", *Corporate Reputation Review*, Vol. 63, No. 9, 2006.

122. Saak, A. E., "A model of labeling with horizontal differentiation and cost variability", *American Journal of Agricultural Economics*, Vol. 93, No. 1, 2011.

123. Saak, A. E., "Collective reputation, social norms, and participation", *American Journal of Agricultural Economics*, Vol. 94, 2012.

124. Spence, M., "Market signaling", *Cambridge: Harvard University Press*, 1974.

125. Sappington, D., "Incentives in Principal Agent Relationship", *Journal of Economic Perspectives*, No. 5, 1991.

126. Strausz, R., "Relational contracts and the theory of the firm", *Quarterly journal of economics*, Vol. 117, No. 1, 2004.

127. Strausz, R., "Honest certification and the threat of capture", *International Journal of Industrial Organization*, Vol. 57, No. 23, 2005.

128. Svítková, K., "Prompted to be good: the impact of certification on the quality of charities", *Working Paper*, 2007.

129. Skreta, V., Veldkamp, L., "Ratings shopping and asset complexity: a theory of ratings inflation", *NBER working paper*, 2009.

130. Strausz, R., "Separating equilibria with imperfect certification", *Working Paper*, 2010.

131. Stolper, A., "The credibility of certifiers", *Department of Economics University of Munich Working Paper*, 2011.

132. Tiwana, A., "Systems development ambidexterity: explaining the complementary and substitutive roles of formal and informal controls", *Journal of Management Information Systems*, Vol. 27, No. 2, 2010.

133. Tirole, J. A., "Theory of Collective Reputations", *Review of Economic Studies*, Vol. 63, No. 1, 1996.

134. Taylor, C., Nowak, M. A., "Transforming the dilemma", *Volution*, Vol. 61, No. 10, 2007.

135. Tan, R., Wang, P., "contracts, norms, and plural form governance", *Journal of The Academy of Marketing Science*, Vol. 28, No. 2, 2008.

136. Tadelis, S., "What's in name? Reputation as tradable asset", *American Economic Review*, Vol. 89, No. 3, 1997.

137. Viscusi, W., "A note on lemons markets with quality certification", *The Bell Journal of Economics*, Vol. 9, No. 1, 1978.

138. Winfree, J. A., McCluskey, J., "Collective reputation and quality", *American Journal of Agricultural Economics*, Vol. 87, No. 1, 2005.

139. Wilson, R., "The structure of incentives for decentralization under uncertainty", *La Decision*, No. 12, 1963.

140. Williamson, O. E., "Transaction-Cost Economics: the governance of contractual relations", *Journal of Law and Economics*, Vol. 22, No. 2, 1979.

141. Williamson, O. E., "The economic institutions of capitalism", *Simon and Schuster*, 1985.

142. Wagner, L., berlin, D., "Information opacity and honest certification", *BDPEMS Working Paper*, 2013.

143. Williamson, O. E., "Comparative economic organization: The analysis of discrete structural alternatives", *Administrative Science Quarterly*, Vol. 36, No. 2, 1991.

144. Ye, H., Tan, F., Ding, M., Jia, Y., "Sympathy and punishment: evolution of cooperation in public goods game", *Journal of Artificial Societies and Social Simulation*, Vol. 14, No. 4, 2011.

145. Yamagishi, T., "Group size and the provision of a sanctioning system in a social dilemma", *International Series in Experimental Social Psychology*, No. 23, 1992.

后　记

　　本书是在我博士论文的基础之上进一步扩展、修改以及润色而形成的。细细想来，本书已经撰写了近两年的时间，而如果从前期工作、选题等算起，则足足占了我一大半的博士学习阶段。出版过著作的学者都有体会，选题和框架的构建仅仅是漫长的万里长征的开始，而这一步完成的质量直接关系到一本书能否顺利完成。也就是在两年前的这个时候，我开始进行选题和构建框架的工作，期间和导师沟通了将近60次，文章框架修改了57次，整整用了8个多月的时间将文章的大框架敲定下来。后来我逐渐意识到，这一段枯燥而且乏味的工作实际上起到了事半功倍的效果，为我后面的分析、逻辑衔接以及再修改打下了良好的基础。接下来的工作就是按部就班，去年九月，著作的主体部分已经完成，之后几经修改和完善，终于完成了全部的工作。

　　从踏入理工校门开始博士阶段的学习起，我就非常清楚这条路意味着什么，该如何走这条路。我在导师陈艳莹教授悉心、精心的指导下寻找前沿文献、提炼思想、搜集数据以及寻找论证的方法，做好每一个细微工作，处理好每一个细节问题，力求精益求精，认真地完成一篇篇论文，这让我乐在其中。让我开心的不是陈老师对我的鼓励和肯定，不是论文被权威期刊接收的消息，而是陈老师对我的每一次否定，每一次对我论文中语言表达、逻辑思路以及方法使用上的否定，这对我的帮助非常大，这使得我对论文的整体把握在短时间内有了跳跃式的进步。让我开心的是，陈老师对学生、科研负责任的态度，每一次我完成论文的初稿后，陈老师都会倾心地指出论文中的各种问题，这期间陈老师都要指导我修改论文至少20次，这样修改也为我在后面的投稿阶段省下了大量烦心的排队时间。我知道，我没有创新的思维，没有做学术的天赋，但我庆幸的是，我有一个总是给我最好指引的导师。

感谢大连理工大学产业经济研究所的原毅军教授，每次在汇报阶段报告中，他总能发现文章结构上存在的关键问题，并提出合理化的修改意见，特别是在第五章和第六章的逻辑出现无法衔接时，正是得益于原老师的点拨才能将思路完全扩展开来。感谢金融研究所的成力为教授，她对我论文存在的问题总是直言不讳，前面3章的修改思路正是由于她的启发。感谢产业经济研究所的孙晓华副教授，孙老师给我做了很好的标杆，让我知道学者在学术面前没有尊卑贵贱之分，没有职位的高低，只有同样的对知识的孜孜追求。此外，感谢产业经济研究所的丁永健副教授、张国锋博士、张荣佳博士、董伟刚博士、马庆魁博士、叶娇博士、刘玉海博士，他们让我明白产业经济研究所是一个大家庭，我并非独自在战斗。

感谢中国社科院数量经济研究所的郑世林研究员、工业经济研究所的江飞涛博士、浙江财经大学会计学院的李连华教授、汪祥耀教授、张红英书记、于永生教授、邓川教授、杨忠智教授、王岭副教授、南京财经大学的余泳泽副教授、华侨大学的傅联英副教授，你们对我的鼓励和帮助我深深难忘。感谢4年来融洽无间、相互扶持的郑州大学商学院夏西强博士，咱们兄弟情深无需多言。

感谢浙江省哲学社会科学发展规划办公室，本书的出版得到了浙江省哲学社会科学规划办公室的资助；感谢中国社会科学出版社，本书的出版得到了中国社会科学出版社的大力支持。

鲍宗客

2016年元月于杭州